年1,075万円もらう

資産3.7億円の投資家が教える！

「増配」株投資

株投資

個人投資家

ヘム

KADOKAWA

やっぱりギャンブルは儲からない!

買ってはいけない テーマ型投資信託

※現みずほ

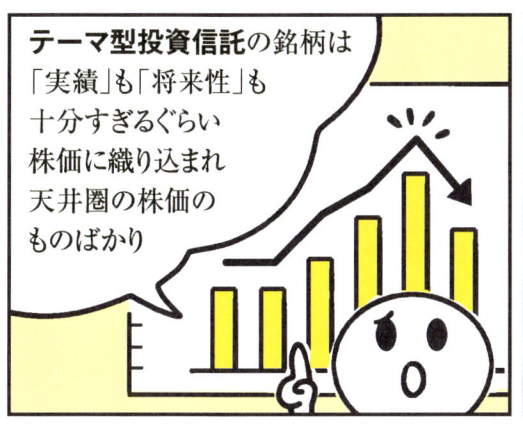

思い付きの市場予想は意味なし

バリュー投資との出会い

「これからは○○だ！」が
うまくいかなかった私は
この後バリュー投資を
知ります

バリュー投資とは
業績や資産等から判断して

割安だと判断できる
株価の銘柄を買い
値上がり益を
狙う手法です

この方法は
大きくは勝てないにしても
長期で市場平均を
上回るリターンが
期待できるし

株価の下値余地も
限られています

このようにして
私は失敗を犯しながらも
バリュー投資に到達
したのです

バリュー投資も
初めからうまく
いったわけでは
ありません

それでも27年間
向き合い続け
自分自身の
投資手法を
磨き上げました

そして
たどり着いたのが
小型割安株と
増配期待銘柄への
長期投資です

小型
割安株

増配期待
銘柄

私の投資手法はありがたいことに
「安全域が大きく再現性が高い」と
評価いただくことが多いです

要は**損をしにくく**
真似をしやすい!

特殊な才能がなくても
誰でも私と同じ成果を
あげられる可能性が
高いのです

大前提として
損をしない株式投資は
この世に存在しません!

それでも損をしにくく
長期的に見れば
確実に勝っていける
投資手法は存在します

私はこれを
「勝つべくして勝つ」投資手法と
呼んでいます

本書では この「勝つべくして勝つ」
手法の全てを皆さんにお伝え
していきます

ビシッ!

まえがき

はじめまして。私は投資歴27年のヘムと申します。

社会人1年目で投資を初めてから 27 年、株式投資を通じて 2 億円以上も資産を増やすことができました。

株式投資には難しいというイメージがありますよね。実際、株式投資の世界で長期間にわたって勝ち続けることは簡単ではありません。

でも「株式投資の仕組み」を基本から理解して、より安全に、守りを固めながら資産を増やしていくことは可能です。

私はこれを「勝つべくして勝つ投資」と呼んでいます。

私が本書でお伝えしたいのは、この「勝つべくして勝つ投資」の仕組みです。本書を読み終わるころには、この仕組みを、腹落ちしながら理解していただけると思います。

株式投資の世界では数多くの投資手法が存在しますが、入り口を間違えると遠回りをしたり、大きなリスクを背負うことになります。

投資にはある程度「型」のようなものがあって、投資人生の前半でこの「型」を身に付けることはとっても大切なことなのです。

個人投資家で富を築いた人の大半はこの「型」を身に付けてからオリジナリティを出しています。

本書ではこの「型」の部分と、私独自のオリジナリティの部分を説明していきます。

私の投資手法を簡単に説明すると、

① 企業の価値をしっかり分析して、その価値より安く売られている株を買う
② 長期にわたり増配期待が大きい株を買う
③ 下落相場や暴落というバーゲンセールで計画的に株を買い向かう

というものです。

　この投資手法の最大の特徴は、**安全域が大きく再現性が高い**点。
　わかりやすく言うと、損をする可能性が小さく、誰がやっても私と同じような成果をあげられる可能性が高いということです。

　「投資億り人（投資で１億円以上稼いだ人）」の手法に優れた手法はたくさんありますが、残念ながら再現性の高い投資手法はそう多くはありません。どれだけ優れた投資手法でも、真似ができなければ意味がないですよね。

　この本は、投資を始めたばかりの人にも、投資を始めてみたけれどなんだかうまくいかない人にも、ある程度投資に対する知識がついてきた人にも、すべての人にわかりやすく投資の本質を伝えられるように書きました。手前味噌ですが、本書が１冊あれば、貴方の投資人生にとって大きなプラスになるでしょう

　株式投資は理屈の世界です。この理屈を理解すれば、リスクを減らしながら「勝つべくして勝つ」を達成することが可能です。
　読者の皆さんが本書を通じて**「投資の本質」を理解し、大切な資産を「雪だるま」のように増やしていかれること**を願っています。

ヘム

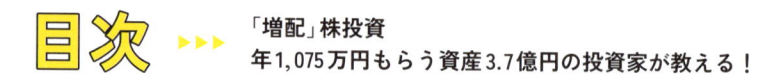

目次 ▶▶▶ 「増配」株投資
年1,075万円もらう資産3.7億円の投資家が教える！

まえがき ………………………………………………………………………… 10

第1部

「増配」株投資　戦略篇

01 流行に惑わされない投資手法の考え方 …………… 22

大流行のインデックス投資 …………………………………… 22
◆ インデックス投資は初心者には最適解 …………………… 22
◆ インデックス投資には大きな危険が潜んでいるかも…… 24

今、日本で個別株投資をする理由 ………………………… 27

手を出しがちなテクニカル投資 …………………………… 31

人気になりすぎた高配当株投資 …………………………… 32
◆ 高配当株はすでに割高 ……………………………………… 32
◆ 減配・無配のリスクを考えているか？ …………………… 34

「勝つべくして勝つ投資」の根源　バリュー投資 ……… 36

02 王道を侮るなかれ …………………………………… 38

期待値1以上を積み上げるゲーム ………………………… 38
◆ 「超分散」でリターンを期待値に収束させる …………… 39

数字でわかる運用利回りの威力 …………………………… 42

コラム1　稼げる人になるために …………………………… 44

03 勝ち筋をつかむ小型株戦略　46

個人投資家は小型株市場で戦え！　46
- ◆ 「効率的市場仮説」　47
- ◆ 効率的市場仮説の盲点をつく小型株投資　49

「大きい玉を見つける」だけが投資じゃない　50
- ◆ 中・大型株よりお宝銘柄を発掘しやすい　51

小型割安株はプロの追随買いが狙える　52

データでわかる小型株の優位性　53

小型割安株のさらに上へ　57

小型株は怖くない！？　59
- ◆ 倒産リスクは高くない　59
- ◆ 日本株での小型株効果は持続すると予測できる　61
- ◆ 小型割安株の相対的割安度はアップしている　62
- ◆ 小型割安株での自社株買いが増える　66

大型株で α を見つけるのは難しい　68

コラム2　一歩を踏み出す勇気（次男就職活動篇）　70

04 増配は神　72

なぜ、増配が魅力的なのか　74

企業は増配を続けられるか　78

増配銘柄の選定方法　95
- ◆ ①配当性向が低い　95
- ◆ ②過去の配当推移が増配傾向　98
- ◆ ③配当政策にDOE・累進配当政策を採用している、または日経連続増配株指数・日経累進高配当株指数に採用されている　98
- ◆ ④業績が安定している（安定＋長期で右肩上がり）　98

- ◆ ⑤キャッシュリッチである（キャッシュ創出力） 99
- ◆ ⑥割安（低 PER）である 99
- ◆ ⑦成長期待がある 100
- 現在の日本企業は増配の流れ 101
- 配当ライフも夢じゃない 105

05 勇気の買い向かい戦略 110

- 暴落には備えが重要 112
- コラム3 一歩を踏み出す勇気（ヘムの仮面浪人篇） 114
- コラム4 垂直比較 116

第2部

「銘柄分析」 実践篇

01 銘柄選びは4段階 118

- テーマ別バルク買いの銘柄選定手順 120

02 ポートフォリオ全体で勝つテーマ選定 121

- ヘムの選ぶおすすめテーマ 123
- ◆ ① 「連続増配宣言株」 123
- ◆ ② 「DOE採用銘柄」 124
- ◆ ③ 「配当貴族」 124
- ◆ ④ 「優待株」 124
- ◆ ⑤ 「不人気株」 125

◆ ⑥ 「小型割安株ファンド」(通称「Jペッパー」) ⋯⋯⋯⋯ 126

03 基本のスクリーニング ⋯⋯⋯ 128

簡易理論株価で安全域を導き出す ⋯⋯⋯⋯⋯⋯⋯⋯⋯ 130

基本指標によるスクリーニングだけでも成績は期待できる ⋯ 132

04 業績安定性によるスクリーニング ⋯⋯ 134

コラム5 一歩を踏み出す勇気 (ヘムの就職活動篇) ⋯⋯ 137

05 精度を上げる定性分析 ⋯⋯⋯ 138

深掘り分析のステップ ⋯⋯⋯⋯⋯⋯⋯⋯⋯⋯⋯⋯⋯ 139

◆ ⑩「資産価値を含めた PER (買収者視点による割安度)」
の確認について ⋯⋯⋯⋯⋯⋯⋯⋯⋯⋯⋯⋯⋯⋯ 140

◆ ⑪ 5年後、10年後シミュレーションによる将来の割安度と
増配確度の予想について ⋯⋯⋯⋯⋯⋯⋯⋯⋯⋯⋯ 141

銘柄分析の流れを理解しよう ⋯⋯⋯⋯⋯⋯⋯⋯⋯⋯ 143

◆ ① 企業規模、割安度、資本効率性、財務健全性の確認 ⋯ 143

◆ ② 業容とビジネスモデルの簡単な確認 ⋯⋯⋯⋯⋯⋯ 143

◆ ③ 過去の業績推移の確認 ⋯⋯⋯⋯⋯⋯⋯⋯⋯⋯⋯ 144

◆ ④ 財務状況の確認 (BSの推移) ⋯⋯⋯⋯⋯⋯⋯⋯⋯ 145

◆ ⑤ 配当状況と配当政策の確認と増配見込みの考察 ⋯⋯ 146

◆ ⑥ 自社株買い実績の確認 ⋯⋯⋯⋯⋯⋯⋯⋯⋯⋯⋯ 147

◆ ⑦ 株主構成の確認 ⋯⋯⋯⋯⋯⋯⋯⋯⋯⋯⋯⋯⋯ 148

◆ ⑧ 競争優位性&事業継続性&参入障壁& EPSの成長性等の考察 149

◆ ⑨ 簡易理論株価による割安度の確認 (安全域の確認) ⋯ 150

◆ ⑩「資産価値を含めた PER (買収者視点による割安度)」の確認 ⋯ 151

◆ ⑪ 5年後& 10年後シミュレーションによる将来の割安度と
増配確度の予想 ⋯⋯⋯⋯⋯⋯⋯⋯⋯⋯⋯⋯⋯⋯ 152

◆ ⑫ 具体的なカタリストの予想 ⋯⋯⋯⋯⋯⋯⋯⋯⋯⋯⋯⋯⋯⋯⋯ 155
◆ ⑬ 銘柄分析のまとめ ⋯⋯⋯⋯⋯⋯⋯⋯⋯⋯⋯⋯⋯⋯⋯⋯⋯⋯⋯ 155

銘柄分析の具体例　その1　⋯⋯⋯⋯⋯⋯⋯⋯⋯⋯⋯⋯ 156

◆ ① 企業規模、割安度、資本効率性、財務健全性の確認 ⋯⋯ 156
◆ ② 業容とビジネスモデルの簡単な確認 ⋯⋯⋯⋯⋯⋯⋯⋯⋯ 156
◆ ③ 過去の業績推移の確認 ⋯⋯⋯⋯⋯⋯⋯⋯⋯⋯⋯⋯⋯⋯⋯ 157
◆ ④ 財務状況の確認（BSの推移）⋯⋯⋯⋯⋯⋯⋯⋯⋯⋯⋯⋯ 158
◆ ⑤ 配当状況と配当政策の確認と増配見込みの考察 ⋯⋯⋯⋯ 158
◆ ⑥ 自社株買い実績の確認 ⋯⋯⋯⋯⋯⋯⋯⋯⋯⋯⋯⋯⋯⋯⋯ 158
◆ ⑦ 株主構成の確認 ⋯⋯⋯⋯⋯⋯⋯⋯⋯⋯⋯⋯⋯⋯⋯⋯⋯⋯ 159
◆ ⑧ 競争優位性＆事業継続性＆参入障壁＆EPSの成長性等の考察 160
◆ ⑨ 簡易理論株価による割安度の確認（安全域の確認）⋯⋯ 160
◆ ⑩ 「資産価値を含めたPER（買収者視点による割安度）」の確認 162
◆ ⑪ 5年後＆10年後シミュレーションによる将来の割安度と
　　 増配確度の予想 ⋯⋯⋯⋯⋯⋯⋯⋯⋯⋯⋯⋯⋯⋯⋯⋯⋯⋯ 163
◆ ⑫ 具体的なカタリストの予想 ⋯⋯⋯⋯⋯⋯⋯⋯⋯⋯⋯⋯⋯ 165
◆ ⑬ 銘柄分析のまとめ ⋯⋯⋯⋯⋯⋯⋯⋯⋯⋯⋯⋯⋯⋯⋯⋯⋯ 166

銘柄分析の具体例　その2　⋯⋯⋯⋯⋯⋯⋯⋯⋯⋯⋯⋯ 167

◆ ① 企業規模、割安度、資本効率性、財務健全性の確認 ⋯⋯ 167
◆ ② 業容とビジネスモデルの簡単な確認 ⋯⋯⋯⋯⋯⋯⋯⋯⋯ 167
◆ ③ 過去の業績推移の確認 ⋯⋯⋯⋯⋯⋯⋯⋯⋯⋯⋯⋯⋯⋯⋯ 170
◆ ④ 財務状況の確認（BSの推移）⋯⋯⋯⋯⋯⋯⋯⋯⋯⋯⋯⋯ 171
◆ ⑤ 配当状況と配当政策の確認と増配見込みの考察 ⋯⋯⋯⋯ 172
◆ ⑥ 自社株買い実績の確認 ⋯⋯⋯⋯⋯⋯⋯⋯⋯⋯⋯⋯⋯⋯⋯ 172
◆ ⑦ 株主構成の確認 ⋯⋯⋯⋯⋯⋯⋯⋯⋯⋯⋯⋯⋯⋯⋯⋯⋯⋯ 173
◆ ⑧ 競争優位性＆事業継続性＆参入障壁＆EPSの成長性等の考察 173
◆ ⑨ 簡易理論株価による割安度の確認（安全域の確認）⋯⋯ 173
◆ ⑩ 「資産価値を含めたPER（買収者視点による割安度）」の確認 174
◆ ⑪ 5年後＆10年後シミュレーションによる将来の割安度と
　　 増配確度の予想 ⋯⋯⋯⋯⋯⋯⋯⋯⋯⋯⋯⋯⋯⋯⋯⋯⋯⋯ 175

- ◆ ⑫ 具体的なカタリストの予想 177
- ◆ ⑬ 銘柄分析のまとめ 178
- コラム6 成功とリスクについて 180

06 各テーマでの注目するべきポイント 186

- ① 連続増配宣言株ポートフォリオ 186
- ② DOE採用銘柄ポートフォリオ 188
  - ◆ DOE採用銘柄の注目ポイント 189
  - ◆ DOE採用銘柄のポートフォリオの狙いと成績 189
  - ◆ DOE採用銘柄の増配推移 190
  - ◆ DOE採用銘柄のポートフォリオの弱点 191
  - ◆ DOEでは、株主資本、自己資本、純資産の違いに気を付けろ 191
- ③ 配当貴族ポートフォリオ 193
  - ◆ 配当貴族銘柄の注目ポイント 194
- ④ 優待株ポートフォリオ 196
  - ◆ 優待株エアバッグ効果 198
  - ◆ 優待は廃止のリスクがある 201
  - ◆ 優待廃止時の株価下落率 203
  - ◆ 優待廃止時大人買い投資法 204
- ⑤ 不人気株ポートフォリオ 206
  - ◆ 不人気株は損をする覚悟がいる 208
  - ◆ 不人気株ポートフォリオの成績 209
- ⑥ 小型割安株ファンド（通称「Jペッパー」） 210

07 売りの基準 212

- ◆ ① 本質的価値より割高になった銘柄 212
- ◆ ② 今後の増配期待が薄れた銘柄 213

08 暴落への買い向かい 215

暴落時の投資家の行動パターン 217
◆ ① 限界まで耐えての陥落売り 217
◆ ② 被害が大きい強制退場 218
◆ ③ 暴落前半で逃げきり 218
◆ ④ 気絶投資法 219
◆ ⑤ 奇跡的な実力者 220
◆ ⑥ 凄腕投資家 220

計画的な買い進みが勝ちを生む 222
◆ キャッシュポジションの確保が大前提 222
◆ 暴落時の買い向かいシミュレーション 222
◆ 暴落こそ入金のタイミング 225
◆ 暴落に備えて下落幅が緩やかな銘柄に投資しておく
（低β株への投資） 228

暴落に負けないマインドセット 229
◆ 積み立て投資をやめないと決めておく 229
◆ 絶対に狼狽売りしないと決めておく 230
◆ 暴落時に見る金言を準備しておく 231

第3部

もっと投資を深める応用知識

01 S&P 500積み立て投資の危険性 236
◆ 為替リスクを考える 238

02 もっと詳しいPER 242

PERの基本（初級篇） 242

PERの基本（中級篇） 245
- PERは市場の期待度も表している 245

PERの基本（上級篇） 246

03 もっと詳しいPBR 249

PBRの基本（初級篇） 249

PBRの基本（中級篇） 251
- 真の解散価値を考える 251

PBRの基本（上級篇） 253
- ネットネット株投資 255

04 マクロ経済の分析について 256
- マクロ経済の状況をどう投資に活かすべきか 256

05 TOB/MBO 258
- TOBとは？ 258
- MBOとは？ 259

TOB/MBOされやすい銘柄の特長 260
- TOBされる確率は小型割安株3.23%、市場平均1.83% 261

2023年TOB一覧 262

小型割安株投資でTOBから受ける恩恵 264

親子上場解消期待 264

あとがき 266

巻末資料 ヘムのポートフォリオ全公開 271

第1部

「増配」株投資

戦略篇

01 流行に惑わされない投資手法の考え方

大流行のインデックス投資

◆ インデックス投資は初心者には最適解

日本では、低金利環境が続き、銀行預金の利息がほとんど増えないため、資産運用の手段として株式や投資信託への関心が高まっています。さらに、老後の年金問題や新NISAの登場により、株式市場はますます盛り上がりを見せています。

そんな中で、まずは最近の流行りであるインデックス投資について、私の見解を述べておきます。

インデックスとは日経平均株価やTOPIX、NYダウ、S&P500といった各国の株式市場の動きを表す指数です。その指数に連動して、リターンを目指す投資をインデックス投資といいます。

私は、**投資初心者や銘柄分析に時間をかけたくないという人にとって、インデックス投資は低コストで市場平均を狙える最適解の投資**だと思います。

すでにお話ししましたが**日本市場への参加者は8割がプロ（機関投資家や銀行や証券会社等）、個人投資家のプロ級を合わせると約9割がプロ**だと考えられます。

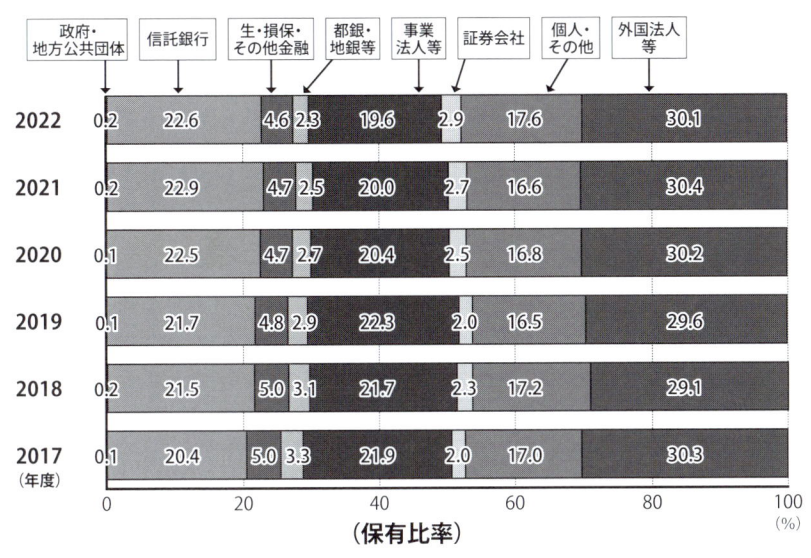

投資部門別株式保有比率の推移

	政府・地方公共団体	信託銀行	生・損保・その他金融	都銀・地銀等	事業法人等	証券会社	個人・その他	外国法人等
2022	0.2	22.6	4.6	2.3	19.6	2.9	17.6	30.1
2021	0.2	22.9	4.7	2.5	20.0	2.7	16.6	30.4
2020	0.1	22.5	4.7	2.7	20.4	2.5	16.8	30.2
2019	0.1	21.7	4.8	2.9	22.3	2.0	16.5	29.6
2018	0.2	21.5	5.0	3.1	21.7	2.3	17.2	29.1
2017 (年度)	0.1	20.4	5.0	3.3	21.9	2.0	17.0	30.3

（保有比率）　0　20　40　60　80　100（%）

引用元　日本取引所グループ　2022年度株式分布状況調査の調査結果について　2023年7月6日

　参加者のほとんどがプロということは、言い換えれば、**市場平均はプロの売り買いの結果の平均値**とも考えられます。

　ここで少し考えてみてください。

　素人の個人投資家が、9割がプロの世界に参戦して簡単に及第点を取れると思いますか？

　どう考えても、無理でしょう。

　それが**インデックス投資なら可能**なのです。 たとえるなら、普通の学生10人が、東大生が90人もいるクラスでテストを受けても、平均点が取れるようなイメージです。

　私はインデックス投資について「信じられないほどお得なシステム！」だと思っています。 投資初心者や銘柄選定に時間をかけたくない人にはインデックス投資をおすすめします。

◆ インデックス投資には大きな危険が潜んでいるかも……

インデックス投資で過去10年くらいの成績を見ると米国株が圧倒的に好成績でした。現在、広く読まれている投資本やSNS等を見るとS&P500への積み立て投資が「投資の最適解」のように言われています。

しかし、私はこの考えは**非常に危険**だと思います。米国株のここ10年の躍進は、その大部分がGAFAM（グーグル、アマゾン、メタ、アップル、マイクロソフト）といった巨大IT企業のイノベーションに支えられていた一面があります。

このイノベーションが今後も起き続けるという前提に立たないと説明できないほど米国株は現在、割高になっているように思えます。日本株と比較しても、かなり割高な水準です。

そのうえ、**米国株投資では為替リスクも見逃せません。**今の為替水準は購買力平価やマネタリーベースから見ても円安すぎる水準です。今後の為替レートを予想するのは難しいですが、円高リスクを無視することはできません。

松井証券のレポートによると、2024年10月中下旬のS&P500のPER（P.242）は24倍です。一般的にフェアバリューと呼ばれているPER15倍に水準が訂正されると株価は約37.5％下落します。

ドル円の為替についてもIMF*のデータに基づく直近の購買力平価では1US$ = 90円前後と計算されます。現在（2024/11/1）の為替は1US$ = 153円前後で、購買力平価からは41％も円安に振れています。

---

* IMF…国際通貨基金

IMFの購買力平価と市場レートの比較

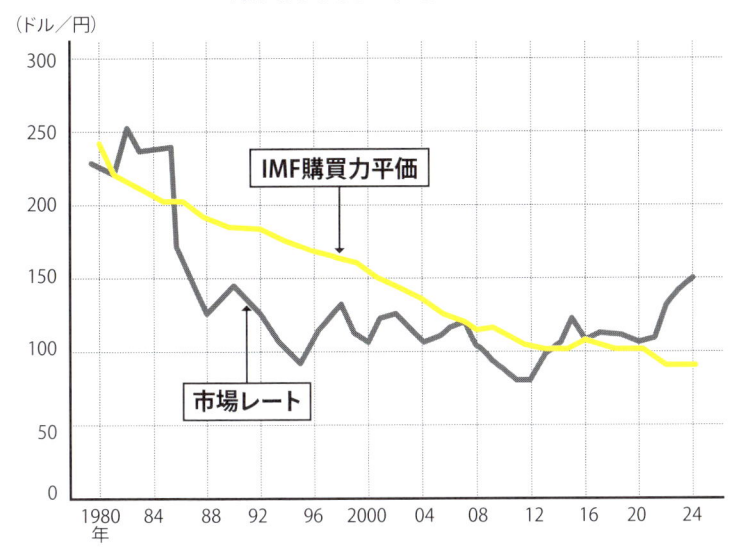

（ドル／円）

（グラフ内ラベル）IMF購買力平価／市場レート

今の為替水準が「円安すぎる」経済学的な根拠より引用　https://toyokeizai.net/articles/-/747161?page=3

今からの投資人生が30年あるとしましょう。

その間に○○ショックが10回くらいは来る可能性が高く、どこかでリーマンショックやコロナショックのようなものが来るでしょう。

2000年以降で私が経験した主な暴落と下落相場を次のページにまとめています。25年間で12回、約2年に1回○○ショックと呼ばれるような暴落や下落相場があったことになります。

次にリーマンショックやコロナショック級の暴落が来た時に、FRB*はどうしますか？

金利を0近辺まで下げる可能性が高いでしょう。

そうなると日米の金利差はなくなり、為替は購買力平価に近づいていくと予想されます。

＊　FRB…The Federal Reserve Board。 米国の中央銀行制度の最高意思決定機関。連邦準備制度理事会。

将来、**S&P500が30％下落して、為替が30％円高に振れれば S&P500の円建て価格はあっという間に半値**です。先ほど述べたように S&P500がフェアバリューと言われるPER15倍に水準訂正されると約 37.5％の下落、為替が購買力平価により決定されるレートに収束すると 41％の円高、これを合わせると円建てでは約63％の下落です。

　これはリーマンショック時の日経平均以上の下落率です。リーマン ショックで多くの個人投資家が退場したことからも、これほどの下落に 耐えられる個人投資家はわずかでしょう。S&P500の積み立て投資を 今後も長期で行っていくなら、このような**リスクは頭の中に入れておか ねばなりません。**

　インデックス投資は優れた投資手法ですが、私の手法はインデックス 投資ではなく「日本の個別株投資」です。では、私がなぜ個別株投資 を行い、皆さんにもおすすめするのかというと、私の個別株投資手法で あれば「高い確率で市場平均に勝つ」ことをデータ的に示すことが可能 だからです。

2000年以降の暴落の歴史

ITバブル崩壊（2000〜2001）　▲54.96%

9.11同時多発テロ（2001）　▲6.6%（1日の下落率）

ライブドアショック（2006）　▲5.7%（2日の下落率）

リーマンショック（2008）　▲61.62%

ギリシャショック（2009）　▲12.71%

東日本大震災（2011）　▲15.59%

チャイナショック（2015）　▲29.10%

ブレグジット（2016）　▲8.6%（1日の下落率）

VIXショック（2018）▲15.67%

米国長期金利上昇ショック（2018）　▲22.5%

コロナショック（2020）　▲31.27%

植田ショック（2024）▲20.32%（3日の下落率）

今、日本で個別株投資をする理由

　私が皆さんにおすすめするのは「日本の個別株投資」と言いました。その理由を少し説明しましょう。今、日本では以下のような流れが起きています。

① 上場企業の利益は凄い勢いで成長している
② 上場企業の手元資金は凄い勢いで増えている
③ 上場企業の株価は凄い勢いで上昇している
④ 配当金、自社株買いなどの株主還元が増えている
⑤ 給料はほとんど増えていない

　以下の図で見るとわかりやすいですね。

収益力向上に対し人件費は停滞

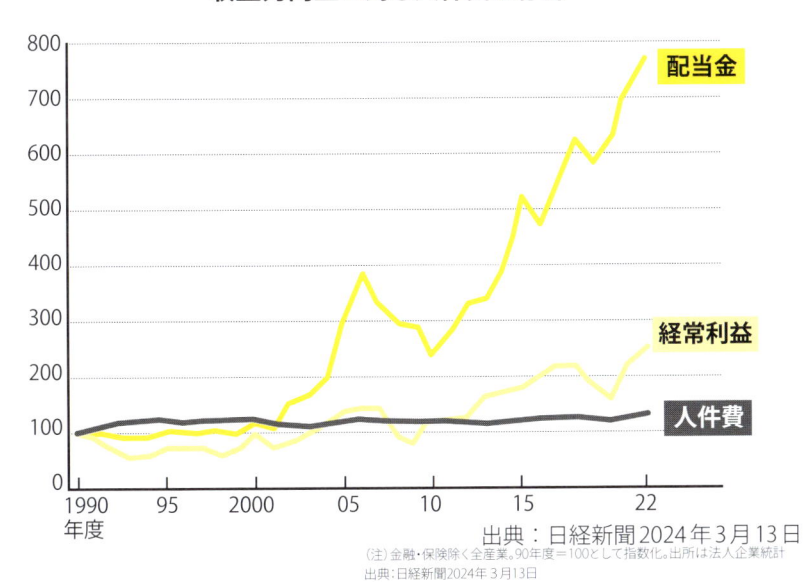

出典：日経新聞2024年3月13日
(注)金融・保険除く全産業。90年度＝100として指数化。出所は法人企業統計
出典：日経新聞2024年3月13日

==1991年～2022年の32年間で上場企業の経常利益は約2.5倍に、株主への配当金は約7.7倍に増えたのに対し、賃金はわずか30％しか増加していません。==

　これは、上場企業の利益は増え続けているのに、給料をほとんど上げずに株主還元を増やしてきたことを意味します。株価はぐんぐん上昇し、日経平均は2024年3月4日に終値で史上最高値の4万円を突破しました。

日経平均の推移

Googleファイナンスより

　株式投資で億万長者になった人が増えたのも頷（うなず）けます。多くの社員の頑張りで稼いだ儲けは社員に還元されず株主に流れていったのです。==この流れは今後も加速すると思われます。==　人手不足により賃金も上昇するでしょうが、恐らくそのペースは配当や自社株買い増加の速度には及ばないでしょう。

　後述しますが、今、東証は各企業に「PBR（P.249）1倍割れは許さん

ぞ」「ROE を上げろ！　成長投資にお金を使え！　それができなければ株主への還元を増やせ！」と檄（げき）を飛ばしています。その影響は絶大で増配や自社株買いという株主還元を増やす企業が増え続けています。

　以下のグラフは 2000 年度以降の配当金と自社株買いの推移です。配当金と自社株買いは急角度で増え続けているのが一目瞭然です。

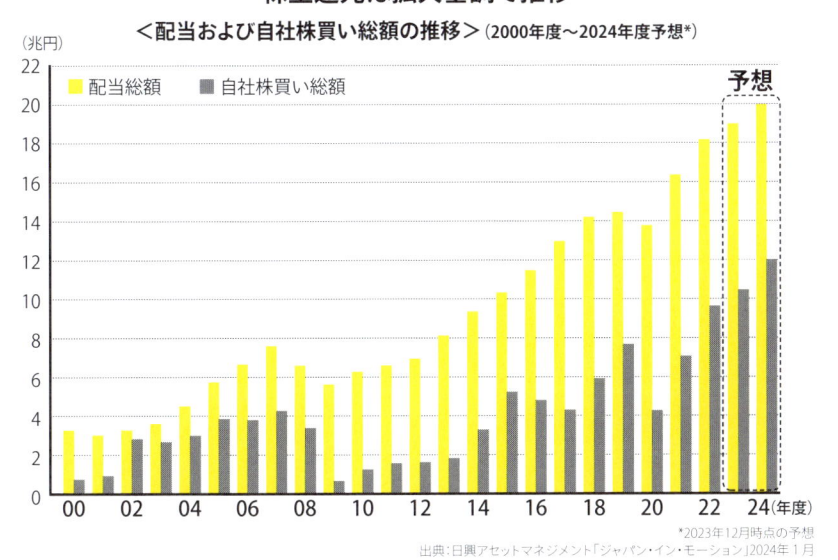

株主還元は拡大基調で推移
＜配当および自社株買い総額の推移＞（2000年度〜2024年度予想*）

*2023年12月時点の予想
出典：日興アセットマネジメント「ジャパン・イン・モーション」2024年1月

　グラフからも推察できるように、<mark>配当金はますます増えていく流れにある</mark>のです。株式投資で配当を得ている人とそうでない人の格差はこれからも広がっていくでしょう。

　株式投資を行った方が良い最後の理由は、<mark>今後インフレが予測されるから</mark>です。インフレ下では現金の価値はひたすら目減りしていきます。一方、企業はインフレ下では値上げを行うことができるため、株式はインフレに強い資産とされています。

それにもかかわらず、私の友人には株式投資をしている人はほとんどいません。なぜでしょうか？

　——実は多くの友人が2008年頃までは株式投資をしていました。しかし、やめてしまったのです。

　理由は、リーマンショックがあったからです。米国の大手投資銀行リーマン・ブラザーズの破綻を契機に広がった世界的な株価下落で、多くの人が大損し、株式投資が怖くなってしまったのです。

　このリーマンショックは歴史的な金融危機となり、多くの友人が株式市場から退場しました。年齢で言えば、私や友人が34歳のとき。ライフイベント的にちょうど自宅購入を考える年齢でした。

　リーマンショックで散々な目にあった彼らは市場から退場し、住宅ローンを組んで自宅を購入し、以降は余剰資金を投資に回すことなく、全て住宅ローンの繰り上げ返済に充てました。株式投資を行うより繰り上げ返済の方が資産形成にとっては有利だと考えたのです。これが、私の周りで一番多いパターンです。

　しかし、リーマンショック時に7000円を割った日経平均は、今では4万円前後と5倍以上になっています。受取配当金を再投資に回していればリターンは5倍どころか、6倍、7倍になっていたはずです。あの時に投資を続けていれば、今頃は億万長者になっている人がどれだけいたでしょうか。

　ただ、リーマンショックのような大暴落時に投資を継続するのはそう簡単なことではありません。暴落時の対応は株式投資の世界ではとても重要ですので、第2部の最後に詳しくお伝えします。

手を出しがちなテクニカル投資

テクニカル投資は企業業績や資産などを分析して売買するファンダメンタルズ投資と異なり、チャートなどから株価の動きに着目してトレードする手法です。視覚的に把握しやすく、初心者にとっては使いやすい手法かもしれません。私はテクニカル投資を行ったことがないのでここでは一般論を話します。

テクニカル投資の最大の問題は**短期や企業業績に基づかない場合はこれがゼロサムゲーム**だということです。ゼロサムゲームとは参加者の儲けの総額と、損失の総額の合計が0になるゲームです。もっと正確に言えば売買にかかる手数料の分だけマイナスとなります。儲けた人がいる一方、必ず損した人もいる——つまり参加者同士でお金の取り合いをしているというわけです。

さて、ここで、先ほど述べた株式市場のプロの割合を思い出してください。株式投資の世界ではプロ級を含め参加者の9割がプロの世界です。
素人のような個人投資家がゼロサムゲームをしてプロに勝てるでしょうか?

私はとても勝てる自信がありません。確かに周囲にはテクニカル投資で財産を築いた投資家もいます。ですから、この手法が絶対にダメだというわけではありません。

ただ、1億円儲けている人がいれば、その陰に同じ金額だけ負けている人がいるのです。そのことを忘れてはいけません。
私ならそのようなリスクを背負ってテクニカル投資をするより、もっと低リスクで確実にリターンを狙えるバリュー投資を選択します。

人気になりすぎた高配当株投資

◆ **高配当株はすでに割高**

　高配当株というのは現時点での配当利回りが高い銘柄のことを指します。配当金は、企業が減配をして無配にならなければ毎年受け取れます。今年も、来年も、再来年も、その株を保有している限り受け取ることができる、まるでお金を生み続ける装置を買うようなものです。

　毎年もらえる配当金は多い方が良いのですから、高配当株投資はインカムゲイン狙いの投資家にとって非常に魅力的な投資手法と言えます。

　ただ、**高配当株投資にもリスクがあることを忘れてはいけません。**
以下のチャートは2021年1月以降の「日経平均高配当株50指数連動型ETF（以下、高配当ETF）」とTOPIX、日経平均のパフォーマンスを比較したものです。高配当ETFの成績が指標を大きく上回っているのがわかると思います。この3年間に限ると高配当株への投資からは多くの配当金を受け取れただけではなく、TOPIX等の指標を上回る株価上昇の恩恵も受けることができたことがわかります。

（NEXT FUNDS）日経平均高配当株50指数連動型ETFの株価チャート

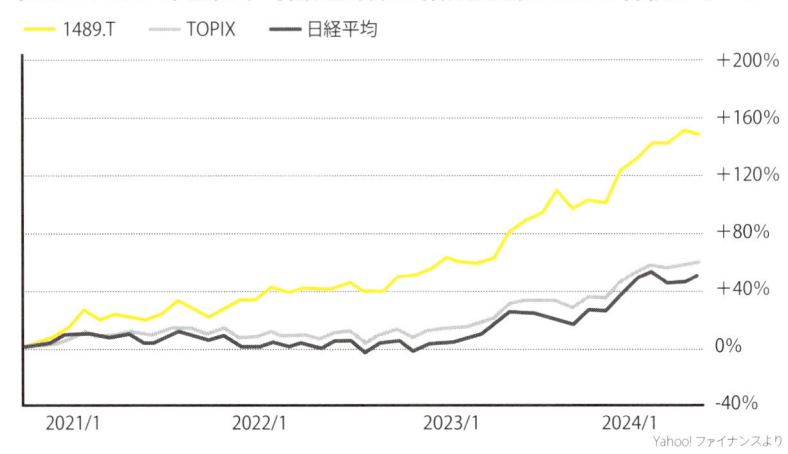

Yahoo! ファイナンスより

では、高配当株投資が投資の最適解なのでしょうか？

私はそうは思っていません。

以下は高配当ETF、TOPIX、日経平均のパフォーマンスを2017年4月から比較したものです。先ほどより期間を延ばした比較チャートです。

（NEXT FUNDS）日経平均高配当株50指数連動型ETFの株価チャート

Yahoo! ファイナンスより

高配当ETFは2018年から20年までの成績が振るわず、2020年10月頃から大きくパフォーマンスを伸ばしていることがわかります。2017年4月以降の全期間で見ると高配当ETFの成績は日経平均に劣る形になっています。つまり、この3年間は高配当株が好調な時期だったのです。

昨今、明らかに「高配当株ブーム」が来ています。書店で並ぶ投資本の多くが「高配当株」に関連するものです。

特にこの1年は新NISAが始まったこともあり新たに株式投資をス

タートする人が増えました。このような方に「高配当株」はとても魅力的に映ったのでしょう。結果人気の高配当株が買われ株価が上昇しました。

しかし根本的に、**株式投資の世界では「後追い」はあまり良い結果を生みません。** 過去の華々しいデータを見て追随買いしても、すでに株価は十分に割高になっているからです。

高配当株の多くは、**その企業が持つ資産価値（今持っている資産）や事業価値（稼ぐ力）が大きく変わっていないのに株価だけが上がっている状態です。**

つまり今は以前と比べて割高な状態にあるということです。いくら高配当株でも割高な株を買っていては儲かりません。

◆ 減配・無配のリスクを考えているか？

また、高配当株にはもう一つ大きなリスクがあります。それは**減配リスク**です。

高配当銘柄には成熟企業と言われる、すでに成熟して、さらなる成長がほとんど期待できない企業が多く存在します。

つまり、今後の成長投資の案件があまりないのです。
そこで本来、成長投資へ向ける利益の多くを株主還元に回した結果、高配当になっていると判断できます。
投資家は成長性ではなく還元（配当）に期待して株を買っているのですから、減配や無配になると株価の下落率は非常に大きくなります。

2024年2月1日、高配当株として人気があった「あおぞら銀行」が業

績悪化に伴い2024年3月期の期末配当を無配にすると発表しました。

発表までの同社の配当利回りは4.73％、無配発表の衝撃は大きく、この日の終値はストップ安。 株価は2日間で3,257円から2,150円まで34％急落することになります。

たとえ現時点で「高配当株」でも、減配リスクのある銘柄への投資は危険なのです。

高配当株投資自体は素晴らしい手法ですが、高配当株で「割安」かつ「減配リスクの小さい」銘柄を選定しなければなりません。 ただ、今は高配当株ブームということもあり、高配当株は割高となっている企業が多い傾向にあります。

一方で、私の投資手法は、**割安で増配の可能性が高い銘柄をファンダメンタルズで判断して投資するバリュー投資**です。

増配の継続性を重視しているのですから、減配リスクが小さいことは言うまでもありません。

もっと簡単に言えば、現在の配当利回りが4〜5％の高配当銘柄ではなく、今は配当利回りが3〜4％でも、将来高い確度で増配が期待できる銘柄に投資していく手法なのです。

「勝つべくして勝つ投資」の根源　バリュー投資

　一般にバリュー投資とは**現在の株価がその企業の利益や資産等から判断して割安であると思われる銘柄を買う投資手法**です。

　企業がお買い得かどうかを判断するポイントを凝縮すれば、
「**企業の現時点での資産価値**」
「**企業の現時点での利益**」
「**利益の今後の成長見込み**」
の3点です。
　ここから企業の価値を算出して、今の株価と比べて割安かどうかを判断する。その上で割安なら投資するというのがバリュー投資の基本です。

　私が最終的にたどり着いたステージが、このバリュー投資です。
　そして、結論、バリュー投資とは以下2点の要素から成り立っていると考えています。

①**「企業の本質的価値と市場価値（株価）の差＝α」が大きい
　銘柄を見つける（割安な銘柄を見つける）。**
②**「α」が解消される（本来の価値まで株価が上昇する）見込
　みのある銘柄を見つける。**

　バリュー投資を極めると、銘柄を選定する際にその企業の業績や資産から、その企業の本質的価値を自分なりにはじき出すことができるようになります。
　現在の株価が適正な価格なのか、それとも割安で本質的価値との差＝αがあるのかが判断できるようになるのです。

そして、α が存在すれば、いずれ何かをきっかけに株価が上昇して α が解消される可能性があります。

ちなみに、この後本書ではこの**「きっかけ」のことをカタリスト**と呼んでいきます。株価が割安な状態を抜け出して上昇を始める要因だと理解していただければと思います。

この概念を理解し、第2部で解説する銘柄分析をしっかりと行っていけば、**自ずと投資の実力が身についていき、どこで買えば割安か、どこで売却したら成果を得られるかといった売買のタイミングを大きく外すことは少なくなってきます。**

「α をどのようにして見つけるか」
「α が解消されるカタリストをどのようにして見つけるか」

がバリュー投資においては、最も重要なポイントなのです。

02 王道を侮るなかれ

期待値1以上を積み上げるゲーム

　私は投資のことを「**期待値1以上**」を積み上げる**ゲーム**だと思っています。

　期待値とは儲かる確率です。例えばサイコロを振って1が出れば賭け金が6倍になるゲームがあるとしましょう。サイコロで1が出る確率は6分の1なのですからこのゲームの期待値は1です。一方、1が出れば賭け金が7倍になるとしましょう。この場合、このゲームの期待値は1.17つまり1以上です。このようなゲームがあれば、ひたすら参加すべきです。私が目指しているのは株式投資の世界で期待値1以上の仕組みを作ることです。その上で、そのサイコロを何回も振ることです。

　期待値1以上のサイコロを何回も振るとは、投資の世界に置き換えると銘柄と時間の分散を意味します。

　私は期待値1以上を積み上げていくため、次のような投資手法や判断素材を活用しています。

「小型割安株」
「増配期待株」
「暴落時の買い向かい」
「配当シグナル」
「東証大号令対応期待」

「TOB/MBO 期待」
「優待単元株効果」
「不人気株への買い向かい」
「堀と参入障壁とマーケット拡大余地に焦点を当てた定性分析」

　それぞれが期待値1以上の要素だと思っていますが、これらの要素のなかでも、「小型割安株」「増配期待株」「暴落時の買い向かい」には特に大きい信頼を置いています。

　長期で勝つためには自分の投資手法のどこに優位性があるのかを理解しておかねばなりません。第1部では、私の投資手法の優位性について詳しく解説していきます。

◆「超分散」でリターンを期待値に収束させる

　私はポートフォリオ全体で勝つという戦略をとっており、広く分散投資しています。以下は私の 2024 年10月31 日時点での全銘柄の所有割合を円グラフにしたものです。私の保有株数は 360 銘柄以上にもなり、個人投資家の中でもかなり分散投資している方だと思っています。

**ヘムの全ポートフォリオ 分散度合い
全363銘柄（2024/10/31時点）（投信・ETFを除く）**

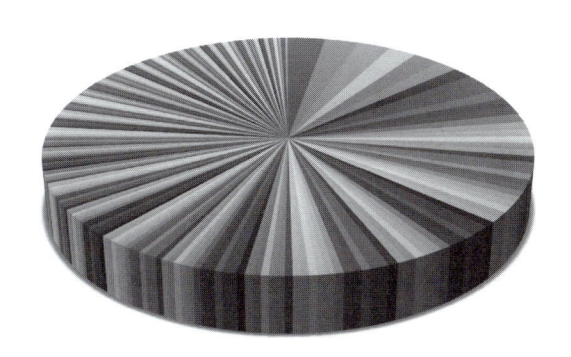

ここまで広く分散投資しているのは、**運の要素を完全に排除し、ポートフォリオ全体のリターンを自身の投資の有効性の期待値に収束させるため**です。

　投資の原資は苦労してコツコツ貯めた大切なお金。「たまたまの負け」は許されないのです。だからこそ分散投資を通じて、自身の投資手法の有効性が確実に反映されるようにしているというわけです。

　ここまで広く分散すればリターンは TOPIX や日経平均に近づくのではと言われることがありますが、そんなことはありません。このように超分散して組んだポートフォリオ（PF）の投資成績が次のグラフです。2018年1月からの TOPIX と私の PF の成績を比較すると、約7年で対 TOPIX で＋73.76％の成績を残せています＊。

2018年以降の投資成績

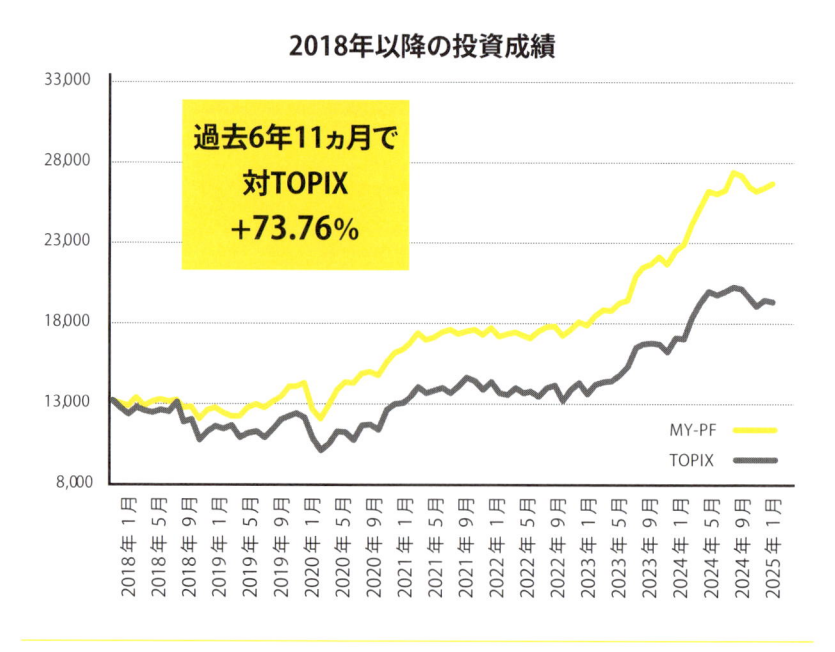

過去6年11ヵ月で
対TOPIX
+73.76%

MY-PF
TOPIX

＊　インデックス投資等（新興国投資、国内＆海外REIT、金、銀など）の成績も含む

私は今まで投資で多く失敗をしてきました。長期で市場にいる多くの凄腕投資家も同じでしょう。ただ株式市場は寛容で多少失敗をしても致命的なミスさえ犯さなければ十分に富をもたらしてくれます。分散投資の範囲内でのミスなど大したことがないのです。

　私が今まで見てきた中では、致命的なミスは大体において「暴落時の対応の失敗」と「集中投資」と「レバレッジ」から引き起こされています。一方、私が考える、安全で再現性高く市場平均を上回る成績を上げるために必要な要素は、

・アノマリー（小型割安株効果や増配効果）の活用
・徹底した分散投資による成績の理論値への収束
・暴落時の買い向かい戦略

です。
　ほかの投資手法と比べて優れている点は、特別な才能がなくても安全性と再現性の高い形で資産を増やせることです。私はこのような手法を**「勝つべくして勝つ投資」**と呼んでいます。

　私が27年間の株式投資の経験から学んだことは、

・調べ尽くした銘柄でも私の知らないこと、気付いてないことが多くある
・間違いを犯しているのは市場ではなく私だというケースも多くある

　の2点です。
　つまり特定の銘柄への投資では勝つこともあれば、読みが外れて負けることもあります。
　一方、自身の投資手法に有効性があれば、分散されたポートフォリオで勝つことはそう難しくはありません。ポートフォリオ全体で勝てば良いのです。

数字でわかる運用利回りの威力

　一般にインデックス投資での期待利回りは5%程度と言われていますが、私の目標リターンは長期平均で年間8〜12%程度に据えています。そして、この目標リターンをより確実により安全に達成する点に重きを置いています。

　「年間リターン8〜12%程度か」と思った方もいるかもしれませんが、複利の世界でこの利回りの差はとんでもない違いを生みます。

　具体的に見てみましょう。以下は、30歳、元本500万円で投資を始めた場合の、年間利回り1%、5%、8%、10%、12%の長期リターンの比較です。

30歳で投資開始／投資元本500万円／入金額年間96万円／複利運用

（単位　万円）

	30歳	35歳	40歳	45歳	50歳	55歳	60歳	65歳	70歳
運用利回り1%	500	1,018	1,562	2,134	2,735	3,367	4,032	4,730	5,465
運用利回り5%	500	1,186	2,066	3,195	4,645	5,470	6,505	8,892	11,956
運用利回り8%	500	1,333	2,573	4,422	7,176	11,278	17,391	26,497	40,065
運用利回り10%	500	1,442	2,992	5,543	9,739	16,643	28,003	46,692	77,443
運用利回り12%	500	1,562	3,491	6,995	13,360	24,925	45,935	84,102	153,442

＊手数料・税金を除く

		50歳時点	60歳時点	70歳時点
定期預金	運用利回り1%	2,735万円	4,032万円	5,465万円
インデックス投資	運用利回り5%	3,195万円	6,505万円	1億1956万円
ヘム式投資手法　①	運用利回り8%	4,422万円	1億7391万円	4億0065万円
ヘム式投資手法　②	運用利回り10%	5,543万円	2億8003万円	7億7443万円
ヘム式投資手法　③	運用利回り12%	6,995万円	4億5935万円	15億3442万円

毎年の入金額96万円と仮定すると、70歳の時にはどうでしょう。

　運用利回りが5％の場合は1億1956万円、運用利回りが12％の場合は15億3442万円と、とんでもない差がついていくのです。

　運用利回り10％前後というのは長期の資産形成で考えると十分すぎるほどのリターンです。老後の資金も問題なさそうですね。

　この運用利回りを「再現性の高い手法」で目指すというのが私の手法です。

稼げる人になるために

　投資の世界でのリターンの大きさは「入金力＋運用力」で決まります。元も子もない話ですが安全に早くお金持ちになりたければ入金力が重要です。入金力が小さければ「時間をかけて」か「リスクを取って」お金持ちになるしかありません。多くの投資本に「入金力を高めるために節約しよう」と書かれていますよね。私も節約は大切だと思っています。

　一方でその何倍も入金力を高めることが重要だとも思っています。入金力を高める王道は「値打ちのある人」になることです。スキルが上がれば出世、転職、副業、起業等による収入アップの道が開けます。コラムでは私がビジネスパーソンとして成長して、稼げる人になる上で大切だと思っている考え方を紹介します。コラム1では、次男との少し切ない思い出の話をさせてください。

　私の長男は中学校で卓球部に入部しました。長男が3年生の時にチームは団体で全国大会に出場。長男はチームで副主将を務め主力メンバーで、地元ではちょっとしたスター選手でした。

　次男もその影響で中学へ進学後に卓球部に入部しました。2年生の時には団体戦のレギュラーに。チームは大阪でBEST8程度の実力で、最後の大会は絶対に全国に行くぞとチーム全体が燃えていました。私も会社の倉庫に卓球台を設置し子供たちを練習させ、大阪の色々なクラブチームとの練習試合や、オープン参加可能な大会によく子供たちを連れて行きました。振り返るととても楽しい時期でした。

　次男が中学3年生になった時、小さい時からクラブチームで活躍していた選手が入学。新1年生ですがチームNo.1の実力です。また2年生のエースもどんどん力をつけてきて、次男のレギュラーの座が危なく

なってきました。次男は毎日の練習に加えて、夜に社会人の卓球サークルでも練習するようになりました。会社の倉庫でもよくサーブ練習を一人でしていました。その甲斐もあって春の大会はレギュラー。次男の調子も良く実力もついていました。頑張っている息子に最後の大会までレギュラーで試合に出させてやりたい。私も祈るような気持ちでした。

　最後の夏の大会。大阪市予選では息子はレギュラー、チームは無事予選を通過しました。そして、いよいよ本番の大阪府大会です。この大会で2位までが近畿大会に進みます。レギュラー発表は大会の前日です。

　次男が帰ってきた時に一目でレギュラーを外されたことがわかりました。その夜のことはなぜかあまりよく覚えていません。大会当日、中学3年間で初めてベンチでチームを応援する息子を見ました。息子はチームを必死で応援していました。結局チームはBEST8で敗退。チームの皆も泣き崩れていました。こうして次男の中学の部活が終わりました。

　次男は帰宅後すぐに部屋に入りました。私はその晩は眠れず、夜中に部屋をノックすると息子も起きていました。「その日の試合内容のこと」「なぜかお笑いのこと」「人は挑戦した数だけ大きくなること」「大人でも精一杯の努力をした上で失敗するのが一番怖いこと」「それでもその挑戦を何回できるかで人生が大きく変わること」などを話しました。私はその後もやっぱり眠れませんでした。

　今回のコラムは少し切ない次男の中学の部活のお話でした。普通にどこにでもある話なんでしょうね。

03 勝ち筋をつかむ 小型株戦略

個人投資家は小型株市場で戦え！

　私が主戦場とするのは、**時価総額の小さい小型株**。 なぜなら、小型株投資はプロが参加しにくい世界だからです。

　国内の企業で東京証券取引所に上場している企業は約4,000社ですが、私の場合、時価総額の大きさで以下のように大型株、中型株、小型株に分類しています。 分類については厳密な定義はないのですが、私と同じように分類している投資家が多いようです。

分類	時価総額
大型株	3,000億円以上
中型株	1,000〜3,000億円未満
小型株	1,000億円未満

＊小型株の中でも時価総額300億円未満の企業を超小型株と呼んでいます

　市場の構成企業の割合は次の通り。 実は、日本の上場企業の半分以上（58％）は時価総額300億円未満の超小型株です。 皆さんが大好きな三菱商事、トヨタ、ソニー、三井フィナンシャルグループ等は全て大型株ですが、大型株の構成割合はわずか11％です。

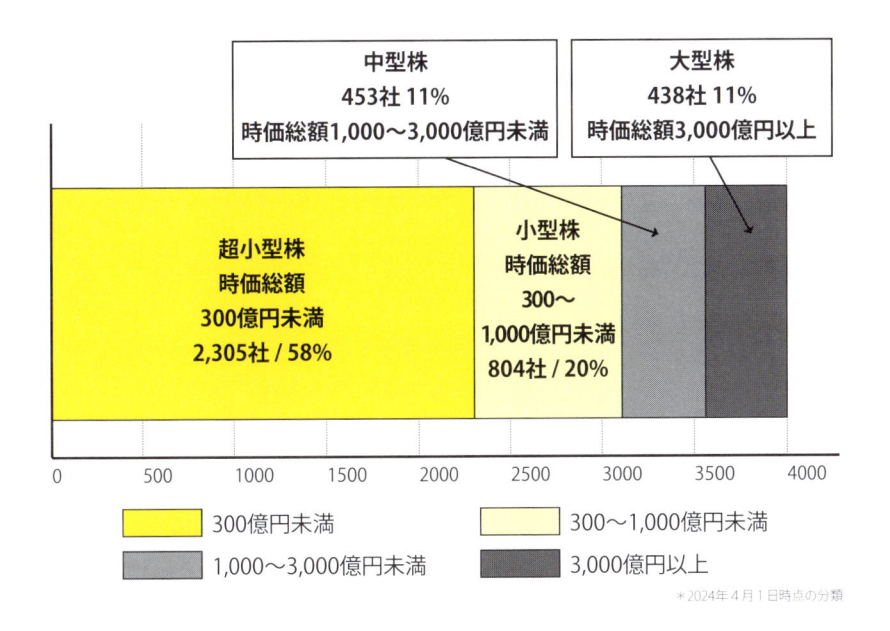

中型株
453社 11%
時価総額1,000～3,000億円未満

大型株
438社 11%
時価総額3,000億円以上

超小型株
時価総額
300億円未満
2,305社 / 58%

小型株
時価総額
300～
1,000億円未満
804社 / 20%

0　500　1000　1500　2000　2500　3000　3500　4000

300億円未満　　　　300～1,000億円未満

1,000～3,000億円未満　　　3,000億円以上

＊2024年4月1日時点の分類

インデックス投資の項目で述べた通り、日本市場の参加者の8割はプロ。つまり、ファンドなどの機関投資家です。彼らは巨額の運用資金で株を購入しています。1日の出来高が少ない小型株を多額の資金で大量に買いつけると株価が上昇し、売却するときには株価を押し下げてしまい、利益が出なくなるので**小型株の世界には参入しにくい**のです。

◆「効率的市場仮説」

少し話が戻りますが、株式投資とは「企業の本質的価値」と「株価」の差＝aを見つけるゲームだと話しました。そしてaが見つけやすいのは小型株だと結論も先に述べました。

ところが、aは存在しないという説があるのです。

それが「**効率的市場仮説**」。ノーベル経済学賞を2013年に受賞したシ

カゴ大学ユージン・ファーマ教授が提唱した説です。

　この説によると以下の3つの条件のもとでは、株価は常にその時点で、その企業の本質的価値を反映しているため、「 a 」など存在しないというのです。

　その3つの条件とは次の通りです。

① 市場に十分な参加者がいる
② 市場参加者は十分な知識と情報を持っている
③ 市場参加者は優秀で常に合理的な判断を行う

　例えば「1株当たりの本質的価値が 1,500 円」の企業の株価が現在 1,000 円だとします。十分な知識と情報を持った市場参加者はその企業の本質的価値を見抜き、割安に放置された株を買います。逆に株価が 2,000 円なら、市場参加者は割高と見抜き、売却します。その結果、株価は自然に本質的価値である 1,500 円に収束するというのです。

　つまり、3つの前提のもと、効率的市場仮説が機能していれば、全ての銘柄の株価にはあらゆる情報・成長期待・将来への不安が織り込まれていることになります。

　するとどの銘柄の株価も、常にほぼ適正な価格であるため、大きな a は存在しません。たとえ a が存在するとしても少額で、企業分析などの労力に見合うリターンは得られず、市場平均を上回るのは困難ということです。

　さて、市場平均を上回る利益を得るのが難しいなら、個別株投資で長期にわたり、市場平均以上のリターンを得ている投資家は存在しないことになります。

　ところが実際は、長期で市場平均に勝ち続けている投資家がいます。

　なぜそのようなことが起こるのでしょうか？

◆ 効率的市場仮説の盲点をつく小型株投資

　ここで再び市場参加者の8割はプロということを思い出してください。小型株はそのプロがほとんど参加できない極めて特殊な市場。

　つまり、以下の状況です。

① 市場参加者の80%以上を占めるプロが参加しにくいので、参加者が十分とは言えない
② 個人投資家がメインなので十分な知識と情報を持っているとは言えない
③ 個人投資家はプロほど合理的な判断はできない

　そうです。小型株の世界では「効率的市場仮説」の前提が崩れているのです。

　「効率的市場仮説」の前提が崩れるとミスプライスが発生します。

　つまり、企業の本質的価値より株価が割高なケースも、割安なケースも存在します。

　このミスプライスの中で、株価が割安な投資先、つまり「α」が存在する企業に投資することで、市場平均を上回るリターンが得られるのが小型株の世界なのです。

「大きい玉を見つける」だけが投資じゃない

　小型株の世界には企業の本質的価値より「割高な銘柄」も「割安な銘柄」も存在すると言いました。つまり玉石混交です。

　小型株には小型割安株と小型成長株があり、「小型成長株」には、割高と思われる「石」の割合が大きく、「小型割安株」には「玉」の割合が大きくなっています。

　「小型成長株」の代表的な銘柄と言えばITやデジタル関係のベンチャー系企業。これらの企業は足元で利益を生み出していなくても、将来の成長期待で株価が割高になっている場合があります。

　一方で、「小型割安株」は**本来の実力よりも過小評価された銘柄**が多い傾向にあります。企業の1株当たりの本質的価値は2,000円なのに、1,000円の株価で売られているような銘柄です。「小型割安株」には、**くじ引きで言えば1等賞ではないけれどハズレではない、3等賞あるいは5等賞のような当たりくじもたくさん入っています。**

　私はこの状態を「ハズレのないくじ引き」と思っています。『ダンドーのバリュー投資』(モニッシュ・パブライ著　パンローリング社刊) から引用すれば「コインの表なら勝ち、裏でも負けは小さい」でしょうか？

　私の感覚からすると小型割安株投資で分散投資をすれば「コインの表なら勝ちで、裏でも勝ちが小さいだけ」になります。

　このように小型株、それも小型割安株は企業の本質的価値より割安に放置されている、**つまりαがある「玉」が数多く存在するフィールド**なのです。

◆ 中・大型株よりお宝銘柄を発掘しやすい

小型株投資にはさらに有利な点があります。

全上場企業のうち実に**小型株は78%、3,109社**（2024年4月時点）もあります。これだけ多くの候補の中からαのあるお宝銘柄を見つけられることです。

一方のプロは中型株と大型株から、大きなリターンが狙えるお宝銘柄を見つけなくてはなりません。中型株、大型株は合わせても891社（2024年4月時点）。プロは個人投資家よりはるかに少ない対象先から銘柄を選択しなければならないのです。

中・大型株投資の市場参加者は8割がプロ、知識も情報も十分に持ち、合理的な判断ができるプロが揃っています。そのような条件が揃った市場では株価はおおむね適正価格なので大きなリターンは期待できないというのが効率的市場仮説でした。

「α」が見つけにくい中型株・大型株891社の中から、成果を得られる銘柄を発掘するなど、余程の才覚がないとできません。

私が尊敬する投資家の清原達郎さんは著書『わが投資術』（講談社刊）で、

「大型株で投資家が儲けるためには〝市場が見せる一瞬の隙〟を逃さないことです。まあ小型割安株の場合は驚くほど隙だらけなのですがね。」

と述べていますが、私も全くの同意見です。

個人投資家で財を築いた多くの投資家は「小型割安株」の分野で戦ってきました。

小型割安株はプロの追随買いが狙える

ダメ押しでもう一つ、小型割安株のメリットをお伝えします。
それは、**プロの追随買いが期待できること**です。

投資では**ほかのプレイヤーより先に有望株を買うのが勝つための第一条件**。小型割安株なら、プロが参加しないうちに有望株が買える可能性が大きいのです。

例えば時価総額250億円の有望株を買ったとしましょう。その企業が目論見通り成長し株価が上昇して、時価総額が300億円を超えたとします。すると「投資対象は時価総額300億円以上」との基準を設けていたファンドがこの企業を買えるようになります。

さらに株価が上がり時価総額が増えるにつれ、500億円以上の制約があった機関投資家が、あるいは1,000億円以上の制約があった機関投資家が追随買いするようになります。機関投資家の買いが増えていけば株価も上昇していきます。

このように小型割安株はプロの先回りができるという非常に有利な立場で戦えるフィールドなのです。

確かに投資のプロは素人に近い個人投資家に比べ、実力も情報量もあります。

しかし、プロは投資対象に対して時価総額の制限など手かせ・足かせをはめられた状態で戦わなければなりません。一方の個人投資家は自由です。プロができない手法を追求して勝率を上げられます。

その代表的な戦略が「小型割安株投資」です。私が今日まで好成績を上げてこられたのは「小型割安株」というブルーオーシャンで戦ってきたからなのです。

データでわかる小型株の優位性

　ここまで散々小型株の良さを語ってきましたが、実は、**日本市場の長期的なデータを見ても、「小型割安株への投資」は有効性があると言って差し支えない**と思います。

　次に示すのは、過去14年間の日本株のクラス別の成績です。このデータでは、「大型株・市場全体・小型株」「割安株・市場全体・成長株」で9つに分類しています。

時価総額↓／割安度→	割安株	市場全体	成長株
大型株	①**大型割安株**	②**大型株**	③**大型成長株**
	TOPIX500 バリュー	TOPIX 500	ITOPIX 500 グロース
市場全体	④**割安株**	⑤**市場全体（TOPIX）**	⑥**成長株**
	TOPIX バリュー	TOPIX	TOPIX グロース
小型株	⑦**小型割安株**	⑧**小型株**	⑨**小型成長株**
	TOPIX Small バリュー	TOPIX Small	TOPIX Small グロース

　分類に従い、2010年1月〜2024年6月の14年間のそれぞれの成績を調べました。2009年12月を 10,000 として指数化しています。

　結果は、「小型割安株」のパフォーマンスが最も優れていたことがわかりました。

　この 14 年間で TOPIX が 211.79％であるのに対し、小型割安株は 298.81％と TOPIX を 87.02％もアウトパフォームしています。

　それに反して「大型割安株」は 193.78％で最低の成績です。今の総合商社や銀行等の大型バリュー株の躍進は長期にわたる低迷からの揺り戻し（水準訂正）の面が大きいのかもしれません。

なお、先ほど私は同じ小型株でも「小型割安株」には玉が多く、「小型成長株」には石が多い傾向にあると説明しました。

　成績を見ると小型割安株が TOPIX を大幅に上回った一方、小型成長株が TOPIX を下回っていることからも、「石が多い」ことがわかると思います。

2010年1月〜2024年6月の成績

（＊）2009年12月31日を10,000とした時の数値

順位	指数	分類	成績
1位	**TOPIX Small バリュー**	**小型割安**	**298.81%**
2位	**TOPIX Small**	小型	**250.23%**
3位	**TOPIX 500 グロース**	**大型成長**	**216.52%**
4位	TOPIX グロース	成長	215.25%
5位	TOPIX	TOPIX基準	211.79%
6位	TOPIX 500	大型	208.14%
7位	TOPIX Small グロース	小型成長	204.02%
8位	TOPIX バリュー	割安	202.56%
9位	TOPIX 500 バリュー	大型割安	193.78%

各指数の長期比較 ＝ 2010年1月〜2024年6月 ＝

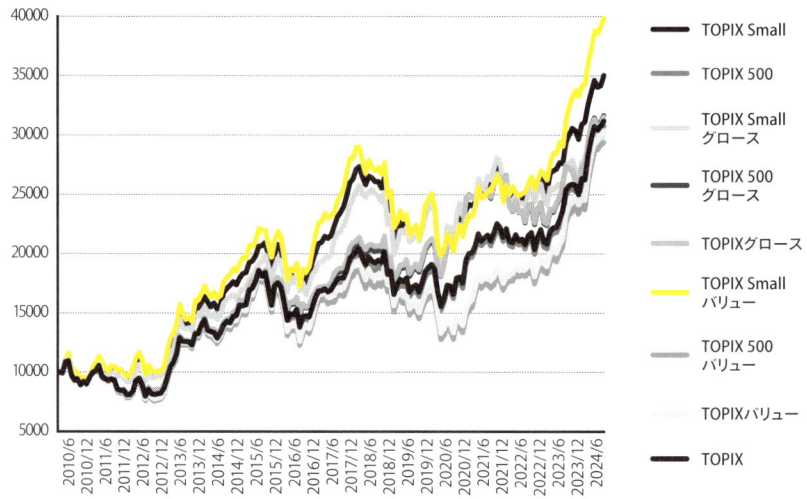

さらに、2023年4月22日付日経新聞掲載のデータも見てみましょう。

これは「時価総額」と「配当利回り」で分類した投資成績で、2003年3月〜2023年2月の20年間の長期にわたる検証データです。

コーン（四角錐）が高いほど、好成績を表し、「対 TOPIX ウェイト小」は小型株、「対 TOPIX ウェイト大」は大型株を意味しています。

配当金を考慮した累積リターン（%）

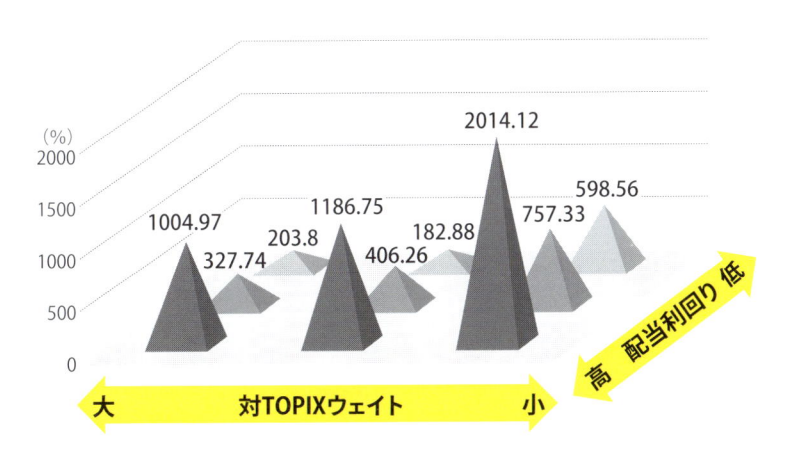

出所：QUICK
注：データは2003年3月末〜23年2月末。TOPIX採用銘柄のうち、対TOPIXウェイト配当利回りを3等分。月次リターンを算出し、累積（毎月末に等金額でリバランス）。配当利回りは日経予想

一目瞭然で断トツの好成績は対 TOPIX ウェイトが小さく、配当利回りが高い銘柄群、つまり「小型高配当株」の銘柄群です。「小型高配当株投資」の有効性が過去20年間の検証で示されたことになります。

私の投資手法は「小型割安株」と「増配期待」をミックスしたような手法ですので、データで示されている「小型高配当株投資」というのは私と非常によく似た投資手法です。

もう一つ、データを示します。

このデータは、1979年12月31日〜2023年3月31日と実に43年3ヵ月にわたっての「小型割安株効果」を検証しています。

このデータではラッセル野村指数*を市場平均と考えて良いと思います。ここからわかるのは**44年間という長期のパフォーマンスは「小型株＞市場平均＞大型株」**になり、そのなかでも**「小型割安株」の成績は群を抜いて素晴らしい**ということです。

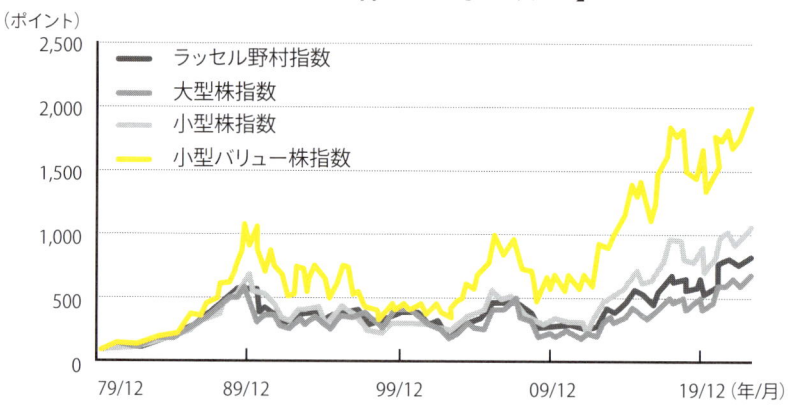

【小型バリュー株のパフォーマンス】

【大型株、小型株、小型バリュー株のリスク・リターン】

	ラッセル野村	大型株	小型株	小型バリュー株
年率リターン	7.3%	7.1%	8.1%	12.9%
標準偏差	22.5%	24.6%	23.5%	13.5%

*　ラッセル野村指数…Russell-Nomura Index とも呼ばれ、日本株のパフォーマンスを測定するために使用される株価指数。日本市場全体をカバーしており、約1500銘柄で構成されている。

小型割安株のさらに上へ

　以上のデータから、「小型割安株」への投資は TOPIX 等の市場平均を上回るリターンが期待できるとわかってもらえたと思います。

　もちろん過去のデータは未来を保証するものではありません。ただ、14年間でも、20年間でも、43年間でもここまで顕著な差が出ているのですから「小型割安株」への投資には有効性があると考えるのが自然でしょう。

　私たちのような個人投資家は「小型割安株」の中でも割安度・業績安定性・競争優位性・今後の成長性・還元姿勢等から有力と思われる銘柄を厳選して投資します。つまり、理論上その投資成績は以下のようになるはずです。

小型割安株の中から厳選した銘柄
＞小型割安株全体の投資成績
＞ TOPIX

　何が言いたいかというと、二重のバッファーをもって TOPIX 等の指標に勝てるということです。

　ところで「小型割安株」の投資成績を示す時には「TOPIX Small バリュー」が指標として使われることが多いので、この「TOPIX Small バリュー」について簡単に説明しておきます。

　TOPIX の構成銘柄数は 2024 年 5 月 31 日時点で 2140 です。そして TOPIX バリュー＊の構成銘柄数は 1508、その中から大型株で構成される TOPIX500 バリューの構成銘柄 349 を引いた 1159 銘柄が TOPIX Small

＊　TOPIX スタイルインデックスシリーズの構成銘柄数は 2024 年 3 月 29 日時点。
https://www.jpx.co.jp/markets/indices/line-up/files/fac2_14_style.pdf

バリューなのです。 TOPIXを構成する銘柄群の半分以上が小型割安株ということになってしまいます。

　つまりTOPIX Smallバリューという指数は、「大型株でなく」「割高でない」銘柄で構成した指数だということです。

　このようにして大雑把に選ばれたTOPIX SmallバリューでさえTOPIXを大きく上回る成績を残しているのですから、「私が厳選した小型割安株への分散投資が長期のリターンで市場（ TOPIX）に負けるわけがない」と考えています。

小型株は怖くない！？

◆ 倒産リスクは高くない

　小型株には危険なイメージを持っている人が多いかもしれません。危険なイメージとは倒産リスク、あるいは業績悪化リスクといったところでしょうか。

　その原因は先述した「小型成長株」にあると私は考えています。ITやデジタル関係のベンチャー系企業ですから、業績や株価が乱高下するのは、想像に難くないでしょう。

　ただ、同じ小型株でも「小型割安株」はその正反対に位置しています。そのうえ、私が投資対象にするような小型割安株は「地味・業績安定・財務健全・割安」が特徴です。上場企業全体から見ても倒産リスクは低いくらいです。

　実際、私は27年の投資歴があり、小型割安株を中心に現在350以上の銘柄を保有していますが、今日までに保有銘柄が倒産したことは一度もありません。これだけの銘柄を保有していて27年間で倒産が1社もないのですから、皆さんが抱いているような「小型割安株」への投資はリスキーだというのは「小型成長株」のイメージに引っ張られた誤解と言いきっても問題ないと思います。

　また、小型割安株の株価は乱高下するから危険だと言われることがありますが、これも全くの誤解です。このように思われる原因も「小型成長株」にあります。

　「小型成長株」の変動幅が市場平均より大きく、当たればリターンが大きいのは確かです。「小型割安株」の値動きはその逆で市場平均よりむしろ小さい。

　株価の変動率を表したβ（ベータ）値という指標でも、その傾向は見て取れます。

β値とは「ある会社の株価」が「TOPIXや日経平均等の市場全体の動き」に対して、どのくらい敏感に反応するかを表す数値です。

　例えば日経平均に対するβ値が1.5の会社Aがあるとします。Aは日経平均が10%上がった時に15%上昇して、日経平均が10%下落した時に15%下落するというイメージです。日経平均より変動幅が1.5倍大きいということです。

　β値が1より大きな会社は、日経平均より値動きが激しくハイリスク・ハイリターンな銘柄と言えます。

　逆にβ値が1未満の会社は、日経平均より値動きが穏やかでローリスク・ローリターンな銘柄と言えます。

　私はリーマンショック、チャイナショック、コロナショックを含め数多くの暴落を経験してきましたが、小型割安株を中心とした私のポートフォリオのショック時の下落率はTOPIXや日経平均の7～8割程度で済みました。

　具体的な数字でもお見せしておきましょう。以下がSBI証券のスクリーニング機能を使って求めたデータ（2024年4月時点）です。

・上場企業3,268社のβの平均値（対TOPIX）0.65
・PER10倍以下／PBR0.8倍以下／時価総額1,000億円以下で抽出した小型割安銘柄群324社のβの平均値（対TOPIX）0.51

　小型割安株銘柄群のβ値はTOPIXに対して0.51でTOPIXと比較して価格変動が緩やかで、上場企業3,268社の平均値0.65と比較しても小さいと確認できました。

　以上から「小型割安株」への投資は**β値から見て変動率が小さく、低リスクで、高リターンを狙える投資**といえます。

　〝高リターンを狙える〟と書いたのは、前章で説明したように過去の「小型割安株」のパフォーマンスが長期にわたり指標を上回っている実績を根拠にしています。

なお SBI 証券のスクリーニングで抽出される 3,268 社の β 値の平均が 0.65 と、1 を下回っているのは、TOPIX 構成銘柄数が 2,140 社（2024年 5月31日時点）と全上場企業を含んでいないのと、TOPIX は時価総額加重型で求められる指数なので大型株の影響をより強く受けるためだと思われます。

β 値を見れば、ハイリスクかローリスクかというリスクの範囲がある程度わかり、自分なりのリスク許容度に応じて個別銘柄を選ぶ手掛かりにもなります。

◆ 日本株での小型株効果は持続すると予測できる

参考に米国での小型株効果についてもお話ししておきます。

米国市場でも過去は長期にわたって小型株効果が確認できていたのですが、ここ 5 年間小型株効果は見られず、むしろ大型株優位の相場といった様相になっています。

これは GAFAM の 5 社に代表されるような巨大 IT 企業や、この 5 社にテスラ、エヌビディアを加えたマグニフィセント 7 のずば抜けた好成績が主要因です。

では米国では今後もマグニフィセント 7 のような革新的な企業が生まれ続けるのでしょうか？　私はそうは思いません。

イノベーションとは時折生まれるものであり、連続して生まれるものではないと思うのです。百歩譲って米国ではイノベーションが生まれ続けるとしても、日本ではそうは行きません。日本と米国では根本的なビジネス風土が違いすぎます。

日本では過去を振り返って考えるに、なかなか革新的なことは生まれにくい風土です。もちろん一定数は生まれるでしょうが、小型割安株

効果を打ち消すほどの大企業の躍進は起きないと思っています。

　このような理由から私は**日本市場では「小型割安株効果」は長期にわたって有効であり続ける**と考えています。むしろ、今から数年の内に「小型割安株」の黄金期がくるのではと思っているくらいです。その理由をこれから説明していきます。

米国市場における小型株効果

Trading viewのチャートに著者が追記して作成（米国市場における小型株効果／RUSSEL 2000 米国小型株／S&P 500）

◆ 小型割安株の相対的割安度はアップしている

　2024年1月19日付の日経新聞によると、2023年度の小型株の**経常利益は前年比で約16％上昇、大型株は約9％の上昇**、そして2024年度の経常利益の見通しでも**小型株は11％の上昇を見込んでいますが、大型株は約7％の上昇**です。

　このように、業績の伸びは小型株が大型株を大きく上回っていますが、2023年1月〜 2024年10月に両者の株価は、小型株が32. 94％の上昇、大型株が44. 75％の上昇と小型株が大きく下回っています。

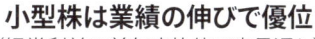

小型株は業績の伸びで優位
（経常利益の前年度比伸び率見通し）

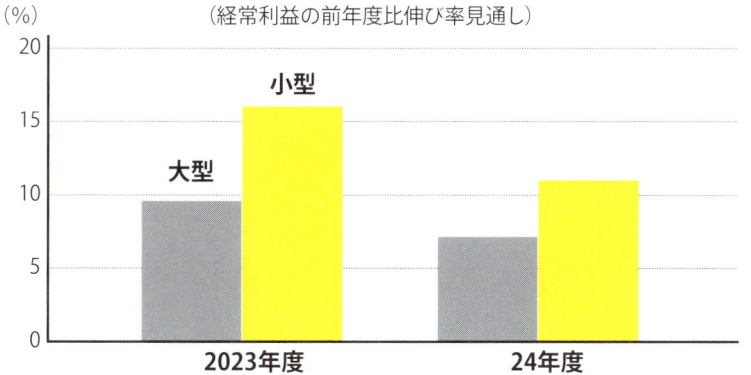

（注）野村証券集計。大型は「ラッセル野村ラージキャップ指数」、小型は「ラッセル野村スモールキャップ指数」の採用銘柄。金融除く

大型株 vs 小型株（TOPIX500 vs TOPIX Small）

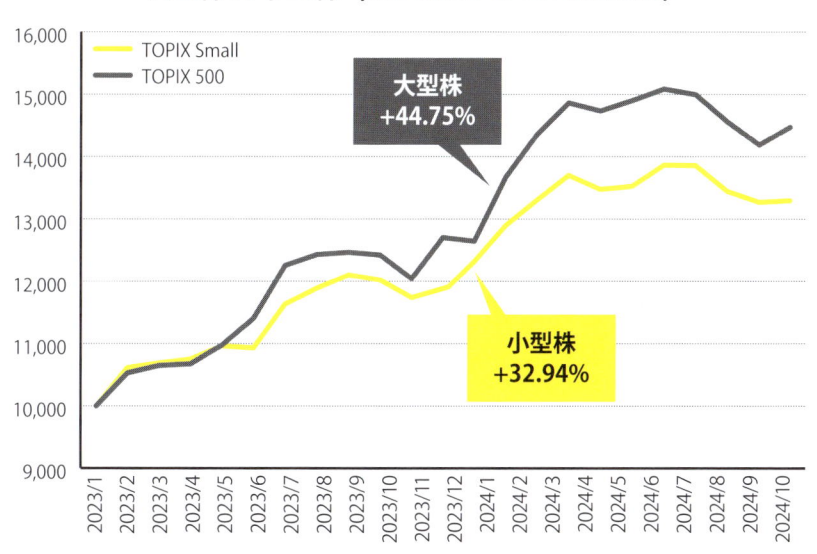

	2023年/2024年　利益成長率	株価上昇率
小型株	+16% / +11%	+32.94%
大型株	+9% / +7%	+44.75%

現在の**日本市場において、小型株は、利益自体は大型株より大きく成長したのに、パフォーマンスでは大型株より劣っているという逆転現象が起きています。**

　これを私は小型株に上昇のマグマが蓄積している状態だと考えています。

　株式市場は不自然な状態になることがあっても、それは一時的で、どこかで必ず本質的価値に回帰するものです。**このような歪みが生じている状態は小型割安株仕込みのチャンス**だと思います。

　では、なぜこのような不自然なことが起こっているのでしょうか？

　これには2つの大きな要因があります。

　一つ目は**海外投資家の動向**です。2023年の日本株の上昇は海外投資家の買いに支えられた面が大きかったのです。

　その年の海外勢は通年で日本株を3兆1215億円買い越しました。海外勢の日本株買いは先物を中心に大型株に偏るため、これが大型株の株価を大きく押し上げたのです。

　もう一つは、**2023年に始まった東証の大改革の影響**が挙げられます。

　大改革とは東証が上場全企業に「**資本コストや株価を意識した経営の実現に向けた対応**」を要請したことです。

　この背景には、上場企業の半数以上がROE 8%未満、PBR 1倍割れという状態があります。実際、2022年7月1日時点でPBR 1倍割れがプライム市場の50％（922社）、スタンダード市場の64％（934社）でした。これは欧米に比べるとはるかに高い割合です。

　日本市場のこの状態が何を意味するかというと**収益性が低く、株価も適正価格以下で解散価値以下の評価に甘んじている企業が多い**ということです。

　それでは魅力的な市場とはいえません。そこで、東証は「**資本効率**

を高め、株価を意識した経営を行うための対応策を公表するように！」と上場各社に檄を飛ばしたのです。

　私はこの要請を「令和の東証大号令」と呼んでいますが、その効果は絶大でした。最初に動いたのは大型株です。大企業は体裁を気にするところがありますし、なにより会計や経営に対する十分な知識もあり、東証の要請に対応可能な組織体制が整っていました。

　このような状況から、まずは大企業を中心に2023年の春頃から続々と対応策を発表していきます。各企業の対応策に一定割合「増配や自己株買い」等の株主還元増が含まれていたために大型株の株価は大きく上昇しました。

　以下は2024年4月末時点での「東証大号令」に対する企業の対応策の開示状況です。

PBR/時価総額水準別の開示状況（プライム市場）　(2024年4月末時点)

引き続きPBRが低い企業／時価総額が大きい企業ほど開示が進んでいる一方で、PBRが1倍以上の企業や、時価総額が相対的に小さい企業においても、開示に進展が見られている

		PBR	
		1倍未満	1倍以上
時価総額	1,000億円以上	**92%（＋14pt）** 取組み開示：81%（＋16pt） 検討中：11%（－2pt） n＝269社 (-23社)	**70%（＋24pt）** 取組み開示：62%（＋21pt） 検討中：8%（＋3pt） n＝530社（＋48社）
	250~1,000億円	**73%（＋15pt）** 取組み開示：56%（＋12pt） 検討中：17%（＋3pt） n＝316社（－36社）	**55%（＋23pt）** 取組み開示：44%（＋21pt） 検討中：11%（＋2pt） n＝357社（＋27社）
	250億円未満	**56%（＋19pt）** 取組み開示：40%（＋12pt） 検討中：16%（＋7pt） n＝77社（－15社）	**44%（＋22pt）** 取組み開示：38%（＋21pt） 検討中：6%（＋0pt） n＝100社 (-8社)

注：（ ）内の数値は、2023年12月末時点からの変化

今回問題視されている PBR 1 倍割れ企業で見ると、時価総額1,000億円以上の大企業では 92％が開示済みとなっています。

　一方、時価総額250億円未満の超小型株では 56％の開示に留まっています。この 56％には「検討中」とした 16％も含まれています。つまり実質は 40％のみしか開示していません。また開示済みの 40％の中でも企業価値を向上させるには、とても十分と言えない対応策を開示している企業も多く含まれます。
　これは裏を返せば、**PBR 1 倍割れの小型株には、これからより中身のある対応策を開示する企業が多く残っている**ということです。
　その対策には「株主還元増」も含まれているので、今後も「小型割安株」の株価が見直されるなどのチャンスがあると考えています。

　企業価値向上や株価を意識した経営への東証、アクティビスト、機関投資家の圧力は日増しに強まっています。今の日本では、経営陣が株主を軽視した経営をいつまでも続けるのは難しい環境です。
　大型株と比較して小型株は資本効率が悪く、株主軽視の経営が目立っていました。これは、小型割安株にそれだけ「伸びしろ」があることを意味します。

◆ 小型割安株での自社株買いが増える

　令和の東証大号令の対策として、大企業を中心に自社株買いや増配が増えたと言いましたが、小型株でも今後自社株買いが増加すると思います。

　自社株買いとは**企業が自社の株式を自らの資金を使って、市場から買い戻すこと**を指します。自社株は 1 株当たり利益（EPS ＝ 当期利益 ÷ 総発行株式数）を計算するときに分母の株式数から除かれるため、**自社株買いをすると EPS は上昇し PER が下がります**。

PERは株価が割安かどうかを判断する指標ですから、PERが下がるとその銘柄は割安とされ、投資家の買いが集まりやすくなります。そうなれば株価は上昇します。

PBRは株価を1株当たりの純資産で割った数値なので、株価が上がれば1倍割れの解消が狙えるのです。

東証改革の対応策としての増配は一度、実施してしまうとなかなか減配できないものです。減配すると高配当狙いで保有していた投資家の失望売りが続出し、株価が下がってしまうからです。

しかし、この自社株買いは、そのようなリスクを負わずに、一過性の対応が可能です。その上、株価上昇にもつながります。
そこで、今後は東証改革の対応策として**小型割安株での自社株買いが増加する**と思っています。

小型株は2023年以降、相対的に割安度を高めていることや、令和の東証大号令に対する開示が今から本格化することから、私はただでさえ強気な「小型割安株」に、さらに強気な見通しを持っているのです。

なお、PBR1倍割れ企業が自社株買いをするとBPS（1株当たり純資産）は上昇し、PBR1倍以上の企業が自社株買いをするとBPSは下落します。つまりPBR1倍割れ企業の場合、自社株買いをしても株価が変わらない場合はPBRが下落します。

ただ実際は、EPSの上昇、PERの下落、ROEの上昇による株価上昇の影響が大きく、PBR1倍割れ企業の場合でも自社株買いによりPBRが上昇する場合がほとんどです。

大型株でαを見つけるのは難しい

　皆さんを含めて、多くの投資家は「株式投資はピカピカの優良銘柄」を見つけることだと思っているのではないでしょうか?

　私から言わせれば、これは大きな勘違いです。株式投資は本質的価値より安く売られている企業を見つけるゲームです。つまり、いかにαを見つけるかという宝探しなのです。

　確かに大型株には、経営者や従業員の質が高く、技術力があり、開発力もあり、コンプライアンスもしっかりしている「ピカピカの優良銘柄」が多く存在しています。

　ただ、そんな優良銘柄をその本質的価値以上の価格で買っていては儲かりません。

　投資でリターンを狙うなら、ピカピカの優良企業を見つけるのではなく、価値より価格が安い企業を見つけることです。 これが本質です。大型優良株がどれだけ優れているかを懸命に説明してくれる人もたくさんいますが、大切なのはそこではないのです。

　10,000円の価値のある超優良企業でも、12,000円で買っては儲かりません。むしろ、30円の価値しかないボロ企業を10円で買った方が儲かるのです。

　ではどうやってお得な銘柄を見つけていくか?
　その答えが、ファンダメンタルズ分析です。

　そもそも株式投資で市場平均を上回るリターンを上げるには、ほかの参加者が見つけていない自分だけの「α」を見つけなくてはなりません。

その「α」を見つけるにはまず投資対象となる企業の本質的価値をラフにでもよいので計算する必要があります。

私の株式投資歴は27年になりますが、生粋のファンダメンタルズ派。**企業の本質的価値に対して株価が割安な企業はいずれ価値を反映した株価になるはずという考え方が根底にある**からです。

さて、もう一つ質問です。皆さんは大型株である総合商社やメガバンクの本質的価値が計算できますか？

私にはできません。私は総合商社で7年間の勤務経験があり、おそらく個人投資家のなかでも総合商社の分析では、かなり恵まれた位置にいると思いますが、それでも5大商社の本質的価値等は計算できないと断言できます。業務があまりに多種多様で複雑であり、権利ビジネスが多く業績がエネルギー・穀物・金属等の市況面に大きく左右されることから、企業価値を正確に計算するのが極めて困難だからです。

第一に計算しようとも思いません。例えば三菱商事には10人以上のアナリストがいます。プロが徹底的に三菱商事を調べ尽くしていて、その分析結果はすでに株価に織り込まれていると思っているからです。

このような状況でどうやって「α」が狙えるのでしょうか？
この1年間、総合商社への投資で儲けた個人投資家は多いと思いますが、それは本当に勝つべくして勝ったのかを考えるべきだと思うのです。たまたまコインが表だったという可能性はありませんか？

総合商社やメガバンクをはじめとする大型株は個人投資家が本質的価値を計算するのは不可能に近く、計算できたとしてもすでに株価に織り込み済みということです。ですから、大型株でαを見つけるのは難しいのです。

コラム 2

一歩を踏み出す勇気（次男就職活動篇）

　このコラムでは私の次男が、人生を変える一歩を踏み出したお話をさせてください。

　投資とは関係ない話ですが、成功をつかみ取るという観点からは参考になる考え方だと思います。1年半前に大学3年生だった次男から「総合商社やコンサルを中心にインターンを受けたけど、ことごとく不合格だった」との相談を受けました。私は「それが実力なんだから相応の会社を選ぶか、自分に足りない何かを補うための行動を起こすしかないよ」と話しました。

　その後、次男が「インドネシアに留学に行きたい」と言ってきました。次男はカナダへの1年間の留学経験があり英語は堪能です。ただ次男は「英語を話せる日本人なんていくらでもいる。実際、インターンを受けてそんなことは大きな武器にならないのがわかった。このまま、何もせずに4年の学生生活を終えるのではなく、自分にしかない武器を身につけて、社会に出たい。インドネシアは世界第4位の人口で経済は成長著しい。一方インドネシア語を話せたりイスラム文化圏での生活を理解している日本人はほとんどいない。社会に必要とされる自分にしかない武器を持てる」と。私はこの話を聞いた時に、小型割安株のニッチトップみたいな考え方だなと思いました。

　まだコロナ禍の最中だったこともあり、留学自体に障壁が多くあり、それなりに苦労しながらもインドネシア大学への留学を実現しました。現地では、ゼロからのインドネシア語、慣れない生活や衛生状態からくる体調不良、イスラム文化圏での生活と様々な苦労があったようです。

　一方、大学内のインドネシア語学科では、アジア圏からの多くの国の企業の駐在員や家族がクラスメートだったので、エネルギッシュな若い

企業人の先輩との交流は息子に多くの刺激と学びを与えてくれたようでした。

　現地でインターン先を見つけるまでの苦労話は、私が聞いても凄いガッツだなと思いました。現地で就労ビザを取るために色々動いたようですが結局取れず、やむなく無給で良いので働かせてほしいと、現地の会社に片っ端から当たったそうです。断られ続けた末にやっと1社が採用してくれました。そこで手伝うことになった仕事は日本人向けのインドネシア語の教材作り。なるほど、それなら日本人は重宝しそうだし、まして無給のお手伝いなら採用してくれそうですよね。

　息子は日本のインドネシア語教材にはあまり良いものが無く、やむを得ず英語で書かれたインドネシア語教材で勉強していました。自身の経験からもわかりやすい教材作りに真剣に取り組めたそうです。「学生で無給のバイトの自分が偉そうなことを言ったら社員の皆が気を悪くするので、皆の手柄になるように資料だけ作って渡したりした」と自身の処世術を、少し興奮気味に目を輝かせながら報告してくれました。

　息子は、アルバイトをして留学費用を貯めたわけでもなく、恵まれた環境であったことは確かです。それでもチャンスをつかむために一歩を踏み出そうとした姿勢は立派だったと思います。おそらく、息子は希望するどこかの企業に就職することができるでしょう。
　人生とはそういうものです。そういうものというのは、道なき道や、不安の中で挑戦ができる人への報酬は大きいようにできているのです。

　これは私の持論ですが、人はある程度追い込まれないと本気など出せないのです。本気になっているつもりなだけです。そして人が本気を出した時のパワーは結構凄いのです。大切なことは、その環境に自分を放り込んでやること、人生を変える一歩を踏み出す勇気だと思っています。

04 増配は神

　ここからは、もう一つ私の戦略の軸となっている**増配株**の魅力について説明します。

　その前にバリュー株投資の本質について一つ追加で説明しておきます。ここまで何度もお伝えしているように、バリュー株投資とは「企業の本質的価値」より「安い価格で売られている株」を買い、株価が本質的価値に回帰するのを待つ投資手法です。

　そして、これを覚えておいていただきたいのですが、投資のリターンの成果はこの**「αの大きさ」と「株価が本質的価値に戻るまでの期間の短さ」**によって決定します。

　例えば「1株当たりの本質的価値」が2,000円の企業が株価1,000円だったとします。1年で本質的価値2,000円に回帰すればリターンは1年で100％、年利は100％です。ところが、10年かけて2,000円に回帰したとすると、リターンは10年で100％、年利換算すると約7.2％です。※年利は複利計算。

　つまり本質的価値に回帰するまでの時間の短さも投資成績に大きな影響を与えるファクターということです。

> **投資のリターンが決まるポイント**
> 「αの大きさ」×「株価が本質的価値に戻るまでの期間の短さ」

　では、どうなれば「α」が解消され、本質的価値に回帰するか？
　それには株価が上昇するきっかけ、つまり**カタリスト**が必要です。
　銘柄選定では、例えば「この銘柄なら、今後、業績が上向き、決算発

表で上方修正があるだろう」とか「ここ数年、業績が良好だから増配が期待できる」など、本質的価値に回帰するカタリストのイメージが描けるかどうかを考える必要があります。そのようなイメージが描けない銘柄では安いまま株価が上がらない危険性があるからです。

カタリストとしては以下のようなものがあります。

① 業績変化
② 新製品開発
③ マーケットの拡大
④ 増配
⑤ 自社株買い
⑥ アクティビストの登場
⑦ TOB/MBO（P.258）
⑧ 株主優待の実施
⑨ 東証への鞍替え or 重複上場
⑩ テーマ化等

カタリストがある割安銘柄を見つけるのがバリュー投資家の「腕の見せ所」なのですが、カタリスト探しには分析力も経験も必要です。簡単ではありませんが、それでも一生懸命、できる限り予想してください。

とはいえ難しそうに感じるかもしれませんね。ただ上記の①〜⑩の中に初心者でも**比較的に予測が容易なカタリスト**があります。

それが私の投資手法の3大骨格の一つ「**④増配**」です。
増配は予測がしやすく、かつ株価上昇につながります。

株式投資ではEPS（1株当たりの純利益）やBPS（1株当たりの純資産）は成長しているのに株価は低迷という状態がよくありますが、増配をしたのに株価が上がらないことはまずありません。

増配は小さい要素ですが最も確実なカタリストなのです。

なぜ、増配が魅力的なのか

そもそも増配とは配当金が増えることを指します。 先ほど、株価の本質的価値への回帰をより確実にするには「増配期待が高い銘柄に投資する」と言いましたが、これは**「配当金」が毎年増えていくような銘柄に投資する**という意味です。 高配当株は現時点での配当利回りが高い銘柄ですが、増配銘柄とは毎年配当金が増えていく銘柄です。

増配は、いずれ大きなリターンになります。

例えば株価1,000円、配当金35円の銘柄があるとします。 配当利回りは3.5％です。 この銘柄の年間増配率が9％だとすると1年後には配当金は1.09倍の38円になります。

すると8年後の配当は2倍の70円です。 株価が変わらなければ8年後の配当利回りは7％となるのですが、そんな銘柄を市場が放っておくわけがありません。

買い手が増え、株価は2倍の2,000円になるでしょう。 すると2,000円で70円の配当金ですから、配当利回りは70円÷2,000円で3.5％です。ただし、1,000円で買っているので買値に対しては7％の利回りになります。

この間のインカムゲイン（受取配当金）は365円、配当金を再投資すれば約400円です。 8年間に株価が2倍の2,000円、そして配当金を含めると2,400円の評価になり、投資元本の約2.4倍です。

8年間で2.4倍ですから、年間パフォーマンスは11.56％に相当します。

年間リターン11.56％なら36年で資産が約51.3倍になります。 30歳で元本500万円を投資していれば、66歳で2億5650万円です。 老後の心配はなさそうです（売却時の税金は含んでいません）。

	スタート	1年後	2年後	3年後	4年後	5年後	6年後	7年後	8年後
株価	1,000	1,000	1,000	1,000	1,000	1,000	1,000	1,000	1,000
配当	35	38	42	45	49	54	59	64	70
	1.09倍	1.09倍	1.09倍	1.09倍	1.09倍	1.09倍	1.09倍	1.09倍	
配当利回り	3.5%	3.8%	4.2%	4.5%	4.9%	5.4%	5.9%	6.4%	7.0%
受取配当金	28	31	33	36	40	43	47	51	56

8年間の受け取り配当金は365円／配当再投資を含めると400円

　もう少し緻密に計算してみましょう。実際の株価は増配につれて上昇することになります。株価が増配と同じペースで上昇し、毎年受け取る配当を再投資したと仮定します。

　仮にスタート時に株価1,000円、配当金35円（配当利回り3.5%）の企業の株を1,000株保有していたとします。

　初年度の評価額は100万円です。1年後の受取配当金額は簡易的に税率20%とすると28,000円となります。この28,000円で同社の株を購入すると28株購入することができます。

　このように受取配当金でさらに株を買い増すことを**配当再投資**といいます。

　結果、保有株は2年目のスタート時には1,028株になります。この企業は年間9%増配してくれます。2年後の配当額は35円×1.09で38.15円です。保有株数は1,028株なので2年後の受取配当金額は1,028株×38.15円×80%（税率20%）の31,375円。

　この31,375円で再度同社の株を購入します。同社の株価は増配率と同じように9%上昇しており1,090円、31,375円で株価1,090円の株を買うので28.78株新たに購入できます。

　これを繰り返すとどうなるでしょうか？

10年後に評価額は約312万円に、20年後には約974万円、36年後には**資産は当初の60倍以上となる6,013万円になっています**（売却時の税金は含んでいません）。

　なお、36年後の年間受取配当金額は約168万円です。

	株価	持ち株数	配当	配当利回り	受取配当	配当再投資購入株数	評価額
スタート	1,000	1,000	35.0	3.50%	¥28,000	28	¥1,000,000
1年後	1,090	1,028	38.2	3.50%	¥31,375	29	¥1,120,520
2年後	1,188	1,057	41.6	3.50%	¥35,156	30	¥1,255,565
3年後	1,295	1,086	45.3	3.50%	¥39,393	30	¥1,406,886
4年後	1,412	1,117	49.4	3.50%	¥44,140	31	¥1,576,444
5年後	1,539	1,148	53.9	3.50%	¥49,460	32	¥1,766,437
10年後	2,367	1,318	82.9	3.50%	¥87,368	37	¥3,120,298
15年後	3,642	1,513	127.5	3.50%	¥154,331	42	¥5,511,809
20年後	5,604	1,737	196.2	3.50%	¥272,615	49	¥9,736,262
25年後	8,623	1,994	301.8	3.50%	¥481,558	56	¥17,198,490
30年後	13,268	2,290	464.4	3.50%	¥850,641	64	¥30,380,043
36年後	22,251	2,702	778.8	3.50%	¥1,683,698	76	¥60,132,056

　この夢のような話を現実にする条件は何でしょうか？

　ポイントは**ポートフォリオ全銘柄の平均で年間増配率9％を長期にわたり達成できるかどうか？**です。

　結論から申し上げて、私はこれを可能だと考えていますし、実際に私のPFでも達成しています。

　次のページの図は私の主要5PFの3期前、2期前、前期、今期予想の増配率の推移をまとめたものです。

　この主要5PFは合計で254銘柄あり、分散投資が効いています。

　5PFの過去の平均増配率の推移は3期前22.7％⇒2期前15.9％⇒前期20.3％です。 かなり余裕を持って増配率9％をクリアしていることがわ

かっていただけると思います。

　なお、今期の増配予想が10.4%とやや低めに出ているのは、例年、期中や決算発表時に増配発表する銘柄が多いためで、最終的な増配率は上昇することが見込まれます。

　また、各PFの配当性向も見てください。
　配当性向は会社が純利益（税引後利益）から、配当金をどのくらい支払っているかを示した指標です。
　私のPFの平均配当性向は35.13%（配当額未定の三菱UFJは除いて計算しています）でこの数字からも配当余力が十分にあることがわかります。

　私は銘柄選定時に現時点での増配余力と今後のEPSの成長期待を考慮しています。そこで、こんな増配率が達成できているのです。

2024年9月30日時点(*)

増配率	3期前	2期前	前期	今期	銘柄数	配当性向
優待株PF	23.4%	16.2%	21.0%	10.8%	58	35.01%
DOE採用株PF	27.0%	14.3%	18.8%	10.7%	68	36.61%
連続増配宣言株PF	27.6%	21.3%	16.7%	14.3%	28	34.82%
不人気株PF	23.0%	16.5%	31.6%	8.9%	77	32.41%
配当貴族	12.3%	11.1%	13.4%	7.5%	23	36.79%
PFの平均増配率(*)	22.7%	15.9%	20.3%	10.4%	254	35.13%

＊上記5つのPFの増配率/配当性向の和を5で除したもの
＊今期予想の増配率は決算発表時や期中に増配を発表する銘柄が多いため低く抑えられています。
＊配当額未定の三菱UFJは計算からは除いています。
＊優待株PF、DOE採用株PFは2024/9/25時点のデータです。

企業は増配を続けられるか

　以下は私が運用中の主要ポートフォリオの今期（2024年～2025年）予想、1期前、2期前、3期前、4期前の配当金と増配率の推移です。

　決算期により異なるのですがおおむね2019年～2024年の配当金の推移と考えてください。

ヘムの連続増配宣言株PF(全28銘柄) 配当金推移

2024/9/30時点

コード	名称	4期前	3期前	2期前	1期前	今期予想
1926	ライト工業	50.0	54.0	61.0	70.0	75.0
2185	シイエム・シイ	25.0	27.0	30.0	38.0	44.0
2498	オリエンタルコンサルタンツ	42.5	50.0	72.5	100.0	175.0
2768	双日	**50.0**	106.0	130.0	135.0	150.0
3435	サンコーテクノ	26.0	28.0	30.0	34.0	38.0
3495	香陵住販	24.0	32.0	36.0	41.0	48.0
4093	東邦アセチレン	9.0	10.0	12.0	14.0	14.0
4912	ライオン	23.0	24.0	25.0	26.0	27.0
5363	TYK	6.0	8.0	12.0	16.2	**15.8**
5911	横河ブリッジ	52.0	75.0	85.0	95.0	110.0
5933	アルインコ	38.0	40.0	40.0	41.0	43.0
6294	オカダアイヨン	29.0	32.0	38.0	70.0	74.0
6745	ホーチキ	29.0	49.0	51.0	58.0	58.0
6788	日本トリム	**60.0**	60.0	120.0	85.0	95.0
8001	伊藤忠商事	88.0	110.0	140.0	160.0	200.0
8012	長瀬産業	46.0	54.0	70.0	80.0	85.0
8058	三菱商事	44.7	50.0	60.0	70.0	100.0
8091	ニチモウ	**25.0**	50.0	80.0	90.0	90.0
8098	稲畑産業	75.0	110.0	115.0	120.0	125.0
8306	三菱ＵＦＪフィナンシャル・	25.0	28.0	32.0	41.0	50.0
8316	三井住友フィナンシャル	190.0	210.0	240.0	270.0	330.0
8411	みずほフィナンシャル	41.3	80.0	85.0	105.0	115.0
8630	ＳＯＭＰＯ	56.7	70.0	86.7	100.0	112.0
8892	日本エスコン	36.0	38.0	38.0	48.0	48.0
8929	青山財産ネットワークス	26.5	28.0	35.0	41.0	46.0
9274	KPP	10.0	14.0	20.0	22.0	28.0
9305	ヤマタネ	52.0	55.0	56.0	65.0	90.0
9432	日本電信電話	4.2	4.6	4.8	5.1	5.2

それぞれ1つ目の表が配当金の推移ですが、黄色が増配、白色は配当据え置き、グレーは減配です。ほとんどが増配なのがわかるでしょう。

　　4期前はやや減配が多いのですが、これはコロナ禍の影響です。
　　コロナ禍のように10年に一度は起こるといわれる大暴落の年を含んでも、私のPFでは保有銘柄の大半が増配を続けています。

ヘムの連続増配宣言株PF(全28銘柄) 増配率の推移

過去並びに今期予想の増配率   2024/9/30時点

コード	名称	3期前	2期前	1期前	今期予想
1926	ライト工業	8.00%	12.96%	14.75%	7.14%
2185	シイエム・シイ	8.00%	11.11%	26.67%	15.79%
2498	オリエンタルコンサルタンツ	17.65%	45.00%	37.93%	75.00%
2768	双日	112.00%	22.64%	3.85%	11.11%
3435	サンコーテクノ	7.69%	7.14%	13.33%	11.76%
3495	香陵住販	33.33%	12.50%	13.89%	17.07%
4093	東邦アセチレン	11.11%	20.00%	16.67%	0.00%
4912	ライオン	4.35%	4.17%	4.00%	3.85%
5363	TYK	33.33%	50.00%	35.00%	-2.47%
5911	横河ブリッジ	44.23%	13.33%	11.76%	15.79%
5933	アルインコ	5.26%	0.00%	2.50%	4.88%
6294	オカダアイヨン	10.34%	18.75%	84.21%	5.71%
6745	ホーチキ	68.97%	4.08%	13.73%	0.00%
6788	日本トリム	0.00%	100.00%	-29.17%	11.76%
8001	伊藤忠商事	25.00%	27.27%	14.29%	25.00%
8012	長瀬産業	17.39%	29.63%	14.29%	6.25%
8058	三菱商事	11.93%	20.00%	16.67%	42.86%
8091	ニチモウ	100.00%	60.00%	12.50%	0.00%
8098	稲畑産業	46.67%	4.55%	4.35%	4.17%
8306	三菱UFJフィナンシャル・	12.00%	14.29%	28.13%	21.95%
8316	三井住友フィナンシャル	10.53%	14.29%	12.50%	22.22%
8411	みずほフィナンシャル	93.94%	6.25%	23.53%	9.52%
8630	SOMPO	23.52%	23.81%	15.38%	12.00%
8892	日本エスコン	5.56%	0.00%	26.32%	0.00%
8929	青山財産ネットワークス	5.66%	25.00%	17.14%	12.20%
9274	KPP	40.00%	42.86%	10.00%	27.27%
9305	ヤマタネ	5.77%	1.82%	16.07%	38.46%
9432	日本電信電話	9.52%	4.35%	6.25%	1.96%
		27.56%	21.28%	16.66%	14.33%

ヘムのDOE採用銘柄PF(全68銘柄) 配当金推移

2024/9/25時点

コード	名称	4期前	3期前	2期前	1期前	今期予想
1301	極洋	80.0	90.0	100.0	100.0	110.0
1723	日本電技	125.0	114.0	152.0	184.0	176.0
1726	Br.HD	11.0	12.0	12.0	14.0	15.0
1860	戸田建設	20.0	26.0	27.0	28.0	29.0
1888	若築建設	55.0	80.0	100.0	120.0	126.0
1951	エクシオ	41.0	48.0	51.0	60.0	62.0
1952	新日本空調	70.0	75.0	80.0	100.0	120.0
208A	構造計画研究所HD					
2153	Ｅ・Ｊ	35.0	43.0	50.0	55.0	65.0
2292	Ｓ　ＦＯＯＤＳ	64.0	70.0	78.0	84.0	89.0
2332	クエスト	40.0	43.0	46.0	49.0	49.0
2715	エレマテック	36.0	53.0	76.0	85.0	90.0
2768	双日	50.0	106.0	130.0	135.0	150.0
2784	アルフレッサ	53.0	54.0	57.0	70.0	63.0
3036	アルコニックス	42.0	52.0	54.0	55.0	58.0
3132	マクニカ	50.0	100.0	140.0	200.0	210.0
3191	ジョイフル本田	33.5	42.0	46.0	50.0	64.0
3201	ニッケ	27.0	28.0	30.0	33.0	36.0
3231	野村不動産HD	82.5	97.5	120.0	140.0	165.0
3277	サンセイランディック	25.0	26.0	28.0	33.0	41.0
3284	フージャース	24.0	36.0	52.0	55.0	58.0
3355	クリヤマHD	21.0	25.0	30.0	45.0	45.0
3512	日本フエルト	13.0	13.0	13.0	16.0	20.0
3538	ウイルプラス	28.3	34.9	41.2	43.5	45.1
3666	テクノスジャパン	12.0	14.0	15.5	18.0	19.0
3836	アバント	11.0	13.0	15.0	19.0	25.0
3857	ラック	24.0	24.0	26.0	26.0	27.0
3943	大石産業	58.0	64.0	64.0	64.0	64.0
4202	ダイセル	32.0	34.0	38.0	50.0	55.0
4204	積水化学工業	47.0	49.0	59.0	74.0	75.0
4208	ＵＢＥ	90.0	95.0	95.0	105.0	110.0
4248	竹本容器	19.0	32.0	35.5	36.0	36.0
4262	ニフティライフ			12.0	15.0	18.0
4611	大日本塗料	25.0	25.0	25.0	35.0	40.0
4977	新田ゼラチン	12.0	14.0	16.0	16.0	18.0

コード	名称	4期前	3期前	2期前	1期前	今期予想
5393	ニチアス	78.0	86.0	92.0	98.0	104.0
5702	大紀アルミニウム工業所	28.0	60.0	70.0	50.0	55.0
5970	ジーテクト	50.0	56.0	58.0	67.0	70.0
6113	アマダ	30.0	38.0	48.0	60.0	62.0
6245	ヒラノテクシード	37.0	56.0	56.0	88.0	90.0
6267	ゼネラルパッカー	70.0	80.0	80.0	100.0	110.0
6455	モリタ	38.0	40.0	43.0	48.0	50.0
6626	SEMITEC	10.0	20.0	25.0	26.0	33.0
6670	ＭＣＪ	31.0	32.0	33.0	57.0	40.0
6745	ホーチキ	28.0	49.0	51.0	58.0	58.0
6788	日本トリム	60.0	60.0	120.0	85.0	95.0
6863	ニレコ	24.0	38.0	47.0	62.0	57.0
6905	コーセル	17.0	26.0	32.0	54.0	55.0
7105	三菱ロジスネクスト	8.0	8.0	9.0	20.0	24.0
7299	フジオーゼックス	13.0	26.0	26.0	50.0	50.0
7374	コンフィデンス		40.0	48.0	55.0	65.0
7438	コンドーテック	31.0	32.0	34.0	40.0	46.0
7456	松田産業	46.0	50.0	60.0	60.0	70.0
7539	アイナボ	36.0	36.0	44.0	44.0	44.0
7817	パラマウントベッド	51.5	55.0	59.0	65.0	97.0
7939	研創	10.0	15.0	16.0	16.0	21.0
7949	小松ウオール	85.0	85.0	95.0	125.0	130.0
8005	スクロール	60.0	64.5	48.0	42.0	48.0
8014	蝶理	37.0	84.0	105.0	118.0	122.0
8023	大興電子通信	10.0	15.0	21.0	29.0	30.0
8053	住友商事	70.0	110.0	115.0	125.0	130.0
8151	東陽テクニカ	38.0	43.0	50.0	54.0	67.0
8194	ライフ	50.0	70.0	70.0	90.0	100.0
8737	あかつき本社	18.0	18.0	19.0	21.0	22.0
9066	日新	56.0	60.0	90.0	110.0	200.0
9301	三菱倉庫	60.0	80.0	90.0	120.0	160.0
9319	中央倉庫	22.5	24.0	28.0	30.0	36.0
9956	バロー	54	56	58	65	68

ヘムのDOE採用株PF(全68銘柄) 増配率推移

2024/9/25時点

	名称	3期前	2期前	1期前	今期予想
1301	極洋	12.50%	11.11%	0.00%	10.00%
1723	日本電技	-8.80%	33.33%	21.05%	-4.35%
1726	Br.HD	9.09%	0.00%	16.67%	7.14%
1860	戸田建設	30.00%	3.85%	3.70%	3.57%
1888	若築建設	45.45%	25.00%	20.00%	5.00%
1951	エクシオ	17.07%	6.25%	17.65%	3.33%
1952	新日本空調	7.14%	6.67%	25.00%	20.00%
208A	構造計画研究所HD				
2153	E・J	22.86%	16.28%	10.00%	18.18%
2292	S FOODS	9.38%	11.43%	7.69%	5.95%
2332	クエスト	7.50%	6.98%	6.52%	0.00%
2715	エレマテック	47.22%	43.40%	11.84%	5.88%
2768	双日	112.00%	22.64%	3.85%	11.11%
2784	アルフレッサ	1.89%	5.56%	22.81%	-10.00%
3036	アルコニックス	23.81%	3.85%	1.85%	5.45%
3132	マクニカ	100.00%	40.00%	42.86%	5.00%
3191	ジョイフル本田	25.37%	9.52%	8.70%	28.00%
3201	ニッケ	3.70%	7.14%	10.00%	9.09%
3231	野村不動産HD	18.18%	23.08%	16.67%	17.86%
3277	サンセイランディック	4.00%	7.69%	17.86%	24.24%
3284	フージャース	50.00%	44.44%	5.77%	5.45%
3355	クリヤマHD	19.05%	20.00%	50.00%	0.00%
3512	日本フエルト	0.00%	0.00%	23.08%	25.00%
3538	ウイルプラス	23.50%	17.97%	5.66%	3.59%
3666	テクノスジャパン	16.67%	10.71%	16.13%	5.56%
3836	アバント	18.18%	15.38%	26.67%	31.58%
3857	ラック	0.00%	8.33%	0.00%	3.85%
3943	大石産業	10.34%	0.00%	0.00%	0.00%
4202	ダイセル	6.25%	11.76%	31.58%	10.00%
4204	積水化学工業	4.26%	20.41%	25.42%	1.35%
4208	UBE	5.56%	0.00%	10.53%	4.76%
4248	竹本容器	68.42%	10.94%	1.41%	0.00%
4262	ニフティライフ			25.00%	20.00%
4611	大日本塗料	0.00%	0.00%	40.00%	14.29%
4977	新田ゼラチン	16.67%	14.29%	0.00%	12.50%

	名称	3期前	2期前	1期前	今期予想
5393	ニチアス	10.26%	6.98%	6.52%	6.12%
5702	大紀アルミニウム工業所	114.29%	16.67%	-28.57%	10.00%
5970	ジーテクト	12.00%	3.57%	15.52%	4.48%
6113	アマダ	26.67%	26.32%	25.00%	3.33%
6245	ヒラノテクシード	51.35%	0.00%	57.14%	2.27%
6267	ゼネラルパッカー	14.29%	0.00%	25.00%	10.00%
6455	モリタ	5.26%	7.50%	11.63%	4.17%
6626	SEMITEC	100.00%	25.00%	4.00%	26.92%
6670	ＭＣＪ	3.23%	3.13%	72.73%	-29.82%
6745	ホーチキ	75.00%	4.08%	13.73%	0.00%
6788	日本トリム	0.00%	100.00%	-29.17%	11.76%
6863	ニレコ	58.33%	23.68%	31.91%	-8.06%
6905	コーセル	52.94%	23.08%	68.75%	1.85%
7105	三菱ロジスネクスト	0.00%	12.50%	122.22%	20.00%
7299	フジオーゼックス	100.00%	0.00%	92.31%	0.00%
7374	コンフィデンス		20.00%	14.58%	18.18%
7438	コンドーテック	3.23%	6.25%	17.65%	15.00%
7456	松田産業	8.70%	20.00%	0.00%	16.67%
7539	アイナボ	0.00%	22.22%	0.00%	0.00%
7817	パラマウントベッド	6.80%	7.27%	10.17%	49.23%
7939	研創	50.00%	6.67%	0.00%	31.25%
7949	小松ウオール	0.00%	11.76%	31.58%	4.00%
8005	スクロール	7.50%	-25.58%	-12.50%	14.29%
8014	蝶理	127.03%	25.00%	12.38%	3.39%
8023	大興電子通信	50.00%	40.00%	38.10%	3.45%
8053	住友商事	57.14%	4.55%	8.70%	4.00%
8151	東陽テクニカ	13.16%	16.28%	8.00%	24.07%
8194	ライフ	40.00%	0.00%	28.57%	11.11%
8737	あかつき本社	0.00%	5.56%	10.53%	4.76%
9066	日新	7.14%	50.00%	22.22%	81.82%
9301	三菱倉庫	33.33%	12.50%	33.33%	33.33%
9319	中央倉庫	6.67%	16.67%	7.14%	20.00%
9956	バロー	3.70%	3.57%	12.07%	4.62%
	平均	**27.0%**	**14.3%**	**18.8%**	**10.4%**

ヘムの配当貴族(全23銘柄) 配当金推移

2024/9/30時点

コード	名称	4期前	3期前	2期前	1期前	今期予想
1930	北陸電気工事	25.0	28.3	36.0	40.0	40.0
2374	セントケア	16.0	20.0	24.0	25.0	27.0
3166	ＯＣＨＩ	30.0	50.0	52.0	54.0	54.0
4204	積水化学工業	47.0	49.0	59.0	74.0	75.0
4205	日本ゼオン	22.0	28.0	36.0	45.0	47.0
4208	ＵＢＥ	90.0	95.0	95.0	105.0	110.0
5280	ヨシコン	47.0	48.5	50.0	55.0	58.0
5393	ニチアス	78.0	86.0	92.0	98.0	104.0
5970	ジーテクト	50.0	56.0	58.0	67.0	70.0
7438	コンドーテック	31.0	32.0	34.0	40.0	46.0
7466	ＳＰＫ	37.0	40.0	44.0	50.0	60.0
8418	山口フィナンシャル	26.0	28.0	31.0	43.0	60.0
8566	リコーリース	100.0	120.0	145.0	150.0	165.0
8593	三菱ＨＣキャピタル	25.5	28.0	33.0	37.0	40.0
8929	青山財産ネットワークス	26.5	28.0	35.0	41.0	46.0
9037	ハマキョウレックス	18.8	21.3	23.8	30.0	35.0
9432	日本電信電話	4.2	4.6	4.8	5.1	5.2
9433	ＫＤＤＩ	120.0	125.0	135.0	140.0	145.0
9436	沖縄セルラー電話	81.0	84.0	88.0	110.0	120.0
9787	イオンディライト	82.0	84.0	85.0	86.0	87.0
9882	イエローハット	54.0	58.0	62.0	66.0	70.0
9956	バロー	54.0	56.0	58.0	65.0	68.0
1949	住友電設	74.0	86.0	94.0	106.0	114.0

ヘムの配当貴族(全23銘柄) 増配率

2024/9/30時点

コード	名称	3期前	2期前	1期前	今期予想
1930	北陸電気工事	13.3%	27.1%	11.1%	0.0%
2374	セントケア	25.0%	20.0%	4.2%	8.0%
3166	ＯＣＨＩ	66.7%	4.0%	3.8%	0.0%
4204	積水化学工業	4.3%	20.4%	25.4%	1.4%
4205	日本ゼオン	27.3%	28.6%	25.0%	4.4%
4208	ＵＢＥ	5.6%	0.0%	10.5%	4.8%
5280	ヨシコン	3.2%	3.1%	10.0%	5.5%
5393	ニチアス	10.3%	7.0%	6.5%	6.1%
5970	ジーテクト	12.0%	3.6%	15.5%	4.5%
7438	コンドーテック	3.2%	6.3%	17.6%	15.0%
7466	ＳＰＫ	8.1%	10.0%	13.6%	20.0%
8418	山口フィナンシャル	7.7%	10.7%	38.7%	39.5%
8566	リコーリース	20.0%	20.8%	3.4%	10.0%
8593	三菱ＨＣキャピタル	9.8%	17.9%	12.1%	8.1%
8929	青山財産ネットワークス	5.7%	25.0%	17.1%	12.2%
9037	ハマキョウレックス	13.3%	11.8%	26.3%	16.7%
9432	日本電信電話	9.5%	4.3%	6.3%	2.0%
9433	ＫＤＤＩ	4.2%	8.0%	3.7%	3.6%
9436	沖縄セルラー電話	3.7%	4.8%	25.0%	9.1%
9787	イオンディライト	2.4%	1.2%	1.2%	1.2%
9882	イエローハット	7.4%	6.9%	6.5%	6.1%
9956	バロー	3.7%	3.6%	12.1%	4.6%
1949	住友電設	16.2%	9.3%	12.8%	7.5%
	平均増配率	12.3%	11.1%	13.4%	8.3%

ヘムの優待株PF(全58銘柄) 配当金推移

2024/9/25時点

コード	名称	4期前	3期前	2期前	1期前	今期予想
1332	ニッスイ	9.5	14	18	24	24
1828	田辺工業	30	33	40	50	60
1867	植木組	55	55	55	70	70
2153	E・J	35	43	50	55	65
2374	セントケア・	16	20	24	25	27
2689	オルバヘルスケア	50	60	70	80	80
2790	ナフコ	50	56	56	58	58
2792	ハニーズ	30	35	50	55	55
3003	ヒューリック	36	39	42	50	52
3153	八洲電機	20	22	25	28	32
3166	OCHI	30	50	52	54	54
3201	ニッケ	27	28	30	33	36
3387	クリエイト・レストランツ・	0	0	6	7	8
3435	サンコーテクノ	26	28	30	34	38
3512	日本フエルト	13	13	13	16	20
3892	岡山製紙	16	16	17	24	30
3943	大石産業	58	64	64	64	64
4088	エア・ウォーター	44	56	60	64	64
4221	大倉工業	60	70	85	110	110
4275	カーリット	12	16	20	33	36
4318	クイック	44	48	70	94	94
4463	日華化学	10	22	30	32	50
4611	大日本塗料	25	25	25	35	40
5607	中央可鍛工業	12	12	12	12	12
6144	西部電機	33.5	40	40	40	84
6312	フロイント産業	20	20	20	20	25
6316	丸山製作所	35	43	55	75	85
6458	新晃工業	50	50	57	105	135
6623	愛知電機	93	150	160	160	160

コード	名称	4期前	3期前	2期前	1期前	今期予想
6973	協栄産業	20	60	70	95	110
7191	イントラスト	11	12	14	18	25
7417	南陽	35	41	51	51	40
7438	コンドーテック	31	32	34	40	46
7456	松田産業	38	46	50	60	70
7481	尾家産業	38	46	50	60	70
7482	シモジマ	22	22	22	51	54
7510	たけびし	38	52	56	62	62
7525	リックス	45	65	135	141	113
7539	アイナボ	36	36	44	44	44
7570	橋本総業	30	35	30	42	48
7643	ダイイチ	16	19	20	25	26
7811	中本パックス	57	62	62	62	64
7864	フジシールインターナショナル	32	35	35	60	60
7939	研創	10	15	16	16	21
8012	長瀬産業	46	54	70	80	85
8098	稲畑産業	63	110	115	120	125
8159	立花エレテック	37	60	90	100	100
8424	芙蓉総合リース	240	285	343	440	450
8566	リコーリース	100	120	145	150	165
8772	アサックス	18	18	18	20	20
8793	ＮＥＣキャピタルソリューション	60	74	110	130	150
8877	エスリード	40	40	90	150	170
8905	イオンモール	40	50	50	50	50
9059	カンダ	13	16	17	19	21
9347	日本管財				54	54
9367	大東港運	14	17	20	21	24
9788	ナック	22	19	20	19	22
9795	ステップ	40	45	46	72	74

ヘムの優待株PF(全58銘柄) 増配率の推移

2024/9/25時点

コード	名称	3期前	2期前	1期前	今期予想
1332	ニッスイ	47.37%	28.57%	33.33%	0.00%
1828	田辺工業	10.00%	21.21%	25.00%	20.00%
1867	植木組	0.00%	0.00%	27.27%	0.00%
2153	E・J	22.86%	16.28%	10.00%	18.18%
2374	セントケア・	25.00%	20.00%	4.17%	8.00%
2689	オルバヘルスケア	20.00%	16.67%	14.29%	0.00%
2790	ナフコ	12.00%	0.00%	3.57%	0.00%
2792	ハニーズ	16.67%	42.86%	10.00%	0.00%
3003	ヒューリック	8.33%	7.69%	19.05%	4.00%
3153	八洲電機	10.00%	13.64%	12.00%	14.29%
3166	OCHI	66.67%	4.00%	3.85%	0.00%
3201	ニッケ	3.70%	7.14%	10.00%	9.09%
3387	クリエイト・レストランツ・		0.00%	16.67%	14.29%
3435	サンコーテクノ	7.69%	7.14%	13.33%	11.76%
3512	日本フエルト	0.00%	0.00%	23.08%	25.00%
3892	岡山製紙	0.00%	6.25%	41.18%	25.00%
3943	大石産業	10.34%	0.00%	0.00%	0.00%
4088	エア・ウォーター	27.27%	7.14%	6.67%	0.00%
4221	大倉工業	16.67%	21.43%	29.41%	0.00%
4275	カーリット	33.33%	25.00%	65.00%	9.09%
4318	クイック	9.09%	45.83%	34.29%	0.00%
4463	日華化学	120.00%	36.36%	6.67%	56.25%
4611	大日本塗料	0.00%	0.00%	40.00%	14.29%
5607	中央可鍛工業	0.00%	0.00%	0.00%	0.00%
6144	西部電機	19.40%	0.00%	0.00%	110.00%
6312	フロイント産業	0.00%	0.00%	0.00%	25.00%
6316	丸山製作所	22.86%	27.91%	36.36%	13.33%
6458	新晃工業	0.00%	14.00%	84.21%	28.57%
6623	愛知電機	61.29%	6.67%	0.00%	0.00%

コード	名称	3期前	2期前	1期前	今期予想
6973	協栄産業	200.00%	16.67%	35.71%	15.79%
7191	イントラスト	9.09%	16.67%	28.57%	38.89%
7417	南陽	17.14%	23.17%	0.00%	-20.79%
7438	コンドーテック	3.23%	6.25%	17.65%	15.00%
7456	松田産業	21.05%	8.70%	20.00%	16.67%
7481	尾家産業	21.05%	8.70%	20.00%	16.67%
7482	シモジマ	0.00%	0.00%	131.82%	5.88%
7510	たけびし	36.84%	7.69%	10.71%	0.00%
7525	リックス	44.44%	107.69%	4.44%	-19.86%
7539	アイナボ	0.00%	22.22%	0.00%	0.00%
7570	橋本総業	16.67%	-14.29%	40.00%	14.29%
7643	ダイイチ	18.75%	5.26%	25.00%	4.00%
7811	中本パックス	8.77%	0.00%	0.00%	3.23%
7864	フジシールインターナショナル	9.38%	0.00%	71.43%	0.00%
7939	研創	50.00%	6.67%	0.00%	31.25%
8012	長瀬産業	17.39%	29.63%	14.29%	6.25%
8098	稲畑産業	74.60%	4.55%	4.35%	4.17%
8159	立花エレテック	62.16%	50.00%	11.11%	0.00%
8424	芙蓉総合リース	18.75%	20.35%	28.28%	2.27%
8566	リコーリース	20.00%	20.83%	3.45%	10.00%
8772	アサックス	0.00%	0.00%	11.11%	0.00%
8793	ＮＥＣキャピタルソリューション	23.33%	48.65%	18.18%	15.38%
8877	エスリード	0.00%	125.00%	66.67%	13.33%
8905	イオンモール	25.00%	0.00%	0.00%	0.00%
9059	カンダ	23.08%	6.25%	11.76%	10.53%
9347	日本管財				0.00%
9367	大東港運	21.43%	17.65%	5.00%	14.29%
9788	ナック	-13.64%	5.26%	-7.50%	18.92%
9795	ステップ	12.50%	2.22%	56.52%	2.78%
	平均	23.4%	16.2%	21.0%	10.8%

ヘムの不人気株PF(全77銘柄) 配当金推移

コード	名称	4期前	3期前	2期前	1期前	今期予想
7167	めぶきフィナンシャル	11	11	11	12	14
7337	ひろぎん		24	27	37	47
8334	群馬銀行	13	14	18	22	28
7327	第四北越フィナンシャル	60	60	60	73	90
8386	百十四銀行	70	70	75	90	100
8551	北日本銀行	50	60	60	80	80
8714	池田泉州	7.5	10	10	12.5	12.5
8418	山口フィナンシャル	26	28	31	43	60
5830	いよぎん			9	30	40
5832	ちゅうぎんフィナンシャル			16	47	53
8544	京葉銀行	19	20.5	22	24	26
8368	百五銀行	10	11	13	15	16
8387	四国銀行	30	40	35	40	40
8381	山陰合同銀行	18	32	34	39	48
9404	日本テレビ	35	37	37	40	40
9413	テレビ東京	40	60	80	80	80
9409	テレビ朝日	40	50	50	60	50
4676	フジ・メディア・ホールディングス	36	38	50	48	50
9401	ＴＢＳ	30	37	42	44	54
9402	中部日本放送	15	20	15	15	15
8897	ＭＩＲＡＲＴＨ	14	18	22	24	30
8935	ＦＪネクスト	44	48	48	50	48
1904	大成温調	72	76	82	128	132
7605	フジ・コーポレーション	20	22.5	25	30	40
2114	フジ日本	11	13	17	32	32
4224	ロンシール工業	60	65	60	70	70
4221	大倉工業	60	70	85	110	110
4611	大日本塗料	25	25	25	35	40
4208	ＵＢＥ	90	95	95	105	110
4246	ダイキョーニシカワ	30	30	30	32	34
5184	ニチリン	45	83	90	150	150
5970	ジーテクト	50	56	58	67	70
6463	ＴＰＲ	44	58	58	70	100
7283	愛三工業	18	29	35	55	63
7250	太平洋工業	33	41	42	77	52
5121	藤倉コンポジット	12	26	40	70	60
5991	ニッパツ	17	27	32	42	63
6486	イーグル工業	50	50	70	80	90
8117	中央自動車工業	60	70	92	130	135

コード	名称	4期前	3期前	2期前	1期前	今期予想
7246	プレス工業	7.5	20	21	26	27
7628	オーハシテクニカ	52	57	57	60	68
7229	ユタカ技研	36	76	72	90	72
7235	東京ラヂエーター製造	7.5	8	16	23	26
7299	フジオーゼックス	13	26	26	50	50
6248	横田製作所	43	43	50	50	50
9782	ディーエムエス	22	23	35	79	75
4093	東邦アセチレン	9	10	12	14	14
5280	ヨシコン	47	48.5	50	55	58
1799	第一建設工業	37	45	50	80	80
2471	エスプール	3.3	6	8	10	10
3187	サンワカンパニー	3	0	10	10	10
6623	愛知電機	93	150	160	160	160
5356	美濃窯業	15	15	25	28	32
5993	知多鋼業	14	15	16	16	18
7533	グリーンクロス	27	30	32	35	35
1738	ＮＩＴＴＯＨ	12	14	15	16	17
9753	アイエックス・ナレッジ	15	20	30	30	40
4430	東海ソフト	15	16	30	47	48
2349	エヌアイデイ	22	23	26	27	28
4076	シイエヌエス		45	45	48	49
4662	フォーカスシステムズ	24	27	35	38	38
4674	クレスコ	19	22	25	26	38
4012	アクシス	0	5	10	18	25
2359	コア	30	35	40	50	55
4752	昭和システムエンジニアリング	29	32	40	50	50
9739	NSW	40	50	55	85	85
3943	大石産業	29	32	32	32	32
3946	トーモク	45	52	60	70	90
1301	極洋	80	90	100	100	110
4404	ミヨシ油脂	40	40	30	50	40
3333	あさひ	28	28	28	45	50
3538	ウイルプラス	28.26	34.9	41.17	43.51	45.06
3861	王子ホールディングス	14	14	16	16	24
2792	ハニーズ	30	35	50	55	55
1333	マルハニチロ	40	55	65	85	100
6932	遠藤照明	15	22.5	30	40	40
7971	東リ	8	8	10	19	19

第1部 「増配」株投資 戦略篇

ヘムの不人気株PF(全77銘柄) 増配率推移

コード	名称	3期前	2期前	1期前	今期予想
7167	めぶきフィナンシャル	0.00%	0.00%	9.09%	16.67%
7337	ひろぎん		12.50%	37.04%	27.03%
8334	群馬銀行	7.69%	28.57%	22.22%	27.27%
7327	第四北越フィナンシャル	0.00%	0.00%	20.83%	24.14%
8386	百十四銀行	0.00%	7.14%	20.00%	11.11%
8551	北日本銀行	20.00%	0.00%	33.33%	0.00%
8714	池田泉州	33.33%	0.00%	25.00%	0.00%
8418	山口フィナンシャル	7.69%	10.71%	38.71%	39.53%
5830	いよぎん			233.33%	33.33%
5832	ちゅうぎんフィナンシャル			193.75%	12.77%
8544	京葉銀行	7.89%	7.32%	9.09%	8.33%
8368	百五銀行	10.00%	18.18%	15.38%	6.67%
8387	四国銀行	33.33%	-12.50%	14.29%	0.00%
8381	山陰合同銀行	77.78%	6.25%	14.71%	23.08%
9404	日本テレビ	5.71%	0.00%	8.11%	0.00%
9413	テレビ東京	50.00%	33.33%	0.00%	0.00%
9409	テレビ朝日	25.00%	0.00%	20.00%	-16.67%
4676	フジ・メディア・ホールディングス	5.56%	31.58%	-4.00%	4.17%
9401	ＴＢＳ	23.33%	13.51%	4.76%	22.73%
9402	中部日本放送	33.33%	-25.00%	0.00%	0.00%
8897	ＭＩＲＡＲＴＨ	28.57%	22.22%	9.09%	25.00%
8935	ＦＪネクスト	9.09%	0.00%	4.17%	-4.00%
1904	大成温調	5.56%	7.89%	56.10%	3.13%
7605	フジ・コーポレーション	12.50%	11.11%	20.00%	33.33%
2114	フジ日本	18.18%	30.77%	88.24%	0.00%
4224	ロンシール工業	8.33%	-7.69%	16.67%	0.00%
4221	大倉工業	16.67%	21.43%	29.41%	0.00%
4611	大日本塗料	0.00%	0.00%	40.00%	14.29%
4208	ＵＢＥ	5.56%	0.00%	10.53%	4.76%
4246	ダイキョーニシカワ	0.00%	0.00%	6.67%	6.25%
5184	ニチリン	84.44%	8.43%	66.67%	0.00%
5970	ジーテクト	12.00%	3.57%	15.52%	4.48%
6463	ＴＰＲ	31.82%	0.00%	20.69%	42.86%
7283	愛三工業	61.11%	20.69%	57.14%	14.55%
7250	太平洋工業	24.24%	2.44%	83.33%	-32.47%
5121	藤倉コンポジット	116.67%	53.85%	75.00%	-14.29%
5991	ニッパツ	58.82%	18.52%	31.25%	50.00%
6486	イーグル工業	0.00%	40.00%	14.29%	12.50%
8117	中央自動車工業	16.67%	31.43%	41.30%	3.85%

コード	名称	3期前	2期前	1期前	今期予想
7246	プレス工業	166.67%	5.00%	23.81%	3.85%
7628	オーハシテクニカ	9.62%	0.00%	5.26%	13.33%
7229	ユタカ技研	111.11%	-5.26%	25.00%	-20.00%
7235	東京ラヂエーター製造	6.67%	100.00%	43.75%	13.04%
7299	フジオーゼックス	100.00%	0.00%	92.31%	0.00%
6248	横田製作所	0.00%	16.28%	0.00%	0.00%
9782	ディーエムエス	4.55%	52.17%	125.71%	-5.06%
4093	東邦アセチレン	11.11%	20.00%	16.67%	0.00%
5280	ヨシコン	3.19%	3.09%	10.00%	5.45%
1799	第一建設工業	21.62%	11.11%	60.00%	0.00%
2471	エスプール	81.82%	33.33%	25.00%	0.00%
3187	サンワカンパニー	-100.00%		0.00%	0.00%
6623	愛知電機	61.29%	6.67%	0.00%	0.00%
5356	美濃窯業	0.00%	66.67%	12.00%	14.29%
5993	知多鋼業	7.14%	6.67%	0.00%	12.50%
7533	グリーンクロス	11.11%	6.67%	9.38%	0.00%
1738	ＮＩＴＴＯＨ	16.67%	7.14%	6.67%	6.25%
9753	アイエックス・ナレッジ	33.33%	50.00%	0.00%	33.33%
4430	東海ソフト	6.67%	87.50%	56.67%	2.13%
2349	エヌアイデイ	4.55%	13.04%	3.85%	3.70%
4076	シイエヌエス		0.00%	6.67%	2.08%
4662	フォーカスシステムズ	12.50%	29.63%	8.57%	0.00%
4674	クレスコ	15.79%	13.64%	4.00%	46.15%
4012	アクシス		100.00%	80.00%	38.89%
2359	コア	16.67%	14.29%	25.00%	10.00%
4752	昭和システムエンジニアリング	10.34%	25.00%	25.00%	0.00%
9739	NSW	25.00%	10.00%	54.55%	0.00%
3943	大石産業	10.34%	0.00%	0.00%	0.00%
3946	トーモク	15.56%	15.38%	16.67%	28.57%
1301	極洋	12.50%	11.11%	0.00%	10.00%
4404	ミヨシ油脂	0.00%	-25.00%	66.67%	-20.00%
3333	あさひ	0.00%	0.00%	60.71%	11.11%
3538	ウイルプラス	23.50%	17.97%	5.68%	3.56%
3861	王子ホールディングス	0.00%	14.29%	0.00%	50.00%
2792	ハニーズ	16.67%	42.86%	10.00%	0.00%
1333	マルハニチロ	37.50%	18.18%	30.77%	17.65%
6932	遠藤照明	50.00%	33.33%	33.33%	0.00%
7971	東リ	0.00%	25.00%	90.00%	0.00%
	平均	22.98%	16.51%	31.63%	8.90%

第1部

「増配」株投資　戦略篇

増配確率	過去5年	前期	銘柄数	配当性向
優待株PF	69.3%	79.3%	58	35.01%
DOE採用銘柄PF	77.7%	86.6%	68	36.61%
連続増配宣言株PF	85.7%	96.4%	28	34.82%
不人気株PF	65.5%	85.7%	77	32.41%
配当貴族	97.4%	91.7%	23	36.79%
5つのPFの平均/合計（*2）	79.1%	87.9%	254	35.13%

＊1）優待株PF、DOE採用銘柄PFは2024/9/25時点のデータです。
＊2）平均は上記5つのPFの増配率/配当性向の和を5で除したもの

　全構成254 銘柄でみると過去5年の増配確率は79.1％、前期の増配確率は87.9％と非常に高い割合で増配銘柄を保有しているのがわかります。

　前述の通り、私の主要PFの過去の増配率は3期前22.7％⇒2期前15.9％⇒前期20.3％⇒今期予想10. 4％と非常に高い増配率を維持しています。

　このデータで示したかったのは、銘柄選定をきっちりと行えば、先ほどのシミュレーションの前提条件であった年間増配率9％は十分可能だということです。

　そして、増配を続ける株は、ほぼ確実に株価が上がります。ですから、私は「**増配は最も確実なカタリスト**」と言っているのです。

増配銘柄の選定方法

　それでは、ここからは私の具体的な「増配銘柄」選定方法をご説明します。私が「長期にわたり増配が期待できる」と考える銘柄とは、以下の条件を満たす企業です。

① 配当性向が低い
② 過去の配当推移が増配傾向
③ 配当政策に DOE・累進配当政策を採用している、または日経連続増配株指数・日経累進高配当株指数に採用されている
④ 業績が安定している（安定＋長期で右肩上がり）
⑤ キャッシュリッチである（キャッシュ創出力）
⑥ 割安（低PER）である
⑦ 成長期待がある

　それぞれの条件について、詳しく掘り下げてみましょう。

◆ ①配当性向が低い

　増配狙い投資の場合は企業の配当余力が十分であることが望ましいです。同じ配当利回り3％の企業でも、配当性向30％の企業と配当性向90％の企業では、前者の方が配当余力があり良い投資先と考えます。

　以下2つの会社を比べてください。

◎株式会社A ： 配当性向30％
　　　　　　　　　1年間に稼いだ利益の 30％を配当金として支払う
◎株式会社B ： 配当性向90％
　　　　　　　　　1年間に稼いだ利益の 90％を配当金として支払う

株式会社ＡもＢも配当利回りは3％だとして、投資先としてはどちらの会社が良いと思いますか？

　答えはＡの配当性向30％の会社です。　配当性向が低いということは、それだけ増配余力があるということだからです。
　例えば配当性向30％の会社は利益が同じでも配当性向を40％に引き上げると、それだけで33％の増配になります。

◎　**配当性向30％の会社A**

　A社は利益の内30％を配当金として支払い
　残りの70％は内部留保の積み上げにあてています。

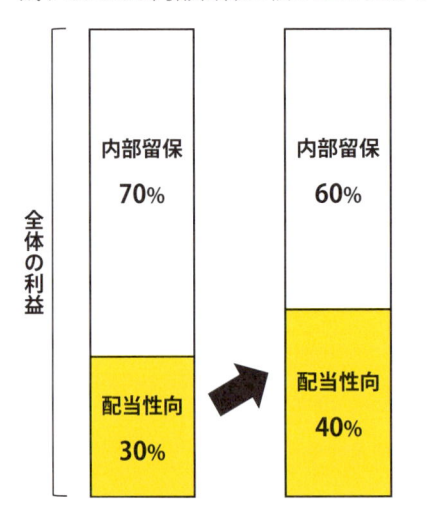

配当性向が低い企業はそれだけ増配余力があるということになる。同じ利益だとしても配当性向を上げると増配することができる。

　一方、配当性向90％の企業ではそうはいきません。
　利益自体の成長がないと、これ以上の増配は難しくなります。

◎ 配当性向90%の会社

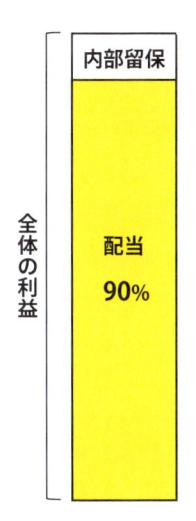

配当性向が高い企業は、既に利益の大半を配当に回しているので、利益が増えなければこれ以上は配当を増やすことができない。

選定基準の目安は**配当利回りが「配当性向÷10」以上**です。

　配当性向が40%の企業であれば、配当利回り4%以上は欲しいという考え方です。
　一方、配当性向が20%であれば、配当利回りが2%以上でOK。

　あくまで目安の一つで、成長力や過去の増配傾向等によりこの基準は多少変えていきますが、大まかなイメージとしてこういう指標を使っています。
　実はこの条件式はPER10倍以下の株を買いましょうということと同義ですが、上記条件式の方がより増配見込みに対するイメージが湧きやすいので、この考え方を取り入れています。

◆ ②過去の配当推移が増配傾向

　最終的な狙いは「継続した長期にわたる増配」を受け取ることです。いくら配当余力があっても実際に増配してくれなければ何の意味もありません。

　配当性向が低く過去の配当推移が増配傾向である企業を選定することで、「増配余力もあり」「実際の増配が期待できる銘柄」を選定できます。過去は未来を保証するわけではありませんが、企業の配当に対する過去の姿勢は未来を予想する上で役立ちます。過去が増配基調の会社は、今後も増配を続ける可能性が高いのです。

◆ ③配当政策に DOE・累進配当政策を採用している、または日経連続増配株指数・日経累進高配当株指数に採用されている

　企業が配当政策に「累進配当政策」や「DOE」を採用している場合は、増配継続確率がぐっと高まります。

　これは日経連続増配株指数や、日経累進高配当株指数に採用されているような銘柄も同じです。

　これらは増配銘柄を選定する上で非常に重要な要素であるため、私は「連続増配宣言株（累進配当政策を採用）」のみで構成している PF、「DOE採用銘柄」のみで構成している PF、「日経連続増配株指数または日経累進高配当株指数採用銘柄」のみで構成している PF を運用しています。詳しくは第2部（P.186～）で説明します

◆ ④業績が安定している（安定＋長期で右肩上がり）

　どれだけ「配当性向」が低くて現時点での増配余力があっても、業績が不安定で大元の「利益」がぶれるようではこのロジック（低配当性向銘柄への投資）は破綻します。

　長期にわたり「業績安定＆業績右肩上がり」の企業を選定します。

中でも、**リーマンショック期（2008年〜2009年）やコロナショック期（2020年）の業績は要チェック**です。 この時期の落ち込みが小さく黒字を確保しているような企業は経済危機などに対するショック耐性が強いと考えられます。

◆ ⑤キャッシュリッチである（キャッシュ創出力）

現金は配当の原資です。 現時点でキャッシュリッチであればそれだけ配当余力があるということになります。

そしてそれ以上に大切なのは、キャッシュの創出力です。 会計上の利益が大きくても、定期的な設備投資で**キャッシュが一向に貯まらない企業というのは、長期で増配を続けるのが難しく**なります。

具体的な確認方法としては、長期にわたり「現金同等物」が右肩上がりで推移しているかと、第2部で説明する「資産価値を含めた PER（買収者視点による割安度）の確認」（P.140）で見ても割安かで判断することになります。

◆ ⑥割安（低PER）である

増配狙い投資でも「割安」が前提です。

極端な例を出せば、PER5倍の会社が利益を全て配当に回すと配当利回りは 20％です。 配当性向が 50％なら配当利回りは 10％、配当性向が30％なら配当利回りは 6％です。 これだけで低PERの会社のパワーがわかっていただけると思います。

低PERで配当性向が高い会社は存在しません。 そのような会社の配当利回りは相当高くなるので、その会社の株は買い上げられて PER は上昇しているはずです。

狙い目は、**PERが低めの会社で配当性向が低い会社**です。 これらの企業が配当性向を市場平均並みに引き上げるだけで、配当利回りは大きく上昇することになります。

◆ ⑦成長期待がある

　配当の原資は手元の資金と未来のEPSです。EPSの成長力が重要なことは言うまでもありません。

　私が企業の今後の成長性を判断する上で重視しているのは以下の3点です。

① 競争優位性
② 参入障壁
③ 成長余地（マーケット）

　上記①②③は言い換えると、

・利益は「競争優位性」から来ているのか？
・真似されにくい強みなのか？
・成長余地はあるのか？

　です。未来のEPSの予想において分析すべき項目は星の数ほどありますが、上記のような根本的な要素を押さえるだけでも、その精度はぐっと上がるものです。

　ここでは駆け足で「増配銘柄」を選定する上での重要ポイントを説明しましたが、第2部の銘柄分析を読んでいただくとより深く理解できるようになると思います。

　これら7つの項目を意識して銘柄選定をするとPF構成銘柄の増配確率・PFの増配率が格段に上昇します。そして何度もお話ししているように、増配を続ける銘柄の株価が上がらないわけがないのです。

現在の日本企業は増配の流れ

　ここでは、今後の日本の上場企業を全体として見た場合の、過去の増配の流れと私の今後の予想もお話ししておきます。

　日本企業はこの 20 年間、配当額をどんどん増やしています。しかし、この 10 年間の配当性向は約 35 ％でほとんど変わっていません。

今の日本は増配の流れ

配当総額は3年連続で最高

(注)3月期決算の上場企業　　日経新聞2023/12/24より引用

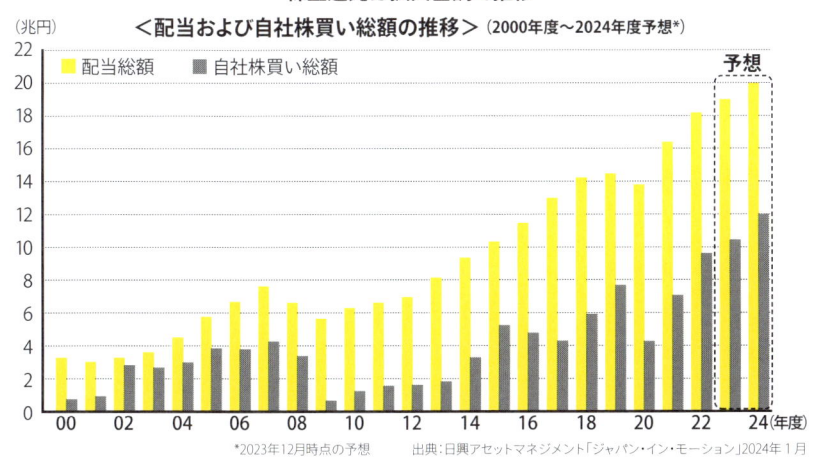

株主還元は拡大基調で推移

<配当および自社株買い総額の推移>（2000年度～2024年度予想*）

*2023年12月時点の予想　　出典:日興アセットマネジメント「ジャパン・イン・モーション」2024年1月

配当の金額は「EPS×配当性向」で決まります。

わかりやすく言うと「利益」の大きさと「配当に回す割合」の掛け算で決まるということです。

現状の、配当が増え続けているけれども配当性向が変わっていないというのは、すなわち、EPS（1株当たりの純利益）が伸びている一方で、企業が儲けから配当に回す割合は変わっていない、つまり、まだ配当が伸びる余地があることを示しています。

ここで、EPSの伸びと配当性向の伸びについて少し掘り下げておきましょう。

① EPS（企業の利益）の伸び

日本企業全体の業績予想は、当然ですがとても難しく、私には到底できません。

ただ過去15年間ほどのTOPIX（≒日本の全上場企業の近似値とも考えられる）のEPSの平均成長率が9％程度だったことはわかっています。

そして2024年2月22日、衆議院予算委員会で日銀の植田和男総裁が物価上昇は継続し「インフレの状態にある」と述べたことなどを思うと、今後15年間のインフレ率は過去15年間と比較して高いと予想できます。企業のEPSはインフレ下の方が伸びるでしょう。

ですから、企業の利益は今までよりは伸びる可能性が高いのではないかと、やや強引ですが思っています。

② 配当性向の伸び

日本企業は長期にわたり利益を内部留保として貯めこみ、成長投資や株主還元に振り分けてきませんでした。その結果、日本企業はROE（自己資本利益率）が世界でも飛びぬけて低い数値となっていました。

海外の投資家を呼び込みたい東証は2022年後半から市場改革に取り組み、2023年春に東証上場の全企業に「資本コストや株価を意識した経営の実現に向けた対応」を要請しました。そのなかにROEを高める対応要請も含まれています。

東証は日本企業に対して「内部留保を貯めすぎず、成長投資か株主還元に回しなさい」といっているのです。

上場企業の手元資金は114兆円

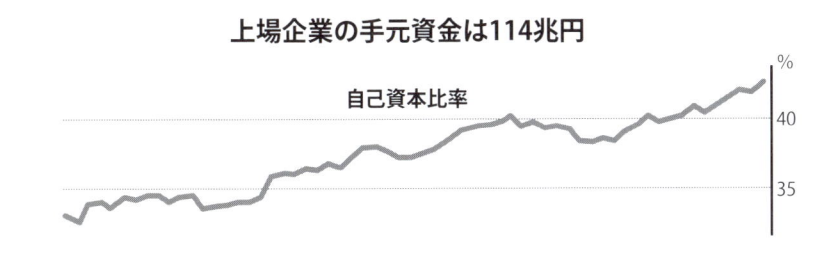

自己資本比率

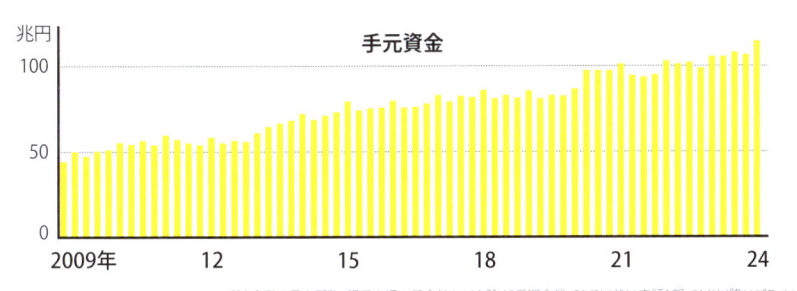

手元資金

(注) 金融や日本郵政、親子上場の子会社などを除く3月期企業。21/3以前は東証1部、21/6以降はプライム
2024年7月3日　日経新聞より引用

日本企業の、2022年度の配当と自社株買いを合わせた総還元性向は約55％です。過去の推移を見てもおおむね総還元性向は50％程度となっています。つまり利益の50％は毎年、さらなる内部留保の積み上げに回っています。

次ページの図で示したようにアメリカの総還元性向は100％を超えていることが多く、欧州は80％ほどです。

それに比較すると日本の総還元性向は低すぎるのです。

欧米のように80〜100％とは言いませんが、日本企業は手元資金が

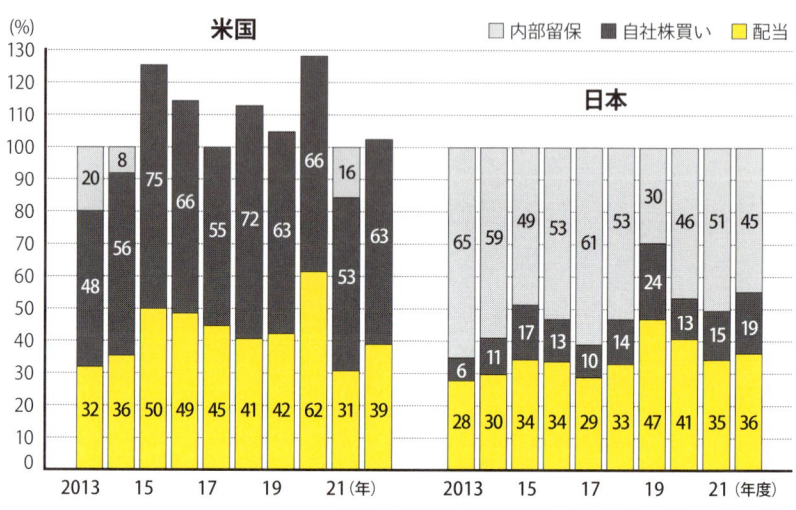

日米の株主還元の差は大きい

税引後利益に対する配当／自社株買い／内部留保の割合

凡例: 内部留保　自社株買い　配当

米国

年	配当	自社株買い	内部留保
2013	32	48	20
	36	56	8
15	50	75	
	49	66	
17	45	55	
	41	72	
19	42	63	
	62	66	16
21	31	53	
	39	63	

日本

年度	配当	自社株買い	内部留保
2013	28	6	65
	30	11	59
15	34	17	49
	34	13	53
17	29	10	61
	33	14	53
19	47	24	30
	41	13	46
21	35	15	51
	36	19	45

岐路に立つ日米企業の資本政策（野村のオピニオン）https://fintos.jp/page/57711
2022/07/03　18:30　FINTOS!編集部より引用

十分すぎるくらいあることからも、総還元性向は70％くらいが適正だと思っています。そうなれば、**当然今の配当性向は35％から上昇するでしょう。** 40〜50％の間くらいに落ち着くのではと思っています。

　以上のことから、今後はEPSと配当性向の両者の伸びが期待できます。そうなると日本企業全体での増配は、今まで以上に期待できるのではと考えているわけです。

配当ライフも夢じゃない

仮にポートフォリオ全体で年間10％の増配率を維持できた場合の受取配当がどのようになるかも見てみましょう。

【前提条件】
・ 投資元本350万円でスタート
・ 現在のポートフォリオの平均配当利回りは3.0％
・ 平均増配率10％を維持

上記の前提条件では1年後の受取配当金額は350万円の3％である10万5000円から税金20％（正確には20.315％ですがここでは簡易的に20％としています）を引いた8万4000円です。

それが翌年からポートフォリオの（保有銘柄全体での）平均増配率が10％になると、受取配当金額は以下のように増えていきます。

入金なし・配当再投資なし

	受取配当金
1年後	¥84,000
5年後	¥122,984
10年後	¥198,068
15年後	¥318,990
20年後	¥513,736
25年後	¥827,378
30年後	¥1,332,500
35年後	¥2,146,004
40年後	¥3,456,161

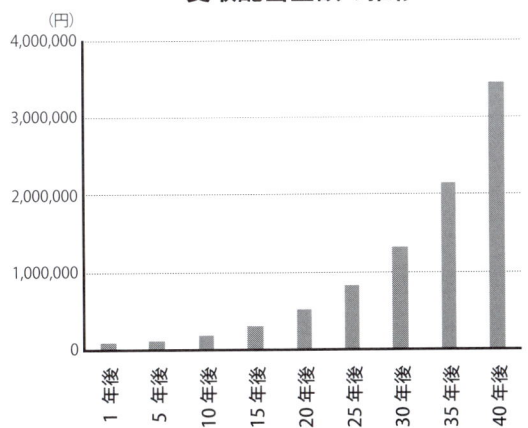

受取配当金額の推移

10年後には約20万円、20年後には約51万円、30年後には約133万円、40年後には約346万円になります。

　嘘みたいな話ですが本当の話です。年間増配率10%に複利の力が合わさると凄いパワーになるのです。

　実際のところ、受取配当を増やすエンジンは増配だけではありません。増配を含めて以下の3つのエンジンがあります。

① 資金投入により株式購入
② 配当再投資（受け取った配当金で新たに株を買うこと）
③ 増配

　この3つのエンジンが合わさるとどれだけの力になるかを見ていきましょう。

　先ほどのシミュレーションに「毎年60万円の追加資金の投入」と「配当再投資」を加えただけです。

【前提条件】
・現在350万円のポートフォリオを組んでいる
・現在の配当利回り3%
・毎年60万円の追加資金を投入
・新たに購入する株式の配当利回りは3%
・配当再投資の配当利回りは3%
・毎年10%増配する
・受取配当の税金は20%

　ですが、結果は劇的に変わります。

入金あり・配当再投資あり

受取配当金額の推移

	受取配当金
1年後	¥84,000
5年後	¥203,301
10年後	¥456,940
15年後	¥911,978
20年後	¥1,728,334
25年後	¥3,192,908
30年後	¥5,820,407
35年後	¥10,534,225
40年後	¥18,991,017

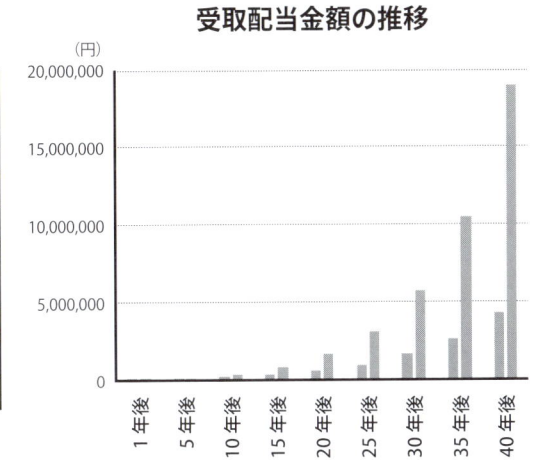

スタート時の年間受取配当金の8万4000円が、10年後には約46万円、20年後には約173万円、30年後には約582万円、40年後には1,899万円になります。衝撃的です。

40年後には配当金の収入だけで十分生活ができそうです。

毎年の「追加資金投入による配当金額アップ」「配当再投資分の配当金額アップ」「増配による配当金額アップ」がどのように推移したかをグラフにしてみましょう。

実際にこの差を可視化してみると、大きな違いに皆さん驚くのではないでしょうか。

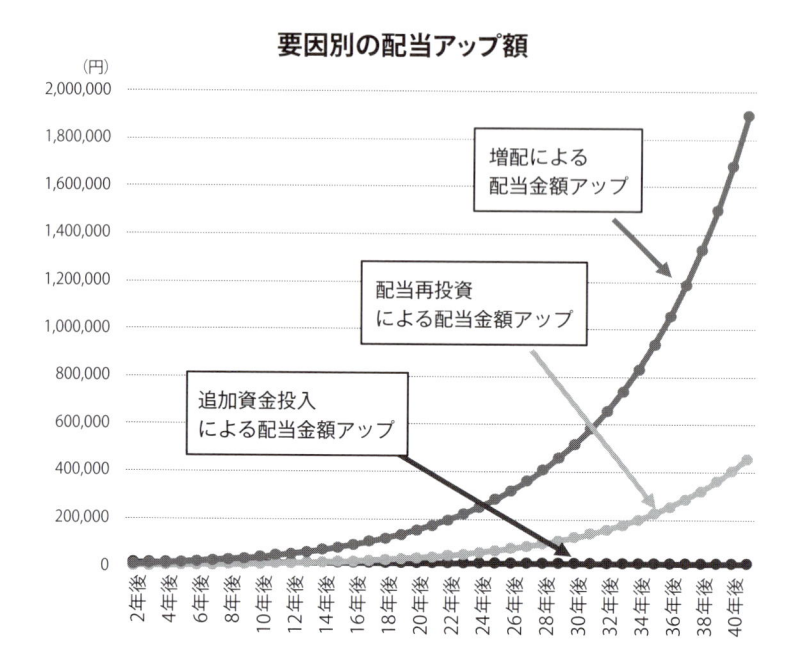

要因別の配当アップ額

（円）

グラフ内ラベル：
- 増配による配当金額アップ
- 配当再投資による配当金額アップ
- 追加資金投入による配当金額アップ

縦軸：2,000,000 / 1,800,000 / 1,600,000 / 1,400,000 / 1,200,000 / 1,000,000 / 800,000 / 600,000 / 400,000 / 200,000 / 0

横軸：2年後 4年後 6年後 8年後 10年後 12年後 14年後 16年後 18年後 20年後 22年後 24年後 26年後 28年後 30年後 32年後 34年後 36年後 38年後 40年後

　時が経てば経つほど「増配によるパワー」が劇的にアップしているのが一目でわかりますよね。

　例えば30年後は29年後より受取配当金は65万9420円増えます。

　増配要因の内訳は以下の通りです。

・60万円の資金投入による配当金の増加額　　　1万4400円
・配当再投資による配当金の増加額　　　　　　12万3972円
・増配による配当金の増加額　　　　　　　　　51万6549円

　増配する株を買って複利の力を最大限に活用すると、将来とても大きな配当を受け取れます。

　投資にとって時間は大きな財産です。

特に、長期投資が可能な人にとってこの戦略は、ほかの投資法との比較でも、再現性と安全性がかなり高い投資手法といえます。

念のため少し補足ですが、このシミュレーションはあくまで机上のもので、年間増配率10%の継続が前提条件になっています。

例えば株価が1,000円、EPSが100円、配当性向30%、配当金30円、配当利回り3%の企業があるとします。

この企業が増配率10%を30年続ければ30年後の配当金は1,745円になります。

今のこの企業のEPSは100円。その企業が年間増配率10%を維持するには純利益が増え続けなければ不可能です。

つまり、年間増配率をポートフォリオ全体で長期にわたって維持するには増配率に近い増益を毎年達成できる企業を選ぶか、銘柄の入れ替えを行わなければなりません。

現実にはこの2つの組み合わせによって達成していきます。

銘柄入れ替えでは売却時に利益に応じて税金も支払うので、上記のシミュレーションそのままというわけにはいきません。

それでも、増配に大きな果実があることは実感できると思います。

05 勇気の買い向かい戦略

　第1部の最後に、私の投資戦略骨子の3つ目の柱である「暴落への買い向かい」について説明します。

　株式投資を行う上で避けて通れないのが暴落相場。私は個人投資家にとって長期の運用成績に最も大きな影響を与えるのは暴落時の対応ではないかと思っています。
　その暴落ですが、1998年以降の日経平均株価の動きを見ると暴落は定期的に訪れていることがわかります。

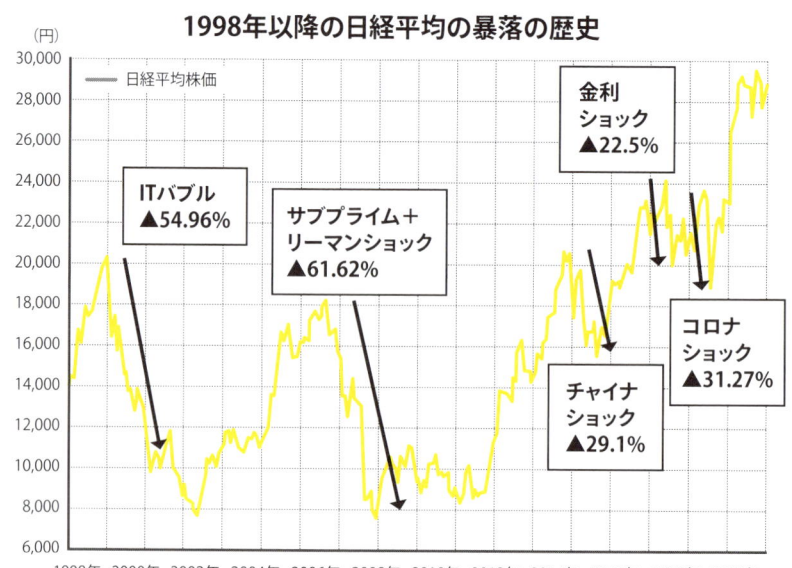

1998年以降の日経平均の暴落の歴史

（円）

- 日経平均株価
- ITバブル ▲54.96%
- サブプライム＋リーマンショック ▲61.62%
- 金利ショック ▲22.5%
- チャイナショック ▲29.1%
- コロナショック ▲31.27%

2024年まで26年間でこれだけの暴落があったのですから、今後30年間でコロナ級やリーマン級の暴落が来る確率は高いでしょう。

2025年の3月にはコロナショックから5年が過ぎるので、過去のペースから考えると、いつ暴落が来てもおかしくない状況です。

ほとんどの投資家にとって、**暴落は資産が最大の状態で訪れるもの。**暴落前の株価上昇による含み益、配当金の再投資、そして投資資金の入金などで資産が膨れ上がっているところに、株価急落という暴落が襲ってくるのです。

これが暴落の恐ろしい所です。私は資産が最大となっている現在、これから来るであろう暴落が一番怖いと思っています。

リーマンショックを経験したときの資産は数千万円でした。現在はその10倍以上です。投資資金が100万円と1,000万円、1,000万円と1億円では暴落時の厳しさは全く異なります。

投資経験をどれだけ積んでも暴落に慣れることができないのは暴落が常に資産が最大の時に訪れるからでしょう。だからこそ暴落に備える必要があるのです。

私は暴落を乗り切るのに必要なのは準備60％、胆力40％だと思っています。

暴落には備えが重要

暴落には備えが重要です。

私の場合は次のような暴落対策を行っています。

① 小型割安株中心のポートフォリオを組んでおく
② 一定程度のキャッシュポジションをキープし暴落時には買い向かうと決めておく
③ 暴落時の資金投入のシミュレーションを作っておく
④ 暴落に負けないメンタルを保つ金言を用意しておく

暴落は翻せば、**最大のチャンス**。

暴落時には信用取引組が追証を迫られて行う投げ売りや証券会社が行う強制決済の売り、AI等の自動売買でリスク管理をしているファンドの損失回避売り、ファンドの解約売りなど、売らざるを得ないパーティーによる売りが発生します。

またこれらによって生じる急激な下落を見て、多くの投資家が狼狽売りに走ることになります。

この時に市場を支配しているのは、理屈や理性ではなく恐怖と本能です。本質的価値も理論株価も何の意味も持ちません。

市場参加者の頭にあるのは「このままでは殺される。今すぐに逃げなくては」という恐怖だけです。

この状態が「**効率的市場仮説**」の前提条件の一つ「**市場参加者は合理的に判断する**」が崩れる時で、**最も大きな「α」が取れる時**です。

私はいかなる理由があろうと、暴落時の買い向かいを守ると決めてい

ます。ですから、その時々の暴落の原因を深く分析しません。

　考えることを放棄しているようですが、実はそうではありません。人の心理は上方にも下方にもオーバーシュートするもので、バブル時は過度に楽観的になり、暴落時は過度に悲観的になることを経験則的に知っているからです。

　暴落時には過度に悲観的な見方をした情報があふれかえります。これらの情報を元に分析しても買えなくなるだけです。最悪のケースは狼狽売りです。賢い人ほど、色々調べて余計な情報を得たばかりに陥落売りするのです。

　暴落は毎回別の顔で来ます。「今回は違う」は毎度の話ですが何も違いません。暴落時は皆が悲観的になって株価が下方にオーバーシュートするだけです。これは何度も何度も繰り返されてきたことです。

　暴落で株価が下落しても、長期的に見れば回復します。
　そこで最も大切なことは**市場から退場せずに居続けること**です。

　そのためには「割安＆業績安定＆配当余力あり＆増配傾向」の銘柄に広く分散投資を行い、普段からキャッシュポジションを確保し、暴落時に計画的に投入する——私は、長期間にわたり安定した恩恵を市場から受けるには、これがほどよい手法だと思っています。

　具体的な手法やシミュレーションについては「暴落への買い向かい」（P.215）を参照してください。

一歩を踏み出す勇気（ヘムの仮面浪人篇）

　もう 32 年も前の話です。私は大学受験生、特に行きたい大学があったわけでもなく、1 年間受験勉強をして行ける大学に行けばいいやくらいの考えでした。私立、センター試験、国立大学の 2 次試験、これらを全方位的に勉強していました。私立を含めていくつかを受験。結果、私立は全滅でしたが運よく神戸大学に合格することができました。

　ここからは私の人生を変えることになった友人 T の話です。T は高校 3 年生の春に出会った時から京都大学に行きたいと言っていました。優秀でしたが京都大学に行けるほどのレベルではありませんでした。

　T は高い目標をもってつかみ取る能力に長けていたのです。それに、目標に向けて全集中する力にも。T は京都大学一本に絞って受験勉強を進めます。結果は現役での合格でした。

　T の考え方に触れて、私は当時のような考え方では T のような生き方をする人間には勝てないなと感じました。何か根本的なところが間違っていた気がして心がザワツク感じです。そのザワツキは日を追うごとに大きくなり、自分も T 側の人間になりたいと思うようになりました。

　当時の自分なりに色々考えた結果、神戸大学に入学するのは辞めて京都大学を目指そうという考えにいたります（最終的には仮面浪人の道を選びます）。

　正直に言って京都大学に行きたかったわけではなく、ザワツキを何とかしたかったのです。

　私は 1 年後に京都大学に合格することになります。ギリギリの合格でした。この時つかんだのは京都大学の合格だけではなく、その何倍も重要なことを学びました。

　高い目標をたてて、不安の中を進み成功をつかみ取るという経験です。不安が自分の力を限界まで引き上げてくれるのです。

私はこの後の人生で、起業を含めて何度も不安の中で一歩を踏み出すことになりますが、その挑戦心の元はこの時に身に付けた考え方です。

　起業した時の私は30歳、妻は専業主婦、息子は5歳と3歳でした。準備なんて全くできていません。準備などいつまでたっても整わないものです。まず始めて、走りながら、修正しながらゴールに向かうのです。

　私が京都大学に合格できたのは「京都大学に行く」と決めたからです。これは全てについて言えることです。

　「総合商社に行く」「起業して成功する」「億万長者になる」「FIREする」何でも良いのですが、なりたい自分に正直になることです。

　私のバイブル『チーズはどこへ消えた』（扶桑社）という本の中で「もし恐怖がなかったら自分は何をするだろう」という言葉があります。私はこの言葉が大好きです。私のアカウント名のヘムは、挑戦心をいつまでも忘れないようにとの思いでこの書籍の登場人物からとったものです。

　こういう話をすると無責任に煽るなとお叱りを受けることがあります。このコラムの内容が、多くの人にも当てはまる話なのかはわかりません。私は自分の人生しか生きたことがないので、そんなことはわからないのです。

　ただ私は誰よりも大切な息子2人にこの考え方を小さい時からずっと伝えてきました。私がこの考え方はとても大切だと思っているからです。

コラム4

垂直比較

　私がSNSを始めたのは2023年です。 SNS上には「キラキラした人、自分にない物を持っている人」がたくさんいます。 そういう人を見るとつい「自分の足りない所」に焦点を当て、焦りや劣等感や羨みを感じてしまうものです。 よく「他人との比較にゴールはなく虚しい戦いになる」と言われますが私の実感も同じです。

「水平比較より垂直比較！！」

　この言葉はよく子育てで使われます。 他人と比較するのではなく過去の自分からの成長に焦点を当てましょうということです。 同じ主旨の教えがベストセラーにもなったアドラーの「嫌われる勇気」でも強調されていました。 私はこの考え方が大好きです。

　「知識の蓄積」「資産の蓄積」「技術の習得」これらにおいて過去の自分からの成長に焦点を当てます。 大事なのは自分がどれだけ成長しているかです。 水平比較（他者との比較）をしていいのは、自身の成長につながる良い刺激を受ける時だけです。

　どれだけお金持ちになっても幸せにならないと意味がないですよね。 水平比較ではなかなか人は幸せになれません。 上には上がいますしね。 「水平比較より垂直比較」大事な考え方だと思います。 他人と戦うのではなく去年の自分と戦いましょう！！

第2部

「銘柄分析」

実践篇

01 銘柄選びは4段階

　この章では私の銘柄選定方法について具体的にお話ししていきます。私の銘柄選定の大きな特徴の一つは「**テーマ別バルク買い**」です。**今後市場が注目しそうなテーマを決めて**、そのテーマに合致する銘柄の中から「**割安**」で「**増配期待が強い**」**銘柄を選定**します。「割安」で「増配期待が強い」銘柄は小型割安株に多いため、こうして銘柄を選定すると必然的にポートフォリオの多くを小型割安株が占めていきます。

　「テーマ別バルク買い」の説明をする前にもう一度私の投資手法を簡単におさらいしておきます。まず、企業の本質的価値より安く売られている銘柄を選定し、株価が本質的価値に回帰するようなカタリストを探します。カタリスト候補は数多く存在するのですが、その中でも最も確実で予想がしやすい「**長期的な増配**」を重視しています。

　この投資手法で最も警戒すべきなのは「**バリュートラップ**」です。バリュートラップとは、**株価がいつまでも割安なままで企業の本質的価値に回帰しないこと**を指します。これを避けるための一つ目の仕掛けが「長期的な増配」でした。ここにもう一つの仕掛けを足してやります。それが「テーマ別バルク買い」です。

　どれだけ大きな「α（企業の本質的価値と株価の差）」を見つけたところで市場がそのことに気付かず、株価が一向に上がらないようでは、その投資は自己満足です。そこで市場がいつか注目しそうだなというテーマを決め、「バルク買い」します。バルク買いとは、同一の商品を大量に買うという意味です。例えば私が東証の市場改革に注目して

「PBR1倍割れ」銘柄でポートフォリオを組むとしたら、「PBRが1倍割れ」で「α（企業の本質的価値と株価の差）が存在」し、かつ「今後の増配期待が強い」銘柄をまとめ買いするという考え方です。

「テーマ別バルク買い」では、分散投資により運の要素が排除されるので、テーマ選びの成否を長期にわたりはっきりと確認できます。

以下は私が「テーマ別バルク買い」で組成した4つのポートフォリオの2022年1月1日〜2024年11月30日の成績です。

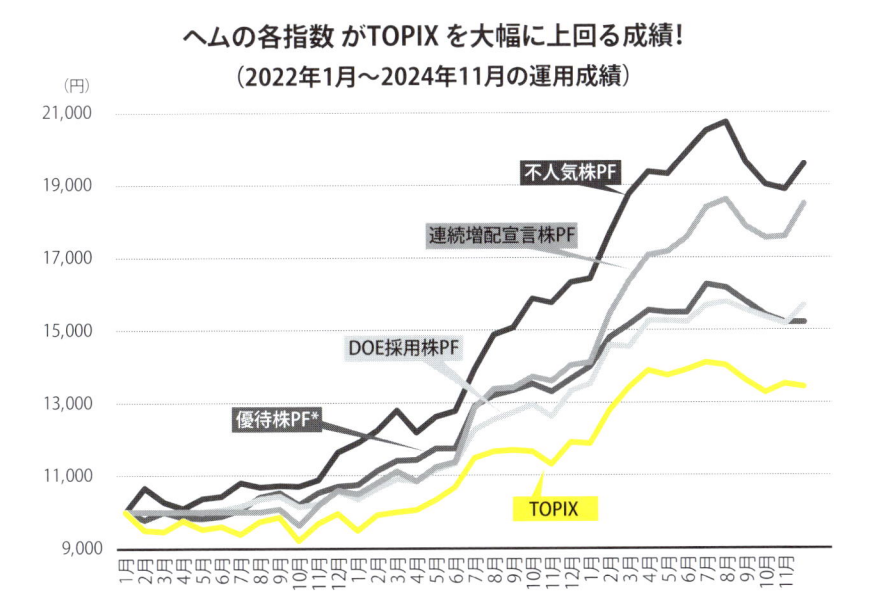

ヘムの各指数 がTOPIX を大幅に上回る成績！
（2022年1月〜2024年11月の運用成績）

（円）

不人気株PF
連続増配宣言株PF
DOE採用株PF
優待株PF*
TOPIX

*) 優待株PFのみNISA口座で運用のため節税効果があります。

このグラフの結果から、過去2年11ヵ月の運用期間では「不人気株」と「連続増配宣言株」がテーマとして優れていたことがわかります。また全てのポートフォリオがTOPIXや日経平均を大きく上回っていることから「割安」で「増配期待が強い」銘柄への投資の有効性も確認できていると言って良いでしょう。

テーマ別バルク買いの銘柄選定手順

　ここからは「テーマ別バルク買い」の具体的な銘柄選定方法を説明していきます。

　銘柄選定は、以下のような順番で行っていきます。

① テーマを決め＆テーマに合った企業抽出
② 基本指標によるスクリーニング
③ 業績安定性によるスクリーニング
④ 過去の増配推移と配当政策によるスクリーニング
⑤ 精度を上げるための定性分析

　株価は「ファンダメンタルズ」と「人気投票」の２つで決まります。
　ファンダメンタルズというのは**企業の稼ぐ力や、資産内容**、つまり企業の本質的な価値の構成要素です。

　このファンダメンタルズだけで株価が決まってくれれば楽なのですが実際はそうはなりません。
　株価を構成する大きな要素として**「人気投票」**があります。様々な要因から人気の株は、当たり前ですが価値が高いのです。

　テーマ別バルク買いは、この「人気投票」を意識して大きな分野を決める手法です。
　カタリストが存在しそうな分野（テーマ）を決めて、その中から「ファンダメンタルズ分析」を行い銘柄を選定していく、この順番が大切なのです。

02 ポートフォリオ全体で勝つテーマ選定

では具体的にどのようにしてテーマを選べば良いのでしょうか？私は現在以下のようなポートフォリオを運用しています。

① 「連続増配宣言株ポートフォリオ」
② 「DOE採用銘柄ポートフォリオ」
③ 「配当貴族ポートフォリオ」
④ 「優待株ポートフォリオ」
⑤ 「不人気株ポートフォリオ」
⑥ 「小型割安株ファンド（通称「Jペッパー」）」

例えば⑥の「小型割安株ファンド（通称「Jペッパー」）」は東証の市場改革が出た2023年にPBR1倍割れ企業ばかりで構成しました。

東証が定期的に公表しているフォローアップ会議の議事録からも、東証改革は企業へのプレッシャーを強めながら今後も継続するのは確実で、PBR1倍割れ企業は株主還元の強化や成長投資の促進などの対応を余儀なくされると予想したからです。この一連の流れにより市場はよりPBR1倍割れ企業に注目するはずだと考えたのです。

それ以外にも、私は次のテーマに注目しています。

・親子上場解消期待銘柄
・キャッシュリッチ銘柄
・円高恩恵銘柄
・災害関連銘柄・国土強靭化銘柄　　等

ここで注目してほしいのが、テーマ候補に**「生成AI」や「宇宙」や「半導体」等は含まれていない**点です。

　テーマを決めるときに意識するべきは、今テーマ化しているものではなく、**いずれテーマ化されそうな分野を探すこと**です。

　例に挙げた4つの候補の中で、足元では**親子上場解消期待銘柄**は特に有望だと思っています。

　東証は2023年12月26日に、親子関係にある上場企業や持ち分法適用関係にある上場企業に対し、少数株主保護やグループ経営に関する自発的な情報開示の充実を求めた指針を発表しています。

　要するに「親子上場は少数株主保護の観点から色々問題があるから解消していこうよ」ということです。このことから今後は親子上場解消のためのTOB/MBOの増加につながると期待されています。

　このように、カタリストが存在しそうな分野を自分で探してもいいですし、自信がない方は、私の採用している次の6テーマのうちから、良いと思ったものをそのままテーマにするのもいいと思います。

　中でも**「連続増配宣言株ポートフォリオ」や「 DOE採用銘柄ポートフォリオ」**は銘柄選定がしやすく、初心者でも取り入れやすいテーマだと思います。

ヘムの選ぶおすすめテーマ

　ここでは、実際に私が組成したポートフォリオのそれぞれの狙いについて簡単に説明しておきます。以下で紹介するポートフォリオの2024年11月30日時点の構成銘柄は巻末付録の271ページ以降に載せていますのでそちらを参考にしてください。

◆ ①「連続増配宣言株」

　「連続増配宣言株」とは配当政策に連続増配や累進配当を明示している銘柄のことです。

　上場企業の経営者にとって「連続増配・累進配当政策」を宣言するのはとても勇気がいるのです。

　なぜなら、このような配当政策を宣言しておきながら「すいません。やっぱり駄目でした。減配します」とは口が裂けても言えないからです。そんなことをしたらめちゃくちゃ株主に批判されますよね。

　このような配当政策を採用できるのは、経営者が今後、長期にわたる業績に強い自信を持っている証拠と考えられ、これを配当シグナルと呼びます。

　さらに、「連続増配宣言」にはもう一つのメリットがあります。

　それは経営者が「強い緊張感」を持つことです。どれだけ優秀な経営者でも人はつい「守りたくなりサボりたくなる」ものです。このような高い目標を明示することで、経営陣が自らにプレッシャーをかけ業績向上へのチャレンジを続けることになります。

　このような効果をパブリックコミットメント（宣言効果）と呼びます。この2つの効果による業績向上並びに、増配継続による株価上昇がこのポートフォリオの狙いです。

◆ ②「DOE採用銘柄」

DOE（株主資本配当率）は株主資本に対する配当の割合を指す言葉で、DOE採用銘柄とは「配当はDOE3％を下限とする」等具体的な数値を明示している銘柄のことです。

詳しくは後ほど解説しますが、ざっくり狙いを説明しておくと、DOE採用銘柄では「自己資本（株主資本）の上昇＝増配」と考えられ、安定した業績でDOEを採用している銘柄は減配リスクが低く、増配を継続する可能性が高いのです。増配が続く銘柄の株価が上がらないわけがありません。

私は長期での増配狙いという観点からは、業績が安定しており毎期自己資本を積み上げている「DOE採用銘柄への投資」は非常に優れた投資手法だと考えています。

◆ ③「配当貴族」

「配当貴族」とは長期にわたり毎年配当を増やしている企業のことで、私の場合は「日経連続増配株指数」に採用されている70銘柄をベースにしています。

連続増配は一度でもストップすると0になるため、指数採用自体を名誉と捉える企業も少なくありません。そのため企業は少しくらい業績が悪くても意地でも増配を続ける可能性が高いのです。連続増配ランキングはメディアでも頻繁に取り上げられるため、それだけ人気化しやすいと考えられます。

◆ ④「優待株」

優待株とはその名の通り株主優待を実施している銘柄です。全上場企業約4,000社のうち、優待を実施している企業は約1,500社あります。

株主優待は、投資額の大小にかかわらず、受け取れる優待は同じなため、大口投資家よりも小口投資家の方が有利な制度です。

　株主優待銘柄は個人投資家に大人気。優待株を特集した記事やブログは常に人気のコンテンツで、それだけ**バリュートラップにかかりにくいテーマ**だと言えます。

　また、優待株は優待が目的で保有している銘柄なので、株価の上下にさほど惑わされず、生活に直結した優待品は、家族にも喜ばれやすいというメリットもあります。

◆ ⑤「不人気株」

　ここでいう不人気株とは、**将来を悲観され誰も興味を示さず、企業の本質的価値より割安に叩き売られた超割安株のこと**です。私の不人気株ポートフォリオ構成グループには、地銀・放送局・優待廃止銘柄・エンジン自動車部品銘柄等があります。

　過度に悲観を織り込んだ銘柄はわずかなポジティブニュースで株価が大きく上がる傾向にあります。不人気株への投資は、市場が不人気株の価値を過小評価する傾向を利用した投資手法です。

　不人気株を選定する時の注意点は、株価が下落しているからと値ごろ感で買うのではなく、実力値以上に過小評価された銘柄を買うことです。つまり、企業の本質的価値を正面から分析した上で割安度を判断しなければなりません。

　また、不人気株を底値で買うことなどはできません。大抵は購入後にも株価はさらに下落したり底ばいを続けたりします。

　このポートフォリオを運用するには、「目先の損を織り込む覚悟」と「不人気株を正面から分析する覚悟」が必要です。

◆ ⑥ 「小型割安株ファンド」(通称「Jペッパー」)

2023年春に東証は、東証上場の全企業に「資本コストや株価を意識した経営の実現に向けた対応」を要請しました。

この要請を受けて素早く対応したのがPBR1倍割れの大企業でした。

増配や大規模自社株買いといった還元強化、政策保有株の売却、成長投資の促進等の対応策を発表し、結果、大型割安株の株価が大きく上昇することになりました。

一方、PBR1倍割れの小型株は対応が遅く、東証からの開示要請に未対応の企業が多く残っていました。これらの企業は今後東証からの要請に対して対応策を発表する可能性のある銘柄です。

このことから、今後は小型割安株の相場が始まる可能性が高いと考え、PBR0.8倍以下の小型株で東証の要請に未対応の銘柄ポートフォリオを組成しました。

このPFの狙いは東証の要請に対する各企業の開示による株価上昇です。これらの開示には増配や自社株買いや政策保有株の売却等による株価上昇のカタリストが含まれる可能性があるからです。

これらのテーマで購入したPFの成績を右ページの図にまとめました。いずれも、日経平均、TOPIX、MAXIS全世界株式上場投信の指数をアウトパフォームする結果になっています。

なお、配当貴族は2023年7月1日に、小型割安株ファンドは2023年10月1日に運用を開始したPFのため、対象期間が異なり上記期間では比較できませんので、成績は193〜195ページ（配当貴族）、210〜211ページ（小型割安株ファンド）に記載しています。運用期間はまだ短いですが、いずれもTOPIXを上回った成績となっています。

2022年1月〜2024年11月の成績		銘柄数
ヘムの「不人気株PF」	95.67%	76
ヘムの「連続増配宣言株PF」	84.87%	28
ヘムの「DOE採用銘柄PF」	56.74%	71
ヘムの「優待株PF」	52.16%	59
MAXIS 全世界株式上場投信(2559)*	49.56%	
TOPIX	34.55%	
日経平均	32.70%	

（＊）MAXIS 全世界株式（オルカン）上場投信(2559)

ここで、ちょっと小話を。

実は、私が実際に銘柄を購入するときには、SNSやブログ、勉強会から情報を得て、面白そうだと思った銘柄を調べて購入に至るケースが多くあります。感覚的には半分くらいがそうです。

残りの半分くらいが自身でテーマを決めてから銘柄を探していくケースです。直近の決算発表でDOEや累進配当政策を導入した企業を全て分析していくとか、親子上場の子会社を全て調べていくとかです。

テーマを決めることは非常に重要ですが、人から聞いた面白そうな銘柄を調べてみることも、投資力を1つアップさせるコツだと思います。

03 基本のスクリーニング

テーマを決めたら、いよいよ銘柄選定に入ります。最初に行うのはスクリーニングです。

例えば累進配当政策を導入している企業は、私が把握している限り2024年6月時点で113社ありました。これらの企業を一つ一つ見ていくのは不可能ではありませんが、とても長い時間がかかってしまいます。そのために、**一定の条件を決めておおまかに絞り込む**のです。

テーマに沿って抽出した銘柄のなかには、割高な銘柄や低配当、増配余力が小さい銘柄、業績が不安定な銘柄が存在します。**それらを除外した上で、将来の成長期待などの定性分析を行い、最終的な採用銘柄を決定**していきます。

基本指標によるスクリーニングの前段階として、まずは抽出した全企業のデータ一覧表を作成します。必要なデータは以下の通りです。

- 株価
- PER
- PBR
- 自己資本比率
- 配当利回り
- 1株当たり配当金
- EPS
- BPS
- 時価総額

これらの指標は、Yahoo！ファイナンスや各証券会社が提供しているポートフォリオ機能で確認できます。

　さらにエクセルの計算機能を使って以下の項目を一覧表に追加します。

・ROE：PBR÷PER
・配当性向：配当金÷EPS
・簡易理論株価：BPS＋（EPS×10）
※とりあえずの絞り込み用なので成長力は加味せず基本の公式を使用。
・安全域：簡易理論株価÷株価

スクリーニング条件はポートフォリオの狙いによって変わってきます。私の活用している一覧を以下に載せておきますので参考にしてください。

　「連続増配宣言株」のように母集団の企業数が少ない場合は、あまりに厳しい条件ではスクリーニングをクリアする銘柄がとても少なくなってしまうため、各条件を基本条件から緩和してください。

スクリーニング条件	基本条件	小型割安株ファンド	連続増配宣言株	DOE採用株
PER	12倍以下	10倍以下	13倍以下	13倍以下
PBR	1.0倍以下	0.8倍以下	1.2倍以下	1.2倍以下
ROE 予想	8.0%以上	5.0%以上	5.0%以上	6.0%以上
配当利回り	3.0%以上	2.5%以上	2.7%以上	2.7%以上
配当性向	40%以下	40%以下	45%以下	45%以下
安全域	2.0倍以上	2.0倍以上	1.8倍以上	1.8倍以上
時価総額	1000億円以下	700億円以下	条件なし	条件なし
その他	毎期自己資本積み上げ	東証開示要請未対応	累進配当採用	毎期自己資本積み上げ

簡易理論株価で安全域を導き出す

　スクリーニング条件にも含まれている「安全域」について説明をしておきます。「安全域」は私独自の考え方で、**理論株価が実際の株価の何倍になっているかを示す指標**です。例えば実際の株価が1,000円で理論株価が3,000円なら安全域は3倍です。実際の株価に対して理論株価が大きいほど安全域は大きくなります。

　これを計算するのには、**簡易理論株価**という指数が必要になります。理論株価とは一般に企業の財務指標や将来の業績予想から算出した理論上の株価です。その企業の本質的価値といってもいいでしょう。つまり、理論株価と実際の株価の差が「a」になるのです。

　簡易理論株価は「**BPS**」と「**EPS**」と「**成長見通し**」を組み合わせて求めていきます。本来は、DCF（ディスカウントキャッシュフロー）法という面倒な方法で計算するのですが、銘柄選定の際には詳しい計算はあまり役に立たないので、わかりやすく単純化しています。それゆえ、簡易理論株価というわけです。

- BPS ／ 1株当たりの純資産
- EPS ／ 1株当たりの当期純利益
- 成長見通し／明らかに衰退、衰退する可能性がある、横ばい、成長、とても成長できる、の5択

　簡易理論株価を求める基本的な計算式は以下の通りです。

BPS ＋（EPS × 10）＝簡易理論株価（円）

EPS × 10 は事業価値を示し、**「ある企業を買収するとしたら、現在の資産価値と 10 年分ほどの利益で回収できれば良い」という考え方**に基づいています。

企業の成長性が横ばいだと見通せる場合は 10 年分の利益で計算するのですが、今後利益の成長が見込めるなら 12 〜 15 年分、とても成長しそうだと判断できるなら 15 〜 20 年分にします。

反対に、「これまでは横ばいだが、この先衰退するかもしれない」と考えられる場合は 8 年分、明らかに衰退しそうな場合は 3 〜 5 年分に調整します。

数値で挙げるとすれば以下がおおむねの目安です。

- 当面年率 10 〜 20%以上の成長が期待できる……15 〜 20 年分
- 当面年率 5 〜 10%の成長が期待できる……12 〜 15 年分
- 今後も 5%未満で成長できそうだが最悪でも現状維持が期待できる……10 〜 12 年分
- 現状維持ができそうだが利益の減少もありえる……8 年分
- 衰退が確実……3 〜 5 年分

このようにして求めた簡易理論株価を株価で割った数字が**安全域**です。 私の場合、**安全域 2 倍以上は及第点とし、3 倍以上であれば十分に魅力的な銘柄**としています。

なおスクリーニングの際は、全社の EPS の成長見通しを予想はしていません。 この段階では全て成長見通しは 0 〜 5%と考え事業価値は EPS × 10 年分とします。 スクリーニングにより銘柄を絞り込み、各社の詳細分析を行う際に初めて EPS の成長見通しを加味した正確な安全域を計算します。

ここまでが、基本指標によるスクリーニングです。

基本指標によるスクリーニングだけでも成績は期待できる

　例えば、累進配当政策導入企業113社に対し、先述した以下の条件でスクリーニングにかけると、42社に絞り込むことができます。

- PER　13倍以下
- PBR　1.2倍以下
- ROE　5%以上
- 配当利回り　2.7%以上
- 配当性向　45%以下
- 安全域　　1.8倍以上

　この42社の2024年6月7日時点の指標の平均値は以下の通りです。

- PER　9.4倍
- PBR　0.8倍
- ROE　8.8%
- 配当利回り　3.41%
- 配当性向　32.0%

　42社の共通事項は累進配当政策の採用です。

　収益面、資産面からも**割安で配当利回りも高く増配余力もある**ことがわかります。
　その上で累進配当政策を採用しているのですから、これだけでも、TOPIXを上回る成績が十分に期待できるでしょう。

コード	名称	株価(6/7)	PER	PBR	ROE	自己資本比率	配当利回り	1株配当	配当性向	EPS	BPS	簡易理論株価	安全域
9305	ヤマタネ	2,744	10.62	0.54	5.1%	33.70%	3.28%	90	34.8%	258.26	5,063.89	7,646.49	2.79
2664	カワチ薬品	2,856	11.19	0.57	5.1%	56.70%	2.80%	80	31.3%	255.21	4,980.82	7,532.92	2.64
3434	アルファ	1,380	7.35	0.39	5.3%	50.40%	3.62%	50	26.6%	187.84	3,572.22	5,450.62	3.95
8341	七十七銀行	4,355	9.78	0.54	5.5%	5.70%	3.21%	140	31.4%	445.43	8,121.61	12,575.91	2.89
8381	山陰合同銀行	1,393	11.75	0.66	5.6%	4.40%	3.45%	48	40.5%	118.58	2,114.72	3,300.52	2.37
7989	立川ブラインド工業	1,355	9.09	0.53	5.8%	72.90%	3.03%	41	27.5%	149.11	2,534.10	4,025.20	2.97
1762	高松コンストラクション	2,906	12.65	0.75	5.9%	54.70%	2.82%	82	35.7%	229.76	3,849.26	6,146.86	2.12
5363	ＴＹＫ	430	8.18	0.49	6.0%	68.90%	3.67%	15.8	30.1%	52.56	884.73	1,410.33	3.28
5957	日東精工	572	9.95	0.64	6.4%	60.70%	3.32%	19	33.1%	57.46	896.64	1,471.24	2.57
8566	リコーリース	5,030	10.55	0.7	6.6%	17.80%	3.28%	165	34.6%	476.89	7,199.98	11,968.88	2.38
5933	アルインコ	1,083	10.18	0.7	6.9%	44.70%	3.97%	43	40.4%	106.35	1,546.27	2,609.77	2.41
9072	ニッコン	2,931	10.87	0.75	6.9%	63.30%	3.69%	108	40.1%	269.57	3,899.85	6,595.55	2.25
5186	ニッタ	3,970	11.08	0.78	7.0%	83.30%	3.32%	132	36.8%	358.42	5,063.77	8,647.97	2.18
9532	大阪ガス	3,511	12.82	0.91	7.1%	52.90%	2.71%	95	34.7%	273.87	3,857.51	6,596.21	1.88
8012	長瀬産業	2,943	11.96	0.85	7.1%	49.70%	2.89%	85	34.5%	246.12	3,463.84	5,925.04	2.01
8316	三井住友フィナンシャル	10,185	12.63	0.91	7.2%	5.00%	3.24%	330	40.9%	806.73	11,157.36	19,224.66	1.89
8411	みずほフィナンシャル	3,108	10.5	0.77	7.3%	3.60%	3.70%	115	38.9%	295.92	4,037.28	6,996.48	2.25
7128	フルサト・マルカ	2,133	9.87	0.73	7.4%	59.70%	4.55%	97	44.9%	216.09	2,929.81	5,090.71	2.39
3435	サンコーテクノ	1,271	7.73	0.58	7.5%	70.00%	2.99%	38	23.1%	164.53	2,182.24	3,827.54	3.01
8309	三井住友トラスト・	3,602	10.8	0.83	7.7%	4.10%	4.03%	145	43.5%	333.52	4,316.77	7,651.97	2.12
8750	第一生命	4,020	11.76	0.98	8.3%	5.70%	3.03%	122	35.7%	341.74	4,107.03	7,524.43	1.87
8098	稲畑産業	3,345	10.87	0.92	8.5%	46.80%	3.74%	125	40.6%	307.79	3,624.01	6,701.91	2.00
8860	フジ住宅	739	5.92	0.52	8.8%	30.30%	3.65%	27	21.6%	124.75	1,413.94	2,661.44	3.60
6287	サトー	2,135	10.81	0.97	9.0%	53.80%	3.47%	74	37.5%	197.49	2,199.41	4,174.31	1.96
8091	ニチモウ	2,081	6.67	0.61	9.1%	34.90%	4.32%	90	28.8%	312.02	3,400.25	6,520.45	3.13
4093	東邦アセチレン	366	7.95	0.73	9.2%	52.00%	3.83%	14	30.4%	46.03	503.5	963.80	2.63
2185	シイエム・シイ	1,205	8.88	0.82	9.2%	76.50%	3.65%	44	32.4%	135.72	1,473.27	2,830.47	2.35
5911	横河ブリッジ	2,681	9.33	0.88	9.4%	59.00%	4.10%	110	38.3%	287.47	3,056.65	5,931.35	2.21
7438	コンドーテック	1,358	10.51	1.02	9.7%	55.60%	3.39%	46	35.6%	129.24	1,327.57	2,619.97	1.93
7466	ＳＰＫ	2,200	9.21	0.9	9.8%	63.40%	2.73%	60	25.1%	238.99	2,438.04	4,827.94	2.19
3458	シーアールイー	1,295	9.98	1	10.0%	27.70%	3.94%	51	39.3%	129.77	1,299.24	2,596.94	2.01
1926	ライト工業	2,019	10.21	1.08	10.6%	72.50%	3.71%	75	37.9%	197.76	1,877.46	3,855.06	1.91
6745	ホーチキ	2,132	9.27	1	10.8%	61.90%	2.72%	58	25.2%	229.96	2,127.63	4,427.23	2.08
2498	オリエンタルコンサル	3,200	7.49	0.81	10.8%	35.30%	3.13%	100	23.4%	427.06	3,959.35	8,229.95	2.57
6788	日本トリム	3,230	10.02	1.11	11.1%	70.70%	2.94%	95	29.5%	322.24	2,911.21	6,133.61	1.90
8053	住友商事	4,020	9.27	1.1	11.9%	40.30%	3.23%	130	30.0%	433.74	3,638.06	7,975.46	1.98
2768	双日	3,932	7.79	0.93	11.9%	32.00%	3.81%	150	29.7%	504.58	4,238.81	9,284.61	2.36
8078	阪和興業	6,260	5.92	0.72	12.2%	30.10%	3.35%	210	19.9%	1,057.34	8,616.92	19,209.43	3.07
2689	オルバヘルスケア	2,143	8.82	1.17	13.3%	25.30%	3.27%	70	28.8%	242.84	1,826.62	4,255.02	1.99
9274	ＫＰＰ	802	5.02	0.67	13.3%	23.70%	3.49%	28	17.5%	159.86	1,188.92	2,787.52	3.48
3495	香陵住販	1,499	5.66	0.8	14.1%	32.80%	3.07%	46	17.4%	264.73	1,863.47	4,510.77	3.01
3945	スーパーバッグ	2,761	4.7	0.99	21.1%	26.50%	3.26%	90	15.3%	587.32	2,794.25	8,667.45	3.14
	平均値		9.4	0.8	8.8%	43.3%	3.41%		32.0%	285.3	3,370.9	6,223.4	2.47

04 業績安定性による スクリーニング

　ここからさらに業績の安定性によるスクリーニングを行います。

　過去の業績推移は未来を保証するものではありませんが、過去から現在までの軌跡は未来の傾向をある程度示してくれます。

　長期にわたって売上と利益が右肩上がりで成長してきた企業は、今後もその流れを継続する傾向にあります。

　業績安定性によるスクリーニングの基準は、以下の通りです。

- リーマンショック（2008年）・コロナショック（2020年）を含めて赤字がない。ただし、一度だけ赤字があっても長期・短期ともに業績が右肩上がりの企業は除外しない
- 長期（過去15年程度）にわたり業績が右肩上がりか、もしくは安定している
- 短期（過去3年）の業績が右肩上がりか、もしくは安定している

　例として、累進配当政策採用企業でここまでのスクリーニングをクリアしてきたSPK【7466】、アルファ【3434】の2社の業績推移グラフを比較してみましょう。

　それぞれ、売上高（棒線）、営業利益、経常利益、当期利益（折れ線）を表しています。

2社の業績推移の比較

ＳＰＫ【7466】の業績推移

（単位：百万円）

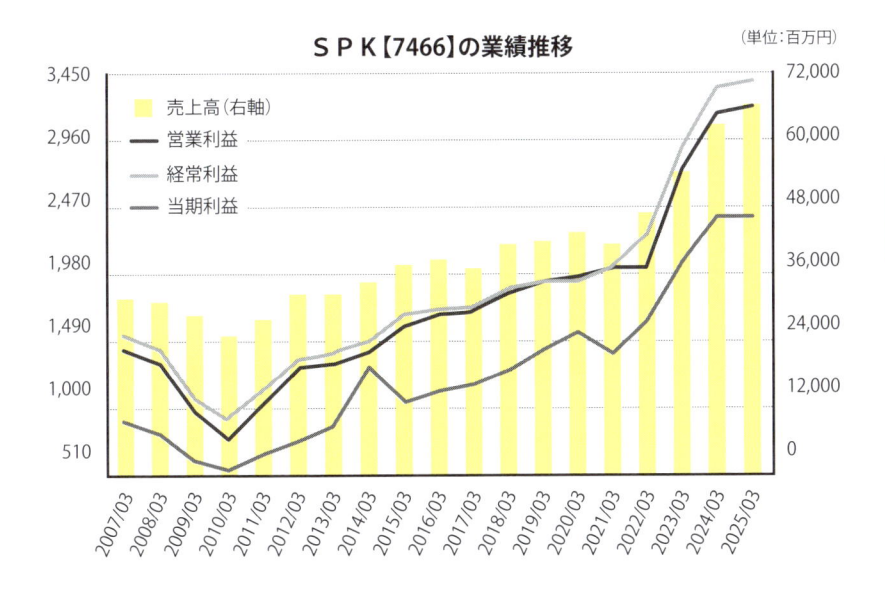

アルファ【3434】の業績推移

（単位：百万円）

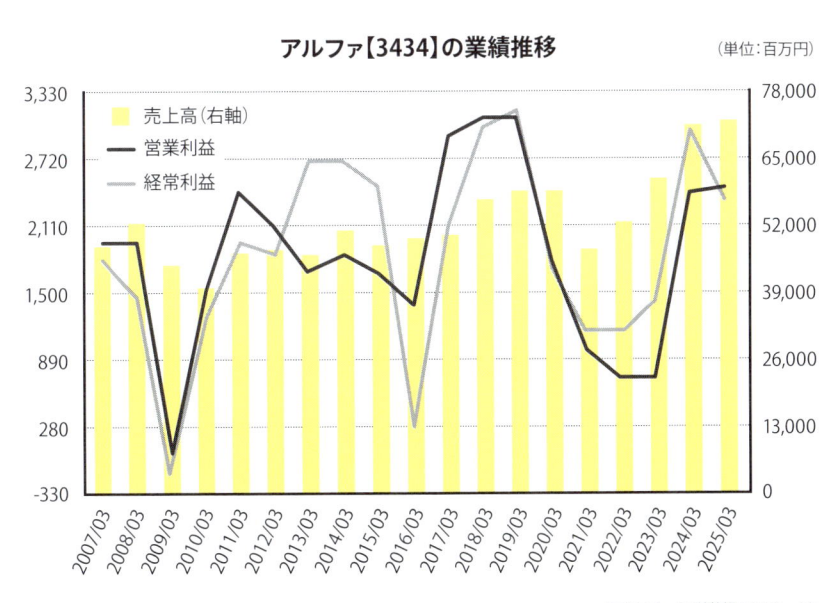

出典：マネックス社銘柄スカウターより

2つのグラフを見比べてみると、SPK【7466】は業績が安定しており、リーマンショックのときも赤字になっていません。

　しかし、アルファ【3434】は**業績に安定感がなく、業績不振で赤字に陥っている**年もあります。

　このアルファのような業績を残している銘柄は購入候補から除外していきます。

　本来であれば、次のステップとして、スクリーニングをクリアした銘柄の「過去の配当推移と配当政策」を確認し、今後の増配継続期待によるスクリーニング作業を行うのですが、今回は累進配当政策導入企業という時点で全社、今後の増配継続期待は高いと考えられるので、このスクリーニングはパスしています。

　ここまでのスクリーニング選定は初心者でもすぐにできる内容であり、こうして選定した銘柄で組んだポートフォリオでも**長期的に見るとTOPIXや日経平均を十分に上回る成績が期待**できます。

　実際に「連続増配宣言株PF」「DOE採用銘柄PF」「配当貴族」等はこの方法で銘柄を選定して好成績をあげています（P.272 ～ 297）。

　ここまでは過去の業績や財務指標、経済指標などのデータを使い企業や株式市場の状況を定量的に分析してきました。

　ただし、より高い成績を望むなら**スクリーニング選定だけでは不十分**です。さらに精度の高い分析をしなくてはなりません。

　それには深い定性分析が必要になります。定性分析とはその企業の競争力や業態の優位性など数字に表れない内容から成長力や将来性を判断する分析法です。

　次からは、銘柄分析の精度を高める深掘り分析を説明していきます。

一歩を踏み出す勇気（ヘムの就職活動篇）

　もう 30 年も前の話になりますが、22 歳の私は就職活動を始めます。元々起業志向があり、商社はビジネスを学ぶには最適な場所だと考え 5 大商社を志望。中でも A 社、B 社を強く志望するも、どちらも最終面接で落ちてしまいます。この時私は「3 年間の学生生活で社会で評価されるような何かを培ってこなかったのだな」と自覚しました。

　それでも A 社か B 社に就職したい、この穴は埋めなければならないという気持ちが強まり、就職浪人を決意し内定をいただいていた他社に断りの連絡を入れます。就職浪人中のベクトルを間違えたくないと思い、B 社に連絡をしたところ、最終面接の場にもいた人事部長さんが話を聞いてくれました。

　人事部長さんは「なぜ私が落ちたのか、最終面接のときにどう思ったのか、商社ではどういう人材を求めているのか」そんな話をしてくれました。結構遅い時間だったと思うのですが、1 時間以上にわたり色々話しました。その時にいただいたアドバイスで今でも覚えているのは「たくさんの本を読みなさい」と言われたことです。

　そんなこんなで「さあ就職浪人だ」となり、大学で休学の手続き方法を確認したりしていたら、同社の人事部から呼び出しの電話がありました。会社に行くと役員の方がいて最終面接、結果内定をいただきました。驚きですよね。でも人生では本当にこんなことがあるのです。

　今はわかりませんが、当時の商社の人事部にはそういう熱い部分と粋な部分があったのです。同社を退社して 20 年以上になる今でも感謝しています。

　人生には覚悟を決めることで道が開けることもあるのですね。あの時、就職浪人をしたとしてもきっと私は「大きな何か」をつかんだでしょう。つまり結果オーライだったわけではなく、あの決断自体が良かったのだと思っています。一歩を踏み出すことに価値があったのだと。

05 精度を上げる定性分析

　定性分析で私が特に重視しているのは**競争優位性、参入障壁、マーケット面から見た拡大余地**です。

　競争優位性の判断基準はコスト競争力、ブランド価値、独自の技術力、品質、デザイン力など数え上げればきりがありません。私はその会社が**他社に比べて「〇〇が強い」とはっきりと言える**何かがあり、**その強みが利益に直結する**ことを基準にしています。

　また、その強みは**他社に容易に真似ができない、参入障壁が高い**ことが必要です。簡単に真似されるようなら、将来その強みは消失してしまいます。

　マーケット面での拡大余地も重要です。すでにマーケットでのシェアが7割ならシェアを拡大できる余地は小さいですが、ローカルエリアで活躍していて全国シェアが1割程度の企業であれば、まだまだ拡大余地があります。

　確立された競争優位性を持ち、シェア拡大の余地がある企業は成長が継続していく可能性が高く投資対象として十分な魅力があると思います。

深掘り分析のステップ

　ここまでスクリーニングを経て残った企業を、一つ一つ以下の手順で分析していきます。 この深掘り分析が理解できれば私の銘柄分析手法のほぼ全てを理解したと考えられます。 少し難しいかもしれませんが、ゆっくり読み進めれば必ず理解できますので頑張ってくださいね。

① 企業規模、割安度、資本効率性、財務健全性の確認
② 業容とビジネスモデルの簡単な確認
③ 過去の業績推移の確認
④ 財務状況の確認（BSの推移）
⑤ 配当状況と配当政策の確認と増配見込みの考察
⑥ 自社株買い実績の確認
⑦ 株主構成の確認
⑧ 競争優位性＆事業継続性＆参入障壁＆EPSの成長性等の考察
⑨ 簡易理論株価による割安度の確認（安全域の確認）
⑩ 「資産価値を含めた PER（買収者視点による割安度）」の確認
⑪ 5年後＆10年後シミュレーションによる将来の割安度と増配確度の予想
⑫ 具体的なカタリストの予想
⑬ 銘柄分析のまとめ

　①〜⑧は、バリュー投資家の中上級者であれば誰でも行うような分析ですが、重要なのは⑨〜⑪の分析です。 これらを丁寧に実施していくことにより、バリュー投資の分析のど真ん中とも言える「α（企業の本質的価値と株価の差）」をかなり具体的にイメージできるようになります。

　⑩「資産価値を含めた PER（買収者視点による割安度）」について
は、説明が必要になるので、ここで簡単に説明します。
　「資産価値を含めた PER（買収者視点による割安度）」は投資家清原
達郎氏が著書『わが投資術』（講談社刊）で紹介した清原氏独自の考え方
に基づく指標である「キャッシュニュートラル PER」に非常に近い概
念です。

　PERはある企業を買収したら、「何年分の純利益で元本を回収できる
か」という指標です。例えば純利益が500万円、時価総額5000万円の
企業を買収すれば10年で回収できます。「PER10」とはこのような意
味を表しています。

　「資産価値を含めた PER」は買収した企業が蓄積した資産（ネット
キャッシュ）を考慮して、何年で元本を回収できるかを表す指標です。
純利益500万円、時価総額5,000万円の企業でネットキャッシュが1,000
万円あれば買収した時点で1,000万円が手に入りますから、4,000万円
を回収すればいいわけです。すると8年あれば回収可能です。ですか
ら「資産価値を含めた PER」は8倍になります。

　「資産価値を含めた PER」は企業買収の視点から算出した指標なの
で、この指標から割安と判断できれば、TOB/MBO が期待できる銘柄
やアクティビストの登場が期待できる銘柄の選定にもつながります。
　私は「資産価値を含めた PER」5倍以下を割安の基準としています。

　ここで清原達郎氏の「キャッシュニュートラル PER」と私の「資産
価値を含めた PER」の違いを説明しておきます。
　買収時に何年で投下資金を回収できるかという視点は同じなのです

が、ネットキャッシュの計算方法が異なっています。

　私はネットキャッシュを「流動資産＋投資用有価証券−総負債」で計算していましたが、清原達郎氏は「流動資産＋（投資用有価証券×70％）−総負債」で計算しています。

　清原氏は「投資有価証券の価格は購入価格より値上がりしていることが多く、売却時の税金を加味すべき」と考え投資用有価証券の評価額を70％にしています。

　昨今の株高で企業の投資用有価証券は含み益が大きくなっていることから、私も清原氏の計算式の方がより実情に近いと考え2024年5月以降は「資産価値を含めたPER（買収者視点による割安度)」でネットキャッシュを求める際には「投資用有価証券」を70％で評価するようにしています。

> ＊）ヘム式ネットキャッシュ
> 通常ネットキャッシュは手元流動性（現金・預金＋有価証券）から有利子負債を差し引いた金額で求めますが、私の場合は売掛金や在庫等を含めた流動資産に有価証券（70％で評価）を加え総負債を差し引いて求めています。
> こちらの方が計算がはるかに楽で、かつ事業の継続性を考えるとこの方法で求めた数値をネットキャッシュと考えても問題がないと判断しているからです。

◆ ⑪ 5年後、10年後シミュレーションによる将来の割安度と　増配確度の予想について

　次に⑪の「5年後＆10年後シミュレーション」についても簡単に説明しておきます。

　EPSの成長性と配当政策を仮定すると、5年後や10年後のPER、

PBR、配当利回り、理論株価をシミュレーションできるようになります。

　詳細は銘柄分析の具体例を見た方がわかりやすいのでそこで理解してもらえればと思います。

　この分析手法を身に付けると、**安全域が大きく、時の流れを味方につけられるような投資**ができるようになります。

　何度も繰り返しになりますが、私の投資手法の骨格は「企業の本質的価値と株価の差」つまり「a」を見つけることと、その「a」の解消ストーリーを見つけることです。

　「a」を精度の高い形で見つけるために、
⑨簡易理論株価による安全域の確認
⑩資産価値を含めて真の PER（買収者視点による割安度）
⑪5年後＆10年後シミュレーションによる将来の割安度と増配確度の予想

　から、割安度を多面的に評価する方法を重視しているのです。

　銘柄によって多少重視する点が変わってきますが、おおむね①〜⑬が深掘りの投資分析の流れです。

銘柄分析の流れを理解しよう

　ここまでの説明だけではわかりにくいと思いますので、ここからは具体的な銘柄分析を通じて説明していきます。以下は私が2023年5月にコンドーテック【7438】の購入を決めた当時の実際の分析です。※データは全て2023年5月の分析時点。

◆ ① 企業規模、割安度、資本効率性、財務健全性の確認

　まずは、表面的な指標の確認を行います。

- 企業規模　：時価総額283億円と超小型株に分類
- 割安度　　：PER9.44／PBR0.87／MIX係数8.21と割安
- 資本効率性：ROE（実）7.72%／（予）9.23%と稼ぐ力も一定程度あり
- 財務健全性：自己資本比率53.8%と好財務

　＊）MIX係数とは、PBR×PERで算出する株価の割安度を測る指標です。MIX係数の提唱者でもある米国の著名投資家ベンジャミン・グレアムはMIX係数22.5以下で割安としていますが、日本には割安企業が多いことから私はMIX係数12以下を割安基準としています。

◆ ② 業容とビジネスモデルの簡単な確認

　次に、大まかな業容を確認します。詳細は⑧で分析します。
　コンドーテックは1947年創業の産業資材商社兼メーカーで、産業資材大手の企業です。足場吊りチェーン、結合金具、鉄構資材等の仕入れ販売、自社製品の開発も行っている企業で、ビジネスは　a）産業資材　b）鉄構資材　c）電設資材　d）足場工事の4本柱があることがわかります。

◆ ③ 過去の業績推移の確認

続いて、過去の業績推移を確認します。

売上・利益共に長期で右肩上がりです。
過去10年の売上の平均成長率は 6.25％、経常利益の平均成長率は
5.18％、リーマン期・コロナ期を含めて黒字を確保。
黒字継続で安定性があります。

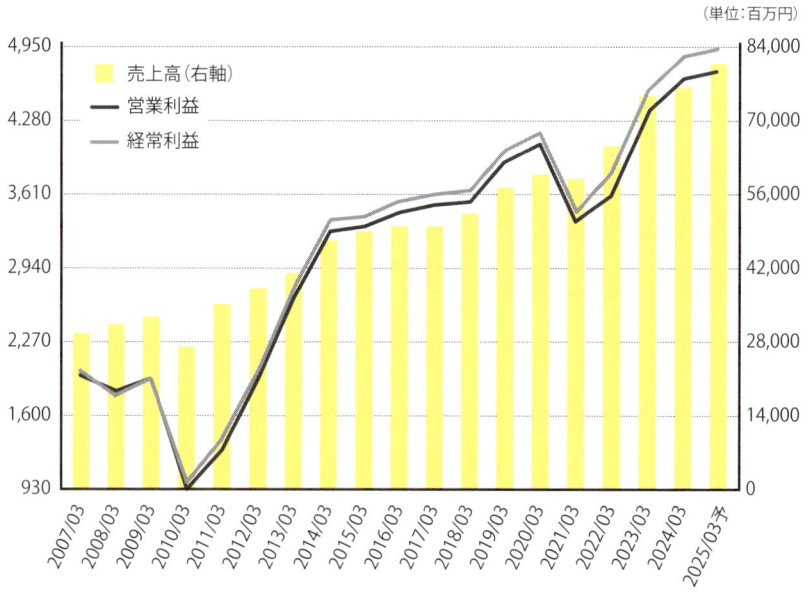

出典：マネックス社 銘柄スカウターより

◆ ④ 財務状況の確認（BSの推移）

次に財務諸表を確認します。

自己資本比率53.8%と好財務で毎期、自己資本を積み上げていることがわかります。

同社はDOE採用銘柄なので自己資本の積み上げは増配につながると考えます。

財務の推移では自己資本（資産価値）が毎期積み上がっているかを主に確認します。企業の本質的価値は「資産価値＋事業価値」です。

そこで、資産価値が毎期積み上がる会社は事業価値が変わらなくても企業の本質的価値が上昇することになります。

(単位：百万円)

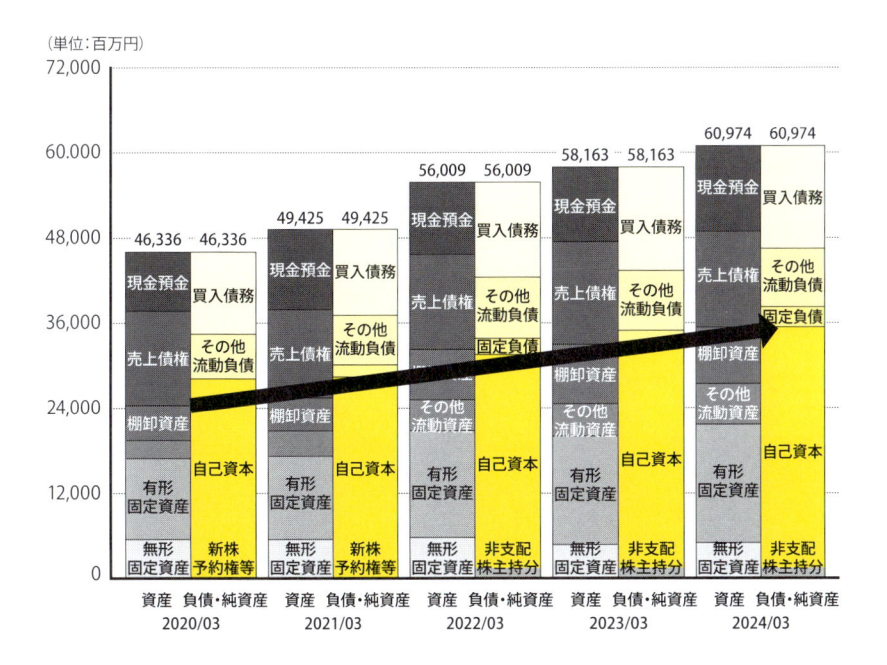

◆ ⑤ 配当状況と配当政策の確認と増配見込みの考察

・配当状況

　株価1,074円、配当予想40円、予想配当利回り3.72％、配当性向は35.1％です。 配当利回りが3.72％と高くかつ配当性向35.1％と増配余力も十分です。

・配当政策

　2023年5月12日にDOE2.5％目標からDOE4.0％に引き上げました。長期にわたり業績が右肩上がりで毎期自己資本を積み上げていることから、DOE目標引き上げと自己資本積み上げの両輪で増配が期待されます。 具体的な増配見込みは「⑪5年後＆10年後シミュレーション」で確認していきます。

・過去の配当推移

　これまでにPER、PBRなどで割安度を確認していますが、これらの指標には株主還元（配当・自社株買い）の情報が加味されていません。

　いくら割安でも、企業の本質的価値が株主に還元されなくては意味がありません。 銘柄分析では**割安度と株主還元姿勢をセットで評価**することが大切です。

　コンドーテックの場合は、配当金の推移が右肩上がりですので、候補に値すると考えました。

　株主還元姿勢の判断基準として最も重要な要素が「配当」と「自社株買い」です。 企業の還元姿勢が強化されると「その企業の本質的価値が株主に帰属していること」への市場の信頼度が高まるので、株価が上昇するのだと考えられます。

　さらに、同社は株主優待も実施しています。 優待内容はカタログギフトで保有株数に応じて優待ポイントを授与し、ポイントにより商品と

コンドーテック　配当金推移

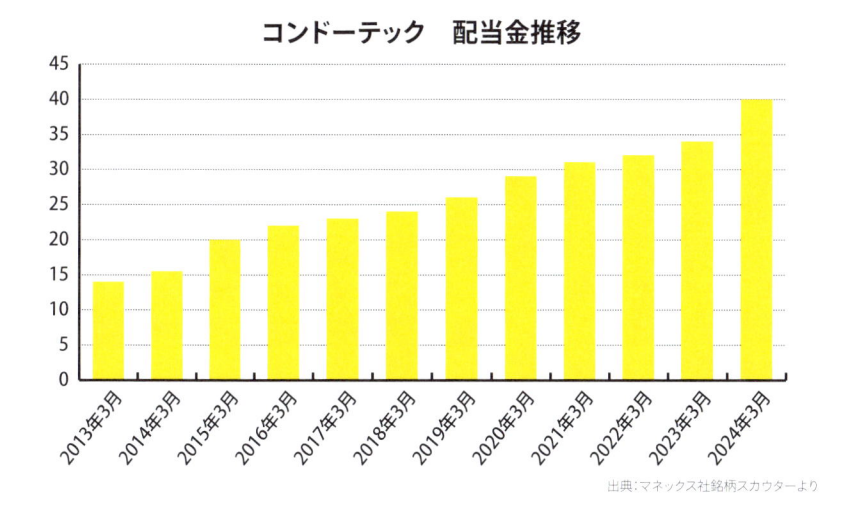

交換できます。1,000株保有時に10,000ポイントと優待利回りが最高になり、その際の優待利回りは0.93％です。

　同社の説明では1ポイント1円ですが、カタログ内容から感覚的には1ポイント0.5円程度なので優待利回りは0.47％と考えるのが妥当でしょう。すると1,000株保有時の優待配当利回りは配当3.72％＋0.47％＝4.19％となります。

◆ ⑥　自社株買い実績の確認

　過去10年で3回の自社株買いの実績があり、直近の2022年3月期は総発行株式数の約2.95％の自社株買いを実施しています。

　DOE採用、DOE基準の引き上げ、株主優待の実施、自社株買いの実施から還元姿勢の強い企業と判断できます。※自社株買いについてはP.66。

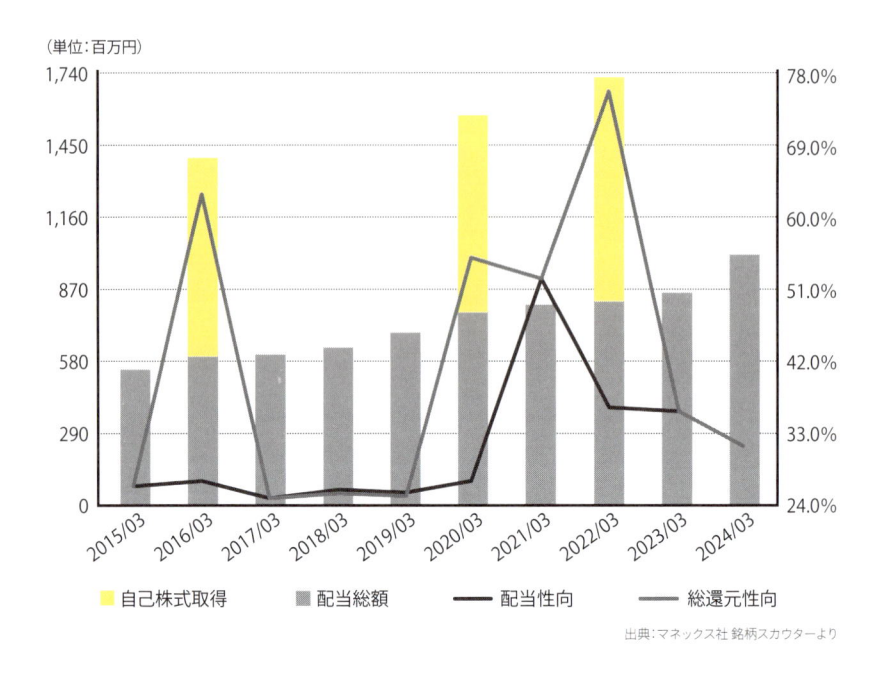

（単位：百万円）

凡例：
■ 自己株式取得　■ 配当総額　― 配当性向　― 総還元性向

出典：マネックス社 銘柄スカウターより

◆ ⑦ 株主構成の確認

　株主構成を見て、TOBやアクティビスト（物言う投資家）の登場に
期待が持てるかを確認します。

　<mark>割安な企業で大株主の株式保有比率が 40％以上などと高ければ、大株
主による TOB が期待</mark>できます。 また、その大株主に過去TOBの実績が
あればさらに大きな期待が持てます。

　ほかにも、**初めてアクティビストが大株主欄に登場してきた銘柄**など
も注目に値します。 アクティビストが企業にプレッシャーをかけ、増
配など株主還元強化に動き出す可能性があるからです。

　このように<mark>大株主欄には株価上昇のカタリストのヒントが多く隠され
ています。</mark>コンドーテックでは大株主3位に BBH フィデリティロープ

ライスドストックＦが入っていますが、ほかに目立った株主は見当たらず、株主還元も積極的に行っているのでアクティビストの登場は期待が薄いと推測しました。

◆ ⑧ 競争優位性＆事業継続性＆参入障壁＆EPSの成長性等の考察

　この分析の主目的は今後のEPSの成長性を予測することです。

　過去の業績が安定していたり、ニッチトップであったりと比較的業績予想が簡単な銘柄を選定すると分析の精度が上がり、長期ではパフォーマンスの向上につながると考えられます。

　簡単ではありませんが、業績予想の難しい企業で高精度の分析ができると大きな成果を得られます。

　コンドーテックの場合、利益構成の54％を占める産業資材部門はニッチな工具を5万点以上扱っています。これほど多くの種類を扱っているのは国内唯一。利益構成の39％を占める鉄構資材部門には自社製品が多く利益率が高いのが特徴です。

　この分野は寡占市場で今後、営業所の全国開設などを行っていけば売上・利益の拡大が期待できます。

　このように主要2部門には「競争優位性」と「参入障壁」があると考えました。

　また、2019年より足場工事の会社を3社買収。今後10年で建造物の老朽化による改修工事が進むと思われ、工事に必要な足場部門の成長期待もあります。

　以上から、今後も中長期にわたり安定的に年率5％以上の成長率を維持すると判断しました。

◆ ⑨ 簡易理論株価による割安度の確認 （安全域の確認）

　ここからは再び数字的な分析に入ります。 簡易理論株価を計算し、その数値から安全域を割り出します。

> 同社の簡易理論株価／
> （BPS 1,228） ＋ （EPS 113.82 × 12年分） ＝ 2,594円
> 同社の株価／ 1,074円
> 安全域／ 2,594円 ÷ 1,074円 ＝ 2.42倍

　③で同社には一定程度の成長率があると判断できました。

　また、定性分析からも、同社はビジネスモデルが強固で今後長期にわたり年間成長率5％程度を確保できるだろうと考え、事業価値は EPS × 12年分としました。 簡易理論株価から安全域を割り出すと 2.42倍で、私の基準である 2倍以上を満たしていました。

・簡易理論株価の弱点

　ここで、簡易理論株価の弱点を 2つお伝えしておきます。

　一つは資産価値を BPSと定義していることです。 同じ BPSでも資産の多くを機械等の設備で占める企業と、固定資産がほとんどなくキャッシュリッチの企業ではその資産価値は異なります。

　その弱点を補うために次項の 「資産価値を含めた PER（買収者視点による割安度）の確認」 からも割安度を評価し多面的に割安度を評価しています。

　もう一つは、「理論株価」 や 「資産価値を含めた PER」 には企業の還元姿勢が含まれていない点です。

　同じ安全域 （理論株価と株価の差） が 2倍でも、企業の株主還元姿勢により評価は変わってきます。 そこで 「理論株価による安全域の大きさ」 「資産価値を含めた PER」 「株主還元姿勢」 「5年後＆10年後シミュレーション」 などからの多面的な評価が必要になるのです。

◆ ⑩ 「資産価値を含めた PER (買収者視点による割安度)」の確認

次に、資産価値を含めた PER を算出して多面的に割安度を把握します。 なお、先に説明したように、私が同社を分析した 2023 年 5 月時点ではネットキャッシュの計算の際に投資有価証券の評価額を 100% で計算していましたが、清原氏の書籍を見て 2024 年 5 月以降は投資有価証券を 70% で評価するようにしました。 これ以降では読者の皆様を混乱させないために、より正しい方法と思われる分析方法で説明した方が良いと考え、投資用有価証券を 70% で評価する前提へと修正しています。

「資産価値を含めた PER (買収者視点による割安度)」は以下の計算式で求めます。

> 「資産価値を含めた PER (買収者視点による割安度)」
> ＝ (調整後の時価総額ーネットキャッシュ) ÷当期純利益

最初に「流動資産＋投資用有価証券×70％－総負債」でネットキャッシュを求めます。 有価証券に 70％ を掛けているのは売却時の税負担を考慮しているからです。

コンドーテックの流動資産は 374 億円、投資用有価証券は 3.3 億円、総負債は 249 億円であることから求められるヘム式ネットキャッシュは以下の通りです。

> ・374億円＋ (3.3億円×70％) － 249億円＝127億円

次に、コンドーテックを買い占める＝自社保有株以外を買い占めるのに必要な金額を計算します。

同社の時価総額は 283 億円、自社株保有比率は 3.28％ですから、計算式は次のようになります。

　以上を整理すると同社を買収するのに必要な金額は274億円。一方同社を買収した瞬間にネットキャッシュ127億円が手に入ると考えられます。ここから同社を買収するのに必要な金額の実質は274億円－127億円＝147億円と考えられます。

　ここからさらに、その147億円を回収するには、どのくらいの時間が掛かるかを計算します。同社の今期の当期純利益予想は29億円なので、計算式は以下の通り。

> 「資産価値を含めたPER（買収者視点による割安度）」
> （時価総額274億円－ネットキャッシュ127億円）÷当期純利益29億円＝5.07年

　つまり、コンドーテックは、買収に必要だった実質的金額の147億円を5.07年分の利益で回収できる計算になります。
　私の「資産価値を含めたPER（買収者視点による割安度）」の選定基準は5年以内ですが、成長性、配当政策等を考慮すると充分に割安と判断しました。

◆ ⑪ 5年後＆10年後シミュレーションによる将来の割安度と増配確度の予想

　ここからさらに、未来の予測を立てていきます。EPSの成長率と配当政策（DOE基準または配当性向）を仮定し、5年後、10年後のEPS／BPS／PER／PBR／配当／配当利回り／配当性向をシミュレーションしていくのです。

シミュレーションをする前に確認しておかなければならないのは、**EPSの予想成長率とDOEあるいは配当性向のパーセンテージ**です。

　まず、今後のEPS成長期待は③の過去の業績推移と、⑧の競合優位性などの分析から、5%と判断しました。

　DOEのパーセンテージについては、今後、DOEを4%まで引き上げると公表しているため、2023年度3.16%のDOEを2028年3月期まで段階的に4.0%に引き上げると仮定して5年後＆10年後シミュレーションを実施していきます。自社株買いはゼロという前提です。
　実際の当時のシミュレーションが以下の表です。

コンドーテック　2023年5月の分析

前提条件①　2024年3月期以降 年間EPS予想成長率5％
前提条件②　今期予想DOE3.17%を2028年3月期までに段階的に引き上げ4.0%とする

	単位	2024	2025	2026	2027	2028	2029	2030	2031	2032	2033
株価	円	1074	1074	1074	1074	1074	1074	1074	1074	1074	1074
PER	倍	11.34	9.44	8.99	8.56	8.15	7.76	7.39	7.04	6.71	6.39	6.08
EPS	円	94.8	113.8	119.5	125.5	131.8	138.3	145.3	152.5	160.2	168.2	176.6
PBR	倍	0.87	0.82	0.77	0.73	0.69	0.66	0.63	0.60	0.57	0.54	0.52
BPS	円	1228	1308	1387	1467	1547	1628	1710	1796	1886	1981	2080
DOE	%	2.83%	3.16%	3.40%	3.60%	3.80%	4.00%	4.00%	4.00%	4.00%	4.00%	4.00%
配当	円	34	40	46	51	57	64	67	70	74	77	81
配当利回り		3.17%	3.72%	4.27%	4.78%	5.33%	5.91%	6.22%	6.53%	6.86%	7.20%	7.56%

株価　　　　1074円で固定
PER　　　　株価　÷　EPS（予想）
PBR　　　　株価　÷　BPS（今期）
BPS　　　　前年度BPS　＋　EPS　－　前年度配当　（前期に決定された配当が今期に支払われるため）
　　　　　　＊自己株買いは0との前提。自己株買い実施は原則プラスなので保守的なシミュレーションと考える
配当金　　　（前年度BPS＋今年度BPS）　÷　2　x　DOE
　　　　　　＊厳密には純資産ではなく株主資本から計算する必要があるが簡易的にBPSで計算

　5年後にPER7.76、PBR0.66、配当利回り5.91%となることがわかります。このような割安、高配当銘柄を市場が放置するはずはなく、買い上げられるとの予想まで可能になります。

5年後の株価は、配当利回り3.5%程度となる1,814円辺りが妥当と想定すると、買値に対する配当利回りは5.91%、含み益は＋68.9%です。

　10年後の予想PER6.08、予想配当利回り7.56%から考えると株価は2倍くらいに上昇していて、受取配当を合わせると2.5倍くらいのリターンがあると判断できます。

　なお、表はDOE採用の場合です。配当政策が配当性向の場合については、次項の北興化学の分析の際に例示します。

　このシミュレーション表は一度自分で作成することをおすすめします。図の中に計算式まで入れておきましたので、各指標に当てはめて実践してみてください。
　将来のEPS／BPS／PER／PBR／配当／配当利回り／配当性向を把握できれば分析の精度は大きく向上しますし、一度エクセルの計算式を作ってしまえば、後は簡単に確認できるようになります。

　話が少しそれましたが、続いて、5年後＆10年後の簡易理論株価を計算しました。計算式はBPS＋EPS×12。結果は以下の通りです。

・2023年の理論株価　2,594円
・5年後の理論株価　3,288円
・10年後の理論株価　4,119円

　5年後の安全域は株価が変わらずの場合は3,288円÷1,074円＝3.06倍、10年後の安全域は3.83倍になる予想が立てられます。

　このように、時の経過と共に理論株価が上昇し安全域が広がっていく銘柄に投資すれば、時間を味方につけることができるのです。

◆ ⑫ 具体的なカタリストの予想

　最後に、バリュートラップに掛からないためのカタリストを探します。 同社のカタリスト候補は増配です。 DOE採用で業績は安定的に成長しており、毎期自己資本を積み上げています。 ⑪の結果からも増配継続確度は非常に高いと判断しました。

　バリュー投資の際には、**カタリストが具体的にイメージできる銘柄**を選択することも非常に重要です。

◆ ⑬ 銘柄分析のまとめ

　最後に①〜⑫の要点をまとめて判断しますが、最終的には**「割安度」**と**「実現可能なカタリストの有無」**によって決定します。

　同社は安全域や資産価値を含めたPERから割安。 事業内容には競争優位性、参入障壁があり、今後の安定的な成長性も期待できます。 株主還元姿勢も強く、配当政策も魅力的で、今後の増配継続確度は高い。 以上と5年後＆10年後シミュレーションからインカムゲイン、キャピタルゲインの両者が狙えると判断しました。

　以上が、「深掘り分析」の全容です。 具体的な銘柄分析を通じて説明したので、随分イメージが湧いたのではないでしょうか？

　深掘り分析では色々な分析を行いますが、要は**「α」の大きさと、「α」の解消見込みを分析している**ことを忘れないようにしてくださいね。

　「深掘り分析」の方法をさらに定着させるために、ほかの銘柄の具体例をもう2パターン、紹介しておきます。 これでがっちりと固めてしまいましょう。

銘柄分析の具体例　その1

　次は、北興化学という化学メーカーの具体的な分析例を取り上げます。先ほどのコンドーテックと少し違うのは、同社がDOEではなく配当性向を配当政策に採用しているところです。

　DOE採用銘柄と配当性向採用銘柄では5年後＆10年後シミュレーションの計算式が少し変わってきますので、その辺りを注意して見てもらえればと思います。

　北興化学工業【4992】は農薬とファインケミカルの化学メーカーで、2023年11月に購入しました。※データは全て2023年11月の分析時点。

　きっかけは投資仲間がX上で同社をすすめているのを見たことでした。同社が野村マイクロ・サイエンス【6254】（以下野村MS）の筆頭株主で野村MSの株が急騰しているので買い時だという内容です。先に触れた、人から聞いた話で調べてみたら、面白かった銘柄の一例です。

◆ ① 企業規模、割安度、資本効率性、財務健全性の確認

・企業規模　　：時価総額276億円と超小型株に分類
・割安度　　　：PER6.61 ／ PBR0.66 ／ MIX係数4.36と割安
・資本効率性：ROE（実）11.02%／（予）9.01%と稼ぐ力も一定程度あり
・財務健全性：自己資本比率66.4%と好財務

◆ ② 業容とビジネスモデルの簡単な確認

　農薬事業とファインケミカル事業を柱としている化学メーカー。農薬事業が売上の約57%を占めていますが、利益面ではわずか1.5%で、売上高構成比約38%のファインケミカル事業が、利益の約96%と大半を稼ぎ出しています。

　ファインケミカル事業の利益率は約24%と高く、競争力の裏付けと

考えました。ファインケミカルの用途は樹脂分野、電子材料分野、医農薬分野と多岐にわたっています。このように一部の用途に偏っていないことは業績の安定につながり安心感があります。

◆ ③ 過去の業績推移の確認

リーマンショック後の2009年は赤字ですが、その後利益は右肩上がりに成長しています。売上の成長力がやや低めだったので調べてみると、利益率の低い農薬事業の売上が減少傾向で、利益率の高いファインケミカル事業が売上を伸ばしているため、結果として全社の売上は微増でも利益は大きく成長してきたというのが過去の推移です。

・過去10年の売上高の平均成長率　　　年間1.18%
・過去10年の経常利益の平均成長率　　年間23.68%

この時点でこれだけ成長率が高く、割安、しかも保有株式が急騰中というカタリスト要因があるのですから、これは株価上昇が期待できるお宝銘柄かもしれないと考え始めました。

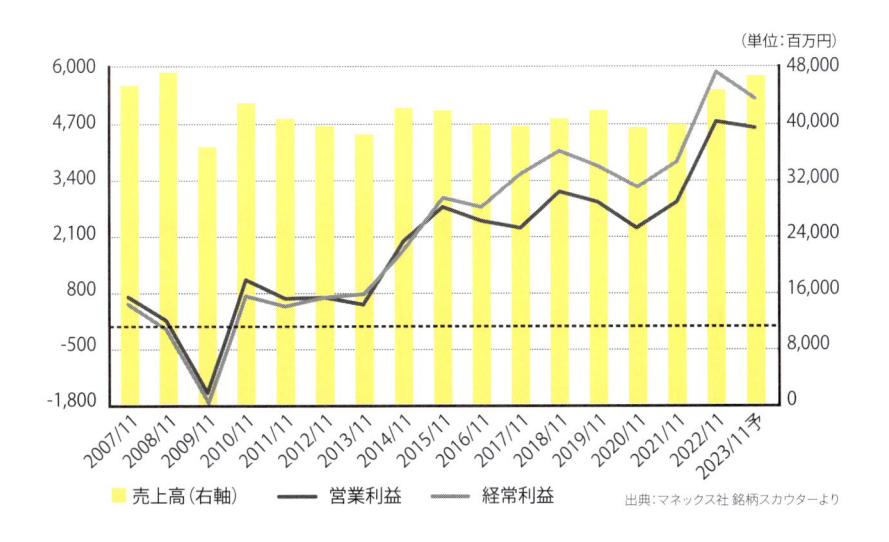

（単位：百万円）

凡例：
■ 売上高(右軸)　　　━ 営業利益　　　━ 経常利益

出典：マネックス社 銘柄スカウターより

◆ ④ 財務状況の確認（BSの推移）

　毎年自己資本を綺麗に積み上げています。 事業の継続や成長のために常に設備投資が必要な事業ではなかなかお金が貯まりません。 同社は、メーカーでありながら、機械の新規導入などの設備投資が必要な有形固定資産の比率が大きすぎない点に好感が持てます。

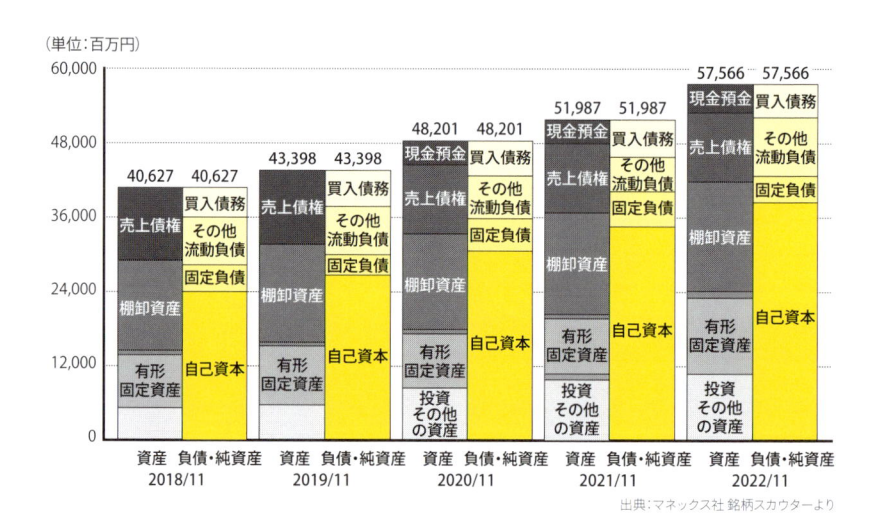

出典：マネックス社 銘柄スカウターより

◆ ⑤ 配当状況と配当政策の確認と増配見込みの考察
◆ ⑥ 自社株買い実績の確認

　ここでは⑤の配当関係の分析と⑥の自社株買い実績の分析をまとめて行います。

　配当性向、DOE、累進配当のいずれも不採用です。 株式購入を考えた時点で配当利回りは2.6%、配当性向は17.11%、9年連続増配中でした。 過去10年では2017年に約3億円、総発行株式数の約1.7%に当たる自社株買いを実施しています。

　PBR0.66と割安評価でありながら配当性向は17.11%と極めて還元姿

勢が低く、PBRが0.66と1倍を大幅に下回っているにもかかわらず、東証大号令への対応策は未開示です。これは、開示の際に配当政策の変更や大幅増配に期待がもてると考えました。

　また利益を生んでいない「農薬事業」、多額の含み益がある政策保有株の存在から、企業価値向上を提案するアクティビストの参入もあるかもしれないと考え、株主構成に興味を覚えました。

北興化学の配当推移

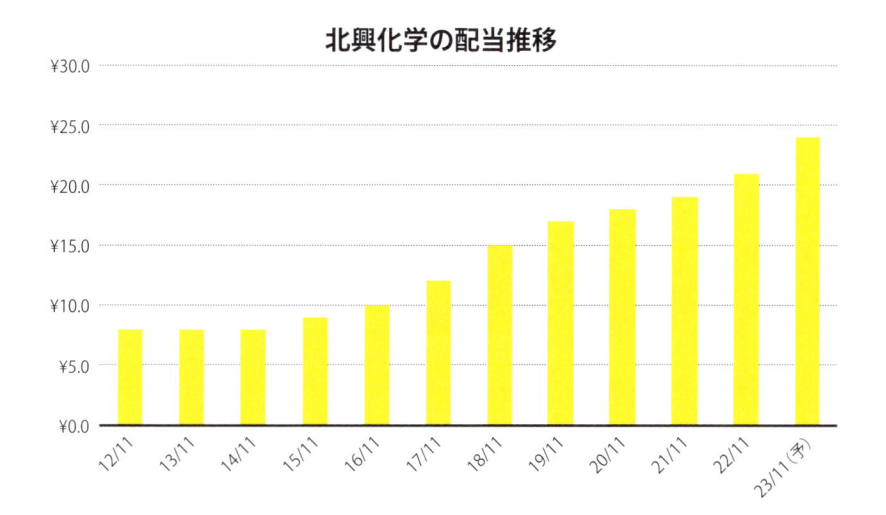

◆ ⑦　株主構成の確認

　1位は自社株で9.6％、3位に野村殖産、10位に野村ホールディングスと野村色が強い構成です。
　創業が「野村鉱業」から分離独立した旧野村財閥系企業であるというのがその理由のようです。BNP PARIBAが前年から8位に登場していましたが、私には同社はアクティビストというイメージがありませんでした。

利益の95％以上をファインケミカル事業が稼ぎ出しており、同事業の利益率は24％以上あります。 これ自体が競争優位性を持っている証だと判断できます。

ファインケミカル事業は各種化合物の生成に利用されるグリニャール反応をキーテクノロジーとして成長してきました。 グリニャール反応は工業ベースで管理するのが難しく、ここが参入障壁と言えます。

ファインケミカル事業最大の顧客が信越化学であることも、高い技術力の証で競争優位性も有していると判断しました。

◆ ⑨ 簡易理論株価による割安度の確認（安全域の確認）

割安度をより深く調査するために理論株価と「資産価値を含めたPER（買収者視点による割安度）」を調べたいのですが、この銘柄の場合は、その前に上記の計算にも影響を及ぼす同社の保有株式の含み益について調査しました。

同社は野村MSの筆頭株主で、その保有比率は10.8％です。 野村MSの株価は前期末4,705円でしたが、2023年11月10日には8,570円に上昇。 期中に保有株の評価額が42.5億円上昇したことになります。

北興化学の時価総額は276億円、2022年11月期の当期純利益が42億円ですから、決して小さな額ではありません。

同社は野村MSの株を2010年には110万株保有していました。 その時点の野村MSの株価は700円程度。 同社の取得価額はこれより低いはずです。 ここからの含み益は少なくとも86億円あります。

つまり売却時はPL（損益計算書）に86億円の利益が乗ることになります。

ここから、簡易理論株価を割り出していきます。

過去10年の経常利益の平均成長率が20％以上と高いのですが、今後の成長期待はやや保守的に「当面年率10％程度」と考え、事業価値はEPS×15年分としました。

簡易理論株価＝（BPS 1,412）＋（EPS 140×15年分）＝3,512円
分析を行っている当時の株価は928円です。
安全域は3,512円÷928円＝3.78倍で極めて割安な状態で、安全域2倍以上を十分に満たしています。安全域3倍以上は非常に魅力的な投資対象と言えます。

上記の資産価値は保有株である野村MSの評価額アップを含んでいません。評価額の42.5億円の上昇を加味すると理論株価は約157円押し上げられます（42.5億円を総発行株式数29,985,531から同社が保有する自社株2,904,300を除いた27,081,231で割って求めています）。

ここから野村MSの含み益を加味した理論株価は以下となります。

簡易理論株価 3,512円＋157円＝3,669円

この場合の安全域は**3,669円÷928円＝3.95倍**と4倍近い値になります。

企業の本質的価値と株価の差である「α」は極めて大きい状態でした。保守的にEPSの成長率を0として事業価値をEPS10年分と見た場合でも安全域は3倍以上と私の基準を十分に満たしています。

◆ ⑩「資産価値を含めた PER（買収者視点による割安度）」の確認

　多面的に割安度を把握するために「資産価値を含めた PER（買収者視点による割安度）」を計算します。

・流動資産　347億円
・投資有価証券
　98億円＋今期の野村 MS 評価額上昇分 42.5億円＝140.5億円
・総負債　　193億円

　上記からヘム式ネットキャッシュを求めます。ここでは野村 MS の今期の評価額 UP 42.5億円を加味して計算しています。

　347億円＋（140.5億円×70%）－193億円＝252億円

・時価総額　　276億円
・自社株保有比率　9.68%
　今の株価で買収すると仮定すると、
　276億円×（100%－自社株 9.68%）＝249億円必要
・今期純利益予想　38億円

　2023年11月の株価で買収するには249億円必要ですが、買収と同時に252億円のネットキャッシュが入ると考えられます。
　つまり買収した瞬間に3億円のお釣りがくる極めて割安な状態です。
　一方、今期純利益予想は38億円。業績は長期にわたり右肩上がりで成長しています。もはや理屈では説明できないほど割安な状態です。

◆ ⑪ 5年後&10年後シミュレーションによる将来の割安度と増配確度の予想

以下の前提条件のもと、シミュレーションしました。

【前提条件①】

過去10年の経常利益の平均成長率が年間23.68％、今後低利益率の農薬部門から高利益率のファインケミカル部門へのシフトが進むことから、年間成長率を5％（インフレ率2％＋成長率3％）と仮定。これは保守的な数字です。

> ※なお、理論株価を求める際には同社の利益の年間成長率を当面10％としましたがここでは5％としています。5年後&10年後シミュレーションは長期にわたり成長率を維持する必要性があるため、より保守的に成長率を見るようにしています。どれだけ保守的に見るかは、ビジネスモデルからの成長性の継続期待を加味して決めています。

【前提条件②】

配当性向は購入を考えた時点で16％と極めて低還元です。

PBR0.66倍と1倍を大きく割れており、株価が低迷していること、東証大号令への対応は未開示であること等から判断して今後は年間配当性向が1％ずつ上昇して、2034年には配当性向が26％になると仮定しました。

直近の全上場企業の配当性向の平均が35％前後であるので、無理のない前提だと思います。

以下がシミュレーション結果です。

	単位	2024.3	2025.3	2026.3	2027.3	2028.3	2029.3	2030.3	2031.3	2032.3	2033.3	2034.3
株価	円	928	928	928	928	928	928	928	928	928	928	928
PER	倍	5.96	6.61	6.30	6.00	5.71	5.44	5.18	4.94	4.70	4.48	4.26
EPS	円	155.6	140.3	147.3	154.7	162.4	170.5	179.1	188.0	197.4	207.3	217.7
PBR	倍	0.66	0.61	0.56	0.52	0.48	0.45	0.42	0.40	0.37	0.35	0.33
BPS	円	1412	1531	1655	1783	1916	2054	2197	2346	2500	2660	2826
配当性向	%	13%	17%	18%	19%	20%	21%	22%	23%	24%	25%	26%
配当	円	21	24	27	29	32	36	39	43	47	52	57
配当利回り		2.26%	2.59%	2.86%	3.17%	3.50%	3.86%	4.25%	4.66%	5.11%	5.58%	6.10%

株価	ずっと928円と仮定する
PER	株価÷EPS
EPS	毎年5％成長と仮定（インフレ率2％＋成長率3％）
PBR	株価÷BPS
BPS	前年度BPS ＋ EPS － 前年度配当（前期に決定された配当が今期に支払われるため）
	＊自己株買いは0との前提。 　自己株買い実施は原則プラスなので保守的なシミュレーションと考える
配当性向	2024年11月期以降 毎年1％上昇して10年後には配当性向が26％に上昇すると仮定
配当	EPS X 配当性向
配当利回り	配当÷株価

　5年後は PER5.44、PBR0.45、配当利回り 3.86％と超割安状態になります。5年後と 10年後の簡易理論株価は事業価値を現在と同様に EPS ×15年分とすると以下のようになります。

・現在の株価　　　　　　　928円
・現在の理論株価　　　　3,512円（野村MSの含み益を考慮せず）
・5年後の理論株価　　　4,613円（野村MSの含み益を考慮せず）
・10年後の理論株価　　6,092円（野村MSの含み益を考慮せず）

　ハイペースで企業の本質的価値が上昇していくのがわかります。5年後の安全域は株価変わらずの場合は **4,613円÷現在の株価928円＝4.97倍**です。
　さすがに市場がこの状態を放置することはなく株価は上昇していくと思われます。

10年後のシミュレーションはどうでしょうか？

株価が変わらずの場合のPERは4.26、PBRは0.33、配当利回りは6.10%と、超割安＆高配当になります。

また、5年後や10年後に同社のEPS成長率が0に低下し、事業価値をEPSの15年分ではなく10年分で見なければいけないケースも考えておきます。そのようなケースであっても以下のように、5年後の安全域4.05倍、10年後の安全域5.39倍と十分すぎるほどの安全域を確保できることがわかります。

＊）5年後に成長率が0となり事業価値をEPS×10年分にする場合、簡易理論株価を計算すると、
（資産価値BPS 2,054）＋（事業価値EPS 170.5×10年分）＝3,759円
安全域：3,759円÷928円＝4.05倍

＊）10年後に成長率が0となり事業価値をEPS×10年分にする場合も同様の計算式で簡易理論株価は5,003円
安全域：5,003円÷928円＝5.39倍

◆ ⑫ 具体的なカタリストの予想

以下のようなカタリストの存在が考えられます。

- 9期連続増配中でかつ配当性向16.28%と十分すぎるほどの配当余力があり、今後も継続的な増配が期待できる
- 株価が急騰している野村MSの筆頭株主というのはインパクトが強く、市場が保有する野村MS株の含み益に注目する可能性がある
- 東証大号令への対応が未開示であることから、開示時に大幅増配や大規模自社株買いを公表するとの期待がある
  →その後2024年1月12日の中期経営計画で対応策を開示しました。

・ 低PBR、低還元、利益率の低い農薬部門、含み益を持つ政策保有株の保有、東証大号令への未対応等の問題点が多く、アクティビストの登場が期待できる

◆ ⑬ 銘柄分析のまとめ

　理論株価、資産価値を含めた PER、5年後 & 10年後シミュレーションのどの観点から見ても極めて割安で、かつ増配余力も大きく増配期待という底堅いカタリストが存在することが確認できました。 さらに保有する野村MSの株価急騰もカタリスト要因になると予測でき、株価上昇も狙える銘柄と考え 2023年11月に購入しました。

　2023年11月に同社を 928円（平均買付価格）で買い付けましたが、その後アクティビスト LIM JAPAN が大株主に登場したことや、同社が増配や累進配当政策の採用を発表したこともあり、2024年5月に株価は 1,700円台をつけ半年足らずで 80%以上も上昇しました。
　急激な株価上昇を受け割安度が低下したことから、2024年6月〜 8月に保有株の半分ほどは利確しました。

　2024年11月時点の足元では中国市況低迷の影響や、保有する野村MS株の低迷等もあり、少し買いにくい水準かと思われます。
　私は LIM JAPANの圧力に期待しており大幅な還元増期待もあると考えて、残りの株は継続保有しています。

銘柄分析の具体例　その2

最後にもう1社、深掘り分析の具体例を挙げておきます。

前澤工業【6489】は水処理プラントメーカーです。※データは全て2023年10月時点。

この銘柄を選んだきっかけもX上で投資仲間がすすめていたことです。同社の割安度と官公需向けの安定したビジネスに加え、メンテナンス部門のストック型ビジネスは魅力的だという内容でした。

◆ ① 企業規模、割安度、資本効率性、財務健全性の確認

- 企業規模　　：　時価総額187億円と超小型株に分類
- 割安度　　　：　PER6.56 ／ PBR0.74 ／ MIX係数4.85 と割安
- 資本効率性　：　ROE（実）10.68%／（予）10.35%と
　　　　　　　　　稼ぐ力も一定程度あり
- 財務健全性　：　自己資本比率61.5%と好財務

◆ ② 業容とビジネスモデルの簡単な確認

主な事業は、①水処理の施設をパッケージで売る環境部門　②水処理用のバルブを売るバルブ部門　③保守点検修理のメンテナンス部門です。

売上は各部門3分の1ずつですが、利益はメンテナンス部門が60%以上を占めています。ここ5年、メンテナンスの売上・利益が右肩上がりに急成長しています。

このメンテナンス事業が、ストック型ビジネスに当たります。ストック型ビジネスとは簡単に言うと、一過性ではなく継続的に利益を上げられるビジネスのことです。

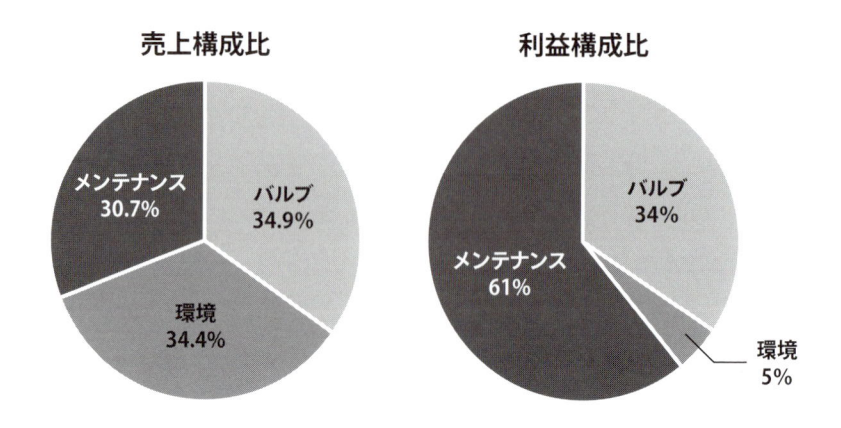

売上構成比 / 利益構成比

売上構成比: メンテナンス 30.7%、バルブ 34.9%、環境 34.4%

利益構成比: バルブ 34%、メンテナンス 61%、環境 5%

　同社のビジネスモデルは「レーザー＆ブレードモデル」と呼ばれるものです。これは機械・器具などの商品本体は安く販売して利用者数を増やし、その付属品や消耗品の販売などで収益を上げるビジネスモデルをいいます。

　前澤工業の場合は、バルブ、上下水道施設は低利益率でも良いので契約を獲得します。これらのインフラ施設は販売後も保守点検・修理が必ず必要になります。このメンテナンス部門が同社の利益源の柱となっているのです。

　部門別の売上・利益の推移を確認します。

　部門別の 2023 年の利益率は以下の通りです。

・バルブ部門　　　　　　9.8%
・環境部門　　　　　　1.35%
・メンテナンス部門　　18.26%

　メンテナンス部門の利益率が断トツです。非常にうまいビジネスモデルを作ったと思います。このビジネスモデルに強い競争優位性と参入障壁、事業継続性があると判断したことが、同社を購入した理由の一つです。

部門別売上推移

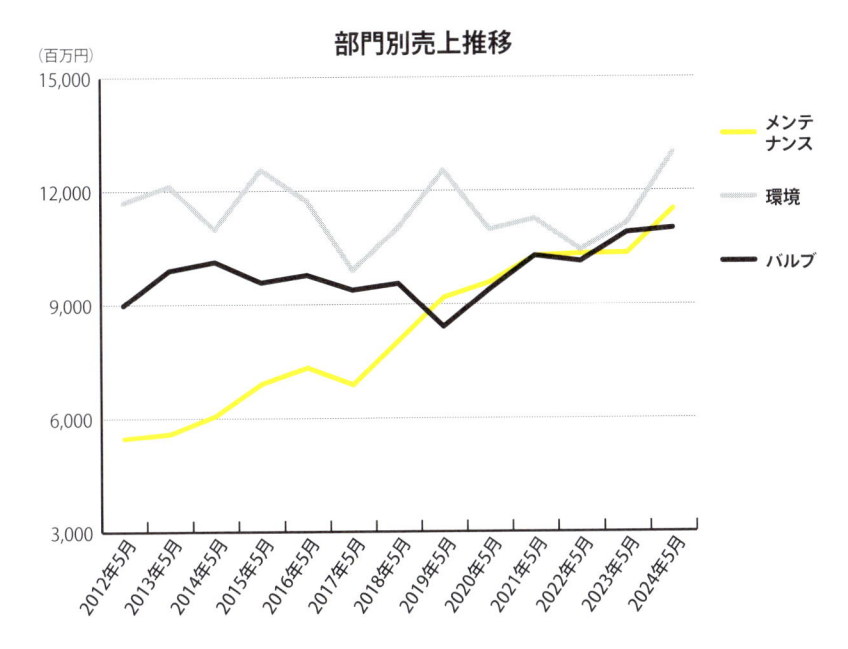

（百万円）

凡例:
- メンテナンス
- 環境
- バルブ

15,000
12,000
9,000
6,000
3,000

2012年5月 2013年5月 2014年5月 2015年5月 2016年5月 2017年5月 2018年5月 2019年5月 2020年5月 2021年5月 2022年5月 2023年5月 2024年5月

部門別利益推移

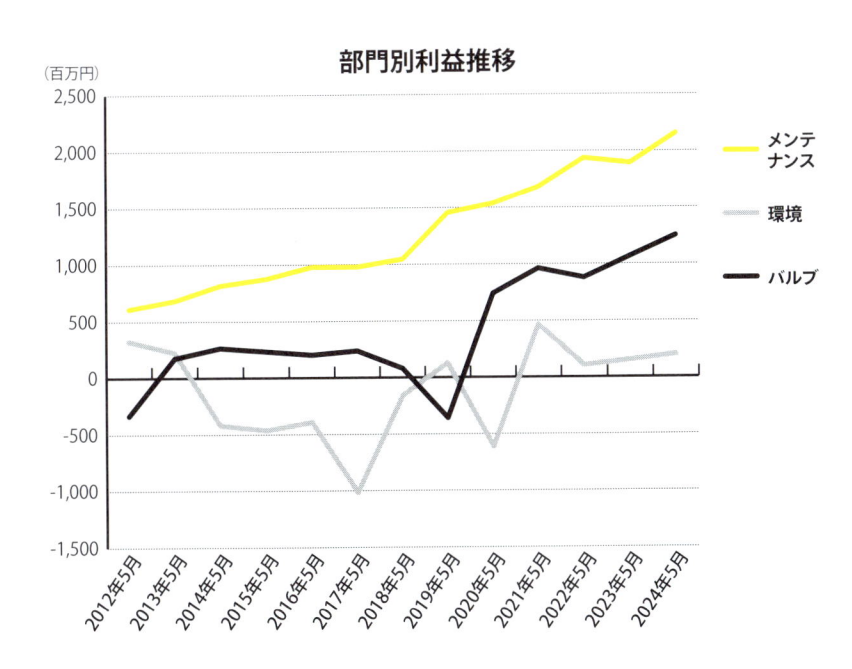

（百万円）

凡例:
- メンテナンス
- 環境
- バルブ

2,500
2,000
1,500
1,000
500
0
-500
-1,000
-1,500

2012年5月 2013年5月 2014年5月 2015年5月 2016年5月 2017年5月 2018年5月 2019年5月 2020年5月 2021年5月 2022年5月 2023年5月 2024年5月

◆ ③ 過去の業績推移の確認

　売上高は微増も経常利益は 2018 年の 11.8 億円から 2024 年見通し 37 億円と 3 倍以上に成長、その間の利益率も 1.22％ から 10.42％ へと急拡大しています。「レーザー＆ブレードモデル作戦」が花を開いた形です。

・過去 10 年の売上高の平均成長率　　　年間 1.60％
・過去 10 年の経常利益の平均成長率　　年間 12.73％

　これだけの成長率がありながら割安、しかもビジネスモデルが秀逸です。 これはお宝銘柄といってもいいと判断しました。

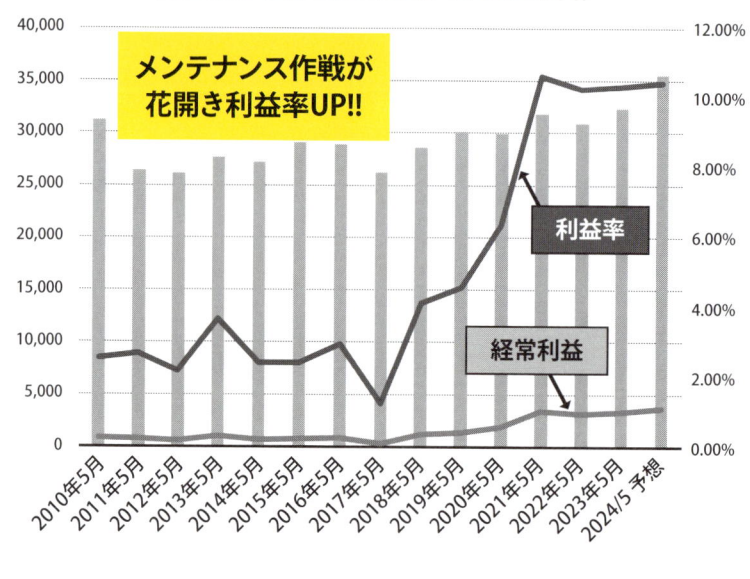

売上高と経常利益の推移（単位百万円）

◆ ④ 財務状況の確認（BS の推移）

　自己資本比率は 61.5％と好財務で、毎年自己資本を積み上げています。事業の継続や成長のために常に設備投資が必要な事業ではなかなかお金が貯まりません。

　同社は、メーカーでありながら、新たな機械の導入などの設備投資が必要な有形固定資産の比率が大きすぎない点に好感が持てます。今後もストック型ビジネスからの安定した収益が期待でき、自己資本を積み上げていくと推測できます。

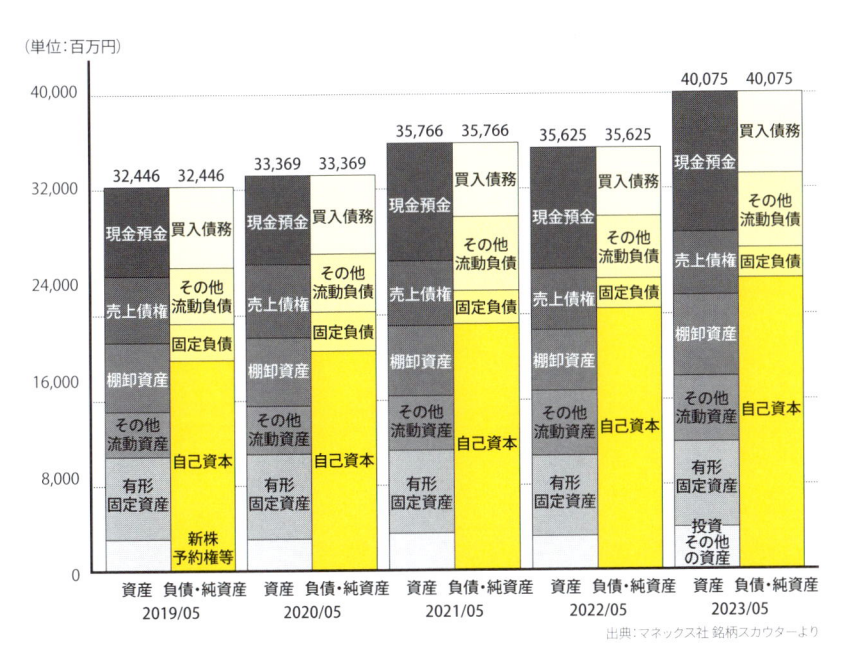

（単位：百万円）

出典：マネックス社 銘柄スカウターより

◆ ⑤ 配当状況と配当政策の確認と増配見込みの考察
◆ ⑥ 自社株買い実績の確認

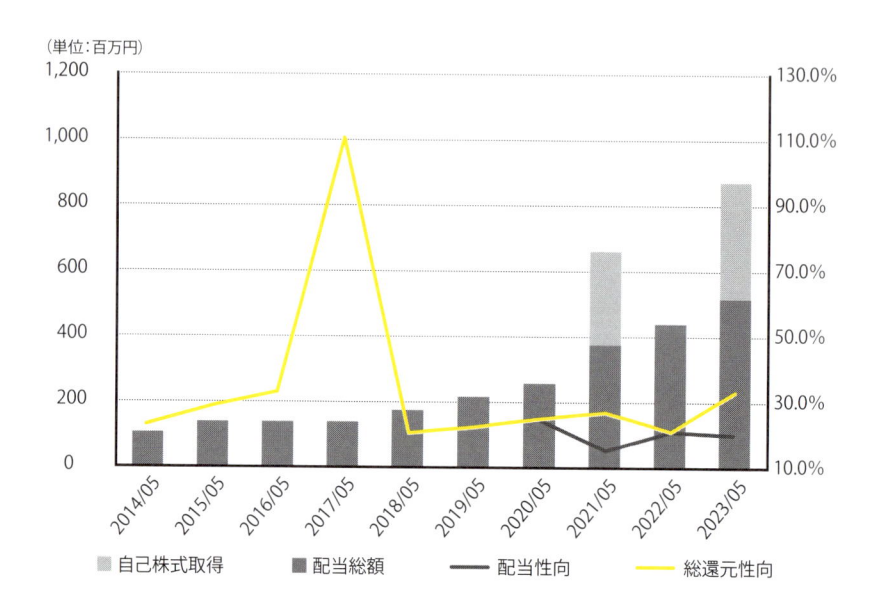

（単位：百万円）

凡例：自己株式取得　配当総額　配当性向　総還元性向

　さらに⑤の配当関係の分析と⑥の自社株買い実績の分析を行いました。

　購入時の配当利回りは3.1％で配当性向20.32％です。
　配当政策は配当性向30％が目安となっているので、購入時では配当政策を大きく下回る額しか配当していません。しかし、5年連続増配中で、配当余力が大きく、成長期待もあることから、継続的な増配を享受できると考えました。

　また、PBRが1倍以下で東証改革の対応策を開示していません。今後は増配による株主還元姿勢を強化するなど、PBRを1倍以上に上げる施策の発表が期待できます。

IRに電話し、配当政策を下回る配当予想になっている理由を確認したところ「今後の継続的な増配を重視するための余裕を持った額にし、その分は自社株買いで株主還元を行い、総還元性向を高めている。 たとえ来期以降減益になっても配当性向30％までには余力があるので増配を継続できる」とのことでした。

この考え方は決して褒められたものではありませんが、十分な増配余力がありかつ業績も安定成長していることから、今後の増配継続確度は高いと考えました。

◆ ⑦ 株主構成の確認

9位に光通信創業者、4位、5位に創業を同じくする前澤化成工業、前澤給装工業の名前があります。 なおこの2社の事業とは住み分けされています。

筆頭株主は自社です。 安定株主の割合は高いのですが、強固なビジネスモデルを持ち、超割安で株主還元姿勢が弱いため、アクティビストの登場も期待できると判断しました。

◆ ⑧ 競争優位性＆事業継続性＆参入障壁＆EPSの成長性等の考察

競争優位性＆事業継続性＆参入障壁については②のビジネスモデルで説明した通りです。 今後は水道施設の老朽化や災害の激甚化による需要増も期待できます。

水道管は1950年〜1970年頃に多く敷設されました。 寿命は使用環境にもよりますが、30年〜100年とも言われており極めて幅が広い状況です。 足元、改築・更新が伸びており、この傾向は当面続きそうです。

◆ ⑨ 簡易理論株価による割安度の確認 （安全域の確認）

過去10年の経常利益の平均成長率が12.7％と高いこと、ストックビ

ジネスの積み上げで着実な成長が期待できること、水道施設の老朽化や災害対策からマーケット面の追い風もあることから、今後の成長率は「当面年率10％程度」と考え事業価値は EPS × 15年分としました。

理論株価＝（BPS 1,380）＋（EPS 137.78×15年分）＝3,447円

　同社の株価は買値904円なので安全域は **3,447円÷904円＝3.81倍**。安全域2倍以上を十分に満たしています。
　保守的に EPS の成長率を0として事業価値を EPS の10年分とした場合でも安全域は3.05倍と基準を十分に満たし、簡易理論株価からの割安感も非常に強いと確認できます。

◆ ⑩「資産価値を含めた PER（買収者視点による割安度）」の確認

・流動資産　　　291億円
・投資有価証券　32億円
・総負債　　　　154億円

　上記からヘム式ネットキャッシュを求めます。

ネットキャッシュ＝291＋（32×70％）－154＝159億円

・時価総額　　　　187億円
・自社株保有比率　13.36％
　自社株を引いた時価総額は、
　187億円×（100％－自社株13.36％）＝162億円
・当期純利益予想　25億円

　「資産価値を含めた PER（買収者視点による割安度）」は

（時価総額162億円－ネットキャッシュ159億円）÷当期純利益予想25億円＝0.12年

同社の買収には自社株を考慮した調整後時価総額の162億円が必要ですが、ネットキャッシュが159億円あるので実質3億円で買収できることになります。

そして買収後も25億円の利益が期待できます。すると買収額3億円は1年以内（0.12年）で回収できるのです。極めて割安と判断できます。

◆ ⑪ 5年後＆10年後シミュレーションによる将来の割安度と増配確度の予想

【前提条件①】

メンテナンスのストック型ビジネスが積み上がっていること、水道施設老朽化や災害激甚化によるマーケットの拡大が見込めること、毎期保守的な見通しを出し、上方修正を行っていること、過去10年の経常利益の平均成長率が12.73％であることから、年間成長率を7％と仮定しました。

ここでも北興化学の分析と同じように、理論株価を求める際より、やや保守的な成長率を前提条件としています。

【前提条件②】

配当性向30％を目安としていますが現状は20％です。

PBR1倍割れと株価が低迷している状態であることから、同社は10年かけて配当性向を30％に引き上げると仮定しました。

次ページの表は前提条件①②から、シミュレーションした結果です。

2024年05期のEPSは同社予想の137.78を使っています。同社は毎年保守的な予想を出し上方修正を繰り返していますが、ここでは保守的に予想EPSをそのまま採用しています。

前澤工業（2023年10月時点）

	単位	2023.5	2024.5	2025.5	2026.5	2027.5	2028.5	2029.5	2030.5	2031.5	2032.5	2033.5
株価	円	904	904	904	904	904	904	904	904	904	904	904
PER	倍	6.23	6.56	6.13	5.73	5.36	5.01	4.68	4.37	4.09	3.82	3.57
EPS	円	145.0	137.8	147.4	157.7	168.8	180.6	193.2	206.8	221.2	236.7	253.3
PBR	倍	0.74	0.61	0.56	0.52	0.48	0.45	0.42	0.39	0.36	0.34	0.32
BPS	円	1380	1490	1609	1735	1867	2007	2155	2312	2477	2652	2837
配当性向	%	19%	20%	22%	23%	24%	25%	26%	27%	28%	29%	30%
配当	円	28	28	32	36	41	45	50	56	62	69	76
配当利回り			3.10%	3.10%	3.59%	4.01%	4.48%	4.99%	5.56%	6.18%	6.85%	7.59%	8.41%

株価	ずっと904円と仮定する
PER	株価÷EPS
EPS	2025.5以降 毎年7%成長と仮定（インフレ率２％＋成長率5%）
PBR	株価÷BPS
BPS	前年度BPS ＋ EPS － 前年度配当 （前期に決定された配当が今期に支払われるため） ＊自己株買いは０との前提。自己株買い実施は原則プラスなので保守的なシミュレーションと考える
配当性向	配当政策の配当目安は配当性向30%だが現状(2024.5予想)は20%。 10年かけて30%に引き上げると仮定
配当	EPS X 配当性向
配当利回り	配当÷株価

　5年後PER5.01 ／ PBR0.45 ／配当利回り 4.99％と超割安状態になります。5年後＆10年後の簡易理論株価は事業価値を現在と同様にEPS×15年分とすると以下のようになります。

・現在の株価　　　　　　　904円
・現在の簡易理論株価　　　3,447円
・5年後の簡易理論株価　　4,716円
・10年後の簡易理論株価　6,637円

　5年後の安全域は株価変わらずの場合は **4,716円÷現在の株価904円 ＝5.22倍**、10年後の安全域は **7.34** 倍です。

　安全域5倍、7倍はかなり割安ですが、市場がこの状態を放置するとは考えにくく、株価は上昇していると思われます。

　株価が変わらない場合、10年後のPERは3.57倍、PBRは0.32倍、配当利回りは8.41％です。この数値から10年後には株価は2.5倍くらい

に上昇しているのではと考えました。

　5年後や10年後のEPS成長率が0に低下し、事業価値をEPSの15年分ではなく10年分で計算しなければいけないケースも考えておきます。そのようなケースであっても以下のように、5年後の安全域4.22倍、10年後の安全域5.94倍と十分すぎるほどの安全域を確保できます。

> ＊）5年後に成長力が0となり事業価値をEPS×10年分にする場合
> 5年後の理論株価計算
> （資産価値BPS 2,007）＋（事業価値EPS 180.6×10年分）＝3,813円
> 安全域：3,813円÷904円＝4.22倍

> ＊）10年後に成長力が0となり事業価値をEPS×10年分にする場合
> 10年後の理論株価計算
> （資産価値BPS 2,837）＋（事業価値EPS 253.3×10年分）＝5,370円
> 安全域：5,370円÷904円＝5.94倍

◆ ⑫　具体的なカタリストの予想

　カタリスト候補は「業績」です。5年後＆10年後シミュレーションの結果がカタリストです。ストック型ビジネスが中心の業績安定かつ成長企業が5年後にPER 5.01、PBR 0.45、10年後にPER 3.57、PBR 0.32といった割安な指標のまま放置されるはずがありません。10年後には株価2.5倍程度が期待できると分析できます。

　細かいカタリスト候補を挙げると以下のようになります。

・5期連続増配中でかつ配当性向20.32％と十分すぎるほどの配当余力、
　今後も継続的な増配期待
・2023年にはPBR 0.74倍と超割安にもかかわらず、東証大号令への対応

が未開示。 開示時の大幅増配や大規模自社株買いへの期待

- ⑤⑥の配当政策から、増配と自社株買いを組み合わせた株主還元策への期待
- 災害、事故等により施設の老朽化が問題視されマーケットが拡大する可能性

◆ ⑬ 銘柄分析のまとめ

　以上から理論株価による安全域3.81倍、「資産価値を含めた PER（買収者視点による割安度）」0.12倍と十分すぎるほど割安で、かつ5年後＆10年後シミュレーションでも本質的価値が早いペースで上昇することが確認できました。

　事業としてはレーザー＆ブレードモデルでストック型ビジネスを築き上げており、水道施設の老朽化、災害の激甚化によるマーケット面の後押しもあります。 安全域が非常に大きく、かつ高値も狙えると考え、主力化しました。

＊）2023年10月に同社を904円（平均買付価格）で買い付けましたが、その後2024年5月に業績の上方修正を発表。 その後の決算発表時に1.73%の自社株買い、28.6%の増配（28円⇒36円）を発表し、2024年7月12日時点の株価は1,594円と購入時より66.3%の上昇で推移しています。やや割安感が薄れてきたこともあり私は一部（30%程度）を利確しましたが、引き続き同社株は保有中です。

いかがだったでしょうか？

「コンドーテック」「北興化学」「前澤工業」の３社で深掘り分析方法の具体例を紹介しました。

深掘り分析の手法について、随分イメージもつかめてきたかと思いますが、深掘り分析をすると「この銘柄はお宝だ！」と感じ、銘柄に惚れこんでしまうことがあります。

ただ、どれだけその銘柄を深く調べたつもりでも、自分の知らないこと、気付いてないことは多々あるものです。

ですから、**誤っているのは市場ではなく自分かもしれないという気持ち**は常に持ちましょう。

「勝つべくして勝つ投資」を目指すのなら、集中投資の誘惑に負けずに必ず**分散投資をしてポートフォリオ全体で勝つ意識**をしてください。

今回シミュレーションしたような銘柄100社に分散投資するのです。そうすることでポートフォリオ全体として、5年後＆10年後シミュレーションの結果に収束していきます。

たまたまや運の要素を排除し、期待値に成績を収束させて勝つことが大切です。

成功とリスクについて

「この世の中はリスクを取った人が報われるようになっている」というお話です。私がまだ20代の頃、『金持ち父さんのキャッシュフロー・クワドラント』（筑摩書房刊）という本を読みました。この本の内容は当時の私には衝撃でした。あれから20年以上が経ちましたが「あの本に書いてあったことは本当だったんだな」と感じています。

この書によると世の中の人は全て4つに分類されます。

- E ： 労働者（Employee）
- S ： 自営業者（Self Employee）
- B ： ビジネスオーナー（Business Owner）
- I ： 投資家（Investor）

この本は「E・S」から「BやI」に移行していこうねという内容です。実は私はE⇒S⇒B⇒Iと移行してきました。だからそれぞれの特徴がよくわかっているつもりです。ご想像の通り、この世界はEからS、B、Iに行くほど有利にできています。以下は本に書かれていた内容のみではなく、私の考えを多分に含んでいます。かなり辛辣な内容ですが、私はこれが世の中の仕組みで資本主義の本質だと思っています。

◆ E：労働者（Employee）の問題点と利点

- 稼ぎの大半はBとIに取られる。
- 結果を出しても稼ぎはあまり増えない。時と共に、自分でも気付かないうちにベストを尽くさない人間になってしまいがち。実はこれはとんでもないデメリット。人の潜在能力、本気は大きな成長を生むがそれを殺してしまう。
- 20代前半から60歳頃までの40年間の成長は人生では凄く大事だが、Eは成長を促す環境という面ではあまり良くない。

- やる気も能力もない人がしがみつけばメリットはある。 そちら側に回ると逆に搾取する立場になれる。 ただ身分がいつまでも保証されるわけではない。 私は一度きりの人生をそんな風には過ごしたくない。 自分に向いた世界で、ベストを尽くしてお金を稼ぎたい。
- 世の中の大半がこのクラスに属するので、周りに優秀な人間はたくさんいる。 つまり強力なライバルはたくさんいるのに報酬は少ない。
- まとめると、会社に搾取される立場では、成果と報酬が比例しないので、多くを稼ぐことはできないし、やる気も削がれていく。 そのことに気付いていない人も多い。

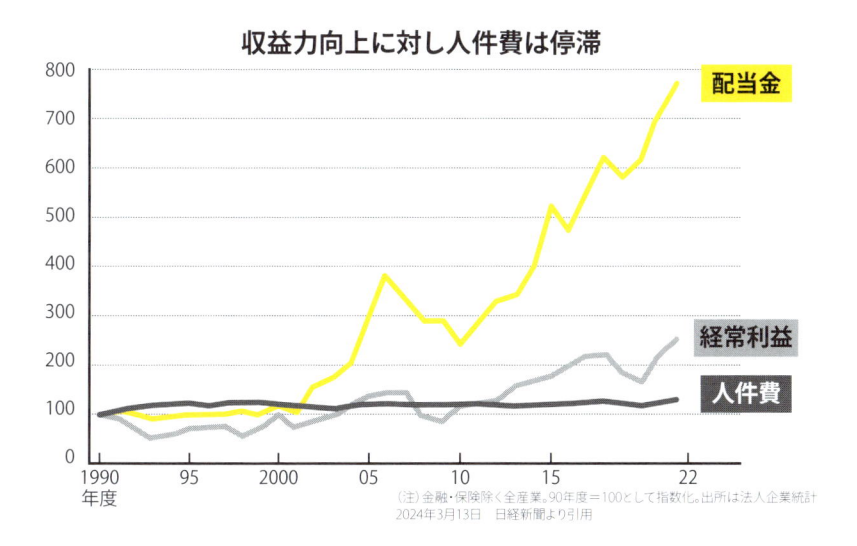

収益力向上に対し人件費は停滞

（注）金融・保険除く全産業。90年度＝100として指数化。出所は法人企業統計
2024年3月13日　日経新聞より引用

◆ S：自営業者（Self Employee）の問題点と利点

- 自分の稼ぎは全て自分のものになる。
- 成長への環境は抜群。 やればやるほど自分のものになるのでめちゃくちゃ頑張る。
- 誰からも搾取されないし、誰からも搾取しない。
- 最大のデメリットは非効率。 レバレッジがきいていないので、でき

・ることに限界がある。

・ビジネスの形態がストック型ではなくフロー型であることが多い。 自分が倒れたら終わりだが、何もかも自分でやるので無理をしがちでボロボロになりがち。

・一度自分のやりたいようにビジネスをすると、再びE（会社員）に戻ることが難しい。

・Eの世界には優秀な人間がたくさんいるが、Sの特にニッチの世界ではライバルのレベルが低いケースが多く、意外に成功しやすい。

・どの分野で戦うかがめちゃくちゃ重要。 レッドオーシャンで戦うことになれば悲惨。 絶対にブルーオーシャンを選ぶべき。

・国からの補助金、税金の優遇等、零細経営者に有利なシステムが多く存在する。

・ガッツさえあれば何度もチャレンジできる。 日本は経営者に甘い。 自己破産する覚悟があれば、何度でも再チャレンジできる。 一度でも成功すれば、Eよりははるかに稼げる。 近所の焼き鳥屋さんやゴルフ場で会う零細企業のおじさんの羽振りがいいのはこれ。

◆ B：ビジネスオーナー（Business Owner）の問題点と利点

・EとSとは異なるゲームをしている。 このゲームのやり方は仕組みを作ること。 世の中の大半の人は仕組みを作るゲームをしたことがない。 ゼロから学ぶので大変だが、参加者がほとんどいないので案外楽。 上場企業で役員になるより、ビジネスオーナーで成功する方が可能性ははるかに高いし報酬も大きい。

・やはりブルーオーシャンで戦うことが大切。

・言葉は悪いが搾取する方の立場になる。 資本主義は従業員の稼ぎの一部を経営者が搾取している（経営者＝株主の場合）。

・長期で経営を続けていると、人が資本だということが骨身にしみてわかってくるし、その方が得だというのもわかってくる。 会社が儲けながら給与水準や福利厚生を良くして、従業員を満足させること

もできる。

- 起業後の前半では次から次へと困難が襲ってくるので、好むと好まざるにかかわらず成長するしかない。
- やればやるほど稼ぎになるし、立場上、色々なことを教えてもらいやすい。 新たなプロジェクトに取り組むたびに知識が自分の元に集積されていく。 成長には最高の環境。
- 最大の問題点は孤独と不安感。 皆と違うことをやり、まだ成功していない段階での孤独と不安感は大きい。 これに勝る決意と信念と高揚感が必要。
- 成功すればストックビジネスになる。 時間とお金が増えていく。成功しだすと仕組みを作るこつのようなものが見えてくる。
- I：投資家（Investor）へのステップとして良い。 Iになったときに必要な定性分析で自身の経営経験を活かせる。
- リスクに対する考え方が深まる。 リスクを取らないのが最大のリスクであることがわかる。
- リスクとリターンの間に差異を作るのが経営者の資質。 この考え方がBとIで生き残るこつ。

◆ I：投資家（Investor）の問題点と利点

- Bに投資する人。
- 実社会の頂点ともいえる「B」に投資できる立場。
- 奥が深いゲームで自身の成長にもつながる。 ただ「B」と比べて自身でコントロールできるエリアが狭いこと、社会的地位が低いことは難点。
- 表現は悪いがEやBの頑張りで稼いだお金をもらう人。
- 上場企業の給与総額・利益（株主に帰属）・還元（実現益）のバランスを見たら、いかにIが有利な立場かがよくわかる。
- 「I」の世界にもフロー型とストック型がある。 トレードやキャピタルゲインはフローの言葉。 長期投資やインカムゲインはストックの

言葉。

- 誰でもなれるが簡単なわけではない。奥の深い世界で長期で勝ち続けるためには、かなりの努力が必要。
- 短期的に運で億万長者にもなれる世界。ただしそれはギャンブルと同じ。ただギャンブルよりははるかに率が良い。
- 期待値が1以上のゲーム。地に足の着いた手法で、ある程度の再現性を確保しながらお金持ちになることも可能。私の手法はこれにあたる。
- 長期で見ると参加者が入れ替わっているが、経験の浅い投資家が多く気付いていない。暴落への備えと暴落時の振る舞いがとても大切。
- 投資は総合格闘技で入金力とセット。どちらか、もしくは両方を頑張るしかない。入金力の強さは今までの人生の努力の証なのだからそれは大きな武器。入金力はないが短期間でお金持ちになりたければ、リスクを取るしかない。
- 入金力を確保し投資にお金を流し続けると指数関数的にお金が増えていく。

　私は資本主義の世界で成功するにはリスクを取ることが「鍵」だと思っています。ビジネスの世界でも投資の世界でも思っている以上にリスクプレミアムは大きいのです。

　また、リスクには成長を加速させる効果があります。人はある程度追い込まれないと本気は出せないのです。本気を出しているつもりなのです。

　一旦リスクを取りだすとリスクをコントロールすることがいかに大切かがわかってきます。

　よく「ハイリスク・ハイリターンの勝負」に勝った武勇伝を話している人がいますが、私の考えではそんなことはなんの自慢にもなりません。もしコインの裏が出ていたらどうするのですか？

確実に成功する人というのは、ローリスク・ミドルリターンのプロジェクトを何度も行う人です。期待値1以上のサイコロを作ること、それを振りまくることです。リスクプレミアムの効果を最大化するのです。成功はリスクの裏にあり、そのリスクをコントロールする方法を学ぶことが大切です。

　このコラムを見て「お前はたまたま成功したからそんなことが言えるのだろう。その裏には何人の失敗した起業家がいると思っているんだ」と思われたかもしれません。
　私は自分の人生しか歩んだことがないので、その答えはわかりません。これが皆さんに当てはまるのかもわかりません。
　ただ、私は「このような経験をしてきてこう考えている」ということは紛れのない事実ですので、少しでも参考になるかなと思いコラムにしてみました。

　念のためですがここで言う「リスクを取れ」とは「短期トレードをしましょう」という意味ではありません。
　投資の世界に限って言えば「投資をやりましょうね」というレベルの話です。
　さらに私の考えを乗っけると「適切なキャッシュポジションをキープしながら投資をやりましょうね」ということです。

各テーマでの
注目するべきポイント

　さて、ここまで私の銘柄分析の方法を具体的に解説してきましたが、この銘柄分析に基づいて作成したポートフォリオが、実際のところどのような成績を収めているかを見ていきましょう。

　各々のテーマによって異なる利点がありますし、注意したいポイントもあるので、併せて紹介していきます。

① 連続増配宣言株ポートフォリオ

　連続増配宣言株ポートフォリオは、私のPFの中でもかなりシンプルに組んだものです。それこそ、**テーマによる抽出＋基本のスクリーニング＋業績安定によるスクリーニングのみ**で作成しました。

　累進配当政策を採用している企業銘柄のなかから、業績が安定していて、そのうえ割安だと思える企業28銘柄を厳選して構成しています。

　2022年7月1日運用を開始し、2024年11月30日時点で、運用期間2年5ヵ月。運用益は＋84.87％と好調で、同期間のTOPIXを46.71％アウトパフォームしています。

　「連続増配宣言株PF」で特筆すべき点は**「利益成長＆配当成長」**です。次の数字を見てください。

☆ **2022年8月19日　PF運用開始時の配当関係の指数**
・配当利回り　　3.83%
・配当性向　　　36.7%

☆2024年9月30日時点　PFの配当関係の指数
・買値に対する配当利回り　　4.81％
・配当性向　　　　　　　　　34.82％

　2年でPF全体の買値に対する配当利回りが3.83％から4.81％に増えています。その増配率は実に25.58％になりますが、配当性向は36.7％から34.82％と逆に低下しています。これはPF全体としての稼ぐ力がUPしたことを意味します。

　計算してみるとPF全体として見た場合の利益がこの2年間で32％以上も伸びているのがわかります。なお運用期間中に銘柄入れ替えもありますので厳密にはこのような単純比較はできませんが、おおむねの傾向はこのデータから理解いただけると思います。

　連続増配宣言株PFの最大の特徴は増配力。増配を続ける企業の株価が上がらないわけがありません。
　「連続増配宣言株PF」構成銘柄の配当推移は前々期の増配確率92.9％、前期の増配確率96.4％、今期の増配確率は82.15％です。今期の増配確率がやや低めに出ているのは、例年、期中や決算発表時に増配発表する銘柄が多いためで、最終的な増配確率は上昇が見込まれます。

　さらに、PF全体（2024年9月30日時点の構成銘柄の平均値）としては、4期連続で14％超えの増配率、4期平均で19％超えの増配率です。
　増配率19％以上の威力は凄いですよ。増配率19％を30年継続すると、受取配当金額は184.67倍になります。例えば貴方の今の受取配当が年間100万円とします。毎年の増配率が19％の場合、30年後の年間受取配当金額は18,467万円（1億8467万円）になります。

　すぐできるスクリーニングでこれだけの成績を残せると考えると、極めてお得だと思いませんか？　株は、いかに早く始めるかもポイント。お得だと感じた方は、今すぐにでも実践してみてください。

② DOE 採用銘柄ポートフォリオ

　DOE 採用銘柄とは、前述の通り、「配当は DOE 3％を下限とする」等具体的な数値を明示している銘柄のことです。

　DOE とは「株主（自己）資本配当率」のことで、**企業が株主資本に対してどの程度の配当を支払っているかを示す指標**。これが「3％下限」と宣言することは、最低でも株主（自己）資本の 3％に相当する配当を投資家が受け取ることが保証されるので魅力的です。

　DOE 採用は、いわゆる配当政策の一つです。配当政策には、ほかにも①抽象的な配当政策　②配当性向○％以上採用等がありますが、ほかと比較しても、③DOE 採用は魅力的な施策です。

　例えば、①抽象的な配当政策は、「当社は将来にわたり安定的な配当を実施することを経営の重要課題として認識しており、年1回の期末配当を実施することを基本方針としております」といった内容の政策です。

　これ、よく考えると何も具体的な政策が示されていませんよね。私はこのような政策を評価していません。ちなみに、2022年 TOPIX 500採用銘柄では、約42％がこのような抽象的な配当政策でした。

　②配当性向○％以上採用では、「配当性向30％以上」といった指標をよく見かけます。これは「当期純利益のうち 30％以上は配当を出す」という意味なので、抽象的な配当政策よりははるかに安心感がありますが、毎年の当期純利益の額で決まるため企業の業績次第で配当の額は安定しません。

　それに比べて、③DOE 採用は株主（自己）資本に対する配当の比率なので、「DOE 3％以上」とあれば、「株主（自己）資本のうち 3％以上

は配当を出します」という意味です。通常株主（自己）資本は純利益ほどは変動しません。それどころか、多くの企業は株主（自己）資本を毎年積み上げています。したがって、**安定的な増配が期待**できることを意味します。

◆ DOE採用銘柄の注目ポイント

DOE採用銘柄の選定で何より大切なのは、**今後長期にわたって株主資本、自己資本、純資産が成長するか**です。株主資本（自己資本）が増えた割合と同じ割合で配当が増えるからです。

その理由についてROEを使って説明しましょう。ROEとDOEと連続増配にはつながりがあるのです。

ROEとは「自己資本利益率」ともいい、株主が出資したお金を元手に、企業がどれだけ利益を出したかを数値化した財務指標です。数値が高いほど経営効率が良いとされています。

例えば、ROE 10％でDOE 3％という銘柄があったとします。それは1年で自己資本の10％を利益として生み出し、そのうちの3％を株主に配当として支払うという銘柄です。

10％から3％を支払うと残りは7％です。それを自己資本に積み上げます。すると翌年のスタート地点の自己資本は1.07倍になります。すると配当も1.07倍になるというわけです。

ですから、DOE 3％を採用していて長期でROE 10％を維持するような会社に投資すると毎年の配当は1.07倍のペースで増え続け、10年で配当がおよそ2倍になります。

◆ DOE採用銘柄のポートフォリオの狙いと成績

DOE採用銘柄の選定基準のメインポイントは、**DOEを採用していて**

毎期自己資本を積み上げる業績安定企業を選ぶこと、PFの狙いは長期にわたる増配を享受することです。銘柄選定の際にはできるだけROEとDOEの差が大きい銘柄を選ぶようにしています。

　DOE採用銘柄PFは2022年4月に運用を開始しました。2024年11月30日時点、2年8ヵ月の運用期間で運用益は＋56.74％、同期間のTOPIXを15.62％アウトパフォームしています。やや物足りない成績となっていますが、DOE採用銘柄の増配継続期待は大きく、時の経過と共に指標との差を広げていってくれるのではと期待しています。

◆ **DOE採用銘柄の増配推移**

　DOE採用銘柄PFの特徴は高い増配継続力です。
　当PF構成銘柄の過去の配当推移は、前々期の増配確率が85.1％、前期の増配確率86.6％、今期の増配確率80.7％、過去5年の増配確率は77.7％です。非常に高い増配確率であることがわかります。

　増配確率よりはるかに大切なのはPF全体としての「増配率」です。次の数字は2024年9月25日時点のDOE採用銘柄PFの全68銘柄の「増配率」の平均の推移です。
・今期予想増配率　　　　＋10.4％（＊）
・前期増配率　　　　　　＋18.8％
・2期前増配率　　　　　　＋14.3％

＊）今期予想増配率：期中や決算発表時に増配を発表する銘柄が多いので上振れが予想されます。
しつこいようですが、長期にわたり10％を超える増配率を確保する銘柄の株価が上がらないわけがありません。私がこのPFの長期の成績に期待している背景にはこの増配力があります。

◆ DOE採用銘柄のポートフォリオの弱点

DOE採用銘柄PFの弱点はDOE採用銘柄が300社程度しかないことです。

ここから優良銘柄を選定しなければなりません。 必然的に「割安度」や「配当性向」などである程度の妥協を強いられます。

さらにDOE廃止のリスクもあります。 DOEは、比較的簡単に止めやすい施策で、実際、DOEを中期経営計画内のみで採用している企業も多くあります。

ただ、私はこのような弱点があっても、PF全体で見るとDOE採用銘柄は長期で十分なリターンを期待できると考えています。

◆ DOEでは、株主資本、自己資本、純資産の違いに気を付けろ

ここからは上級者向けの少し複雑な話になります。

厳密にいえば、DOEとは、株主資本配当率か自己資本配当率を指します。 つまり、企業がどちらを採用しているかを確認する必要があるのです。

株主資本、または自己資本にDOEのパーセントを掛けたものが配当総額。 配当総額を「総発行株式数 − 自社保有株式数」で割ったものが配当額になります。

ところが、決算資料（BS）で株主資本（または自己資本）を確認したり、総発行株式数や自社保有株式数を有価証券報告書で確認した上で、それらを元に計算するのはとても面倒な作業です。

ですので、私は正確ではないことを念頭に置きながら、配当額は「1株当たりの純資産（BPS）」にDOEのパーセントを掛けて計算するようにしています。

純資産と株主資本は厳密には異なりますが大きな差がないことが多いので、ほとんどのケースでは大きな問題になりません。

　ただし、**保有株式の含み益が多い場合**は要注意。
　株主資本、自己資本、純資産の違いをきちんと理解しておきましょう。

　株主資本は「資本金＋資本剰余金＋利益剰余金−自社保有株式」で求められます。
　自己資本は株主資本に、会社が保有する有価証券等の資産の含み損益や、為替換算調整勘定等を含む、その他の包括的利益累計額を加えたものです。
　純資産とは自己資本にストックオプションなどの新株予約権と、被支配株主持ち分を加えたものです。

　有価証券の含み損益や被支配株主持ち分が大きい場合は面倒でもきちんと計算するのをおすすめします。

③ 配当貴族ポートフォリオ

配当貴族という言葉は、2005年に米国の「S&P500配当貴族指数（S&P 500 Dividend Aristocrats Index）」で初めて登場しました。この指数は、25年以上連続で増配している企業で構成されています。

これほどの長期にわたり毎年配当を増やせる企業はそう多くありません。**ほかの企業よりも高い経済的安定性や信頼性を持つ**ことを、高いステータスを持つ貴族になぞらえているわけです。

私の配当貴族ポートフォリオは、2023年6月に日経連続増配株指数構成70銘柄から割安度・増配余力・業績安定度を考慮した22銘柄、将来の指数採用期待1銘柄、日経累進高配当株指数採用の1銘柄を加えた合計24銘柄で組成しました。その後一部銘柄を組み替えています。

配当貴族の名の通り、日経連続増配株指数に採用されている企業は意地でも増配を続ける可能性が高いです。この指数に採用されること自体がステータスだからです。

連続増配は一度でもストップすれば0になってしまうので、**余程の事情が無ければ各社は連続増配を継続する**と予測できます。

さらに増配を続ける銘柄の株価が上がらないはずがありません。そして「連続増配」はここ数年のトレンドともいえます。日経連続増配株指数をベンチマークにしたETFや投資信託の組成が期待でき、そうなれば、**指数採用銘柄の株価を底上げ**するでしょう。

また、指数採用銘柄は投資家の目に触れることが多くなり、割安で放置されていた小型株にも買いが入り株価を押し上げると予想できます。

◆ 配当貴族銘柄の注目ポイント

私の場合、配当貴族銘柄は以下のような考え方で選んでいます。

① 株価が割安
② 現時点で比較的高配当
③ 配当性向が低めで増配余力あり
④ 過去の業績が安定、または右肩上がり

これらは全て基本的なスクリーニングでわかることです。

この PF を組成した時の狙いは、二重のバッファーの活用です。

①増配を続ける銘柄の株価が上がらないわけがないので、日経連続増配株指数は日経平均を上回るはず
②指数採用70銘柄から厳選したのだから、ヘムの配当貴族は日経連続増配株指数の成績を上回るはず

この二重のバッファーがあれば「ヘムの配当貴族」は「日経平均」を大きく上回る成績を上げられるだろうと考えたわけです。

結果はどうなったでしょうか？

2023 年6月から運用を開始。1年6ヵ月後の 2024年11月30日時点の成績は日経平均が＋15.12%に対して、日経連続増配株指数＋ 15.16 ％、ヘムの配当貴族＋ 25.66％でした。
私の想定通り、
・日経連続増配株指数（＋15.16%）＞ 日経平均（＋15.12%）
・ヘムの配当貴族（＋ 25.66%）＞ 日経連続増配株指数（＋15.16%）
となりました。

日経連続増配株指数の成績は、日経平均をわずかに0.04％上回っただけでしたが、ヘムの配当貴族は日経連続増配株指数を1年あまりで10.5％と大きくアウトパフォームすることができました。

　「日経連続増配株指数の70銘柄からのスクリーニングによる有効性」は十分に示せたと思っています。

　2024年6月30日までに日経連続増配株指数採用70銘柄のうち連続増配をストップしたのは日本M＆Aセンターホールディングス、神戸物産、GMOペイメントゲートウェイの3社で、95.7％が増配を継続しています。

　私のPFの23銘柄（2024年11月30日時点）は全て増配、PF全体の増配率は「12.3％⇒11.1％⇒13.4％」と推移しています（P.85）。

　今期は8.3％の増配予想ですが決算発表と同時に増配を発表する企業が多く、最終的には10％を超えてくると予想できます。

　また、PF全体の配当性向は2024年9月30日時点で36.79％とまだまだ増配余力を残しています。

　一方で、**EPSの成長が鈍く、配当性向が上がってくれば要注意**です。配当性向60％を超えてきた銘柄があれば、今後の成長性を考慮して、その銘柄の入れ替えを検討するタイミング。成長期待が乏しく、増配余力も小さい場合は銘柄入れ替えを検討しましょう。

　配当貴族PFの構成銘柄は常に**増配余力の大きな銘柄で固めておく**ことが重要です。

④ 優待株ポートフォリオ

　優待株の銘柄選定の場合、**実は、小型株に100%こだわっているわけではありません。**

　なぜなら、「**優待が魅力的かどうか？**」も**優待株を選ぶ上で重要**だからです。優待でもらえるもので多いのは、QUOカードやその企業の経営する飲食店の割引券など、自分の生活に直結するものが多いです。家族も喜ぶので、優待の魅力は高いのです。

　もちろん、時価総額が小さく、割安で、増配期待があり、業績が安定している企業を基準に銘柄を選定するのですが、そこに優待の魅力の基準をプラスしようとすると、全てを満たす銘柄を見つけるのが難しくなります。

　例えば割安度を犠牲にしたり、イオンモールのような大型株であっても採用したりとなにかしらの妥協は必要ですが、できる限り上記条件の最大公約数が取れるような銘柄を選ぶようにしています。

　私が選んでいる優待銘柄は59銘柄（2024年11月30日時点）です。

　優待株ポートフォリオは2016年の3月に運用を開始しました。運用期間は8年9ヵ月になりますが、この間の運用益は＋177.64％で、TOPIXを78.66％アウトパフォームしています。

　優待株投資が素晴らしいのは運用益とは別に、カタログギフトや食事券やQUOカードなどの優待をもらえることです。

　現在、私はQUOカードやカタログギフトなど金額にすると、このPFから毎年合計132,500円の優待をもらっています。投資元本に対する優待利回りは約1.49％です。

受け取っている優待	
＊QUOカード	¥61,000
＊カタログギフト	¥36,000
＊ほか金券（ニコスカード・お米券等）	¥10,000
＊図書カード	¥2,000
＊食品・自社商品（歯磨き粉等）	¥23,500
合計	¥132,500

1年間で現金を13万円以上節約できると思うと、大きいですよね。

このような優待株でも、増配力は見逃せません。構成銘柄の過去5年の配当金の推移ですが、増配199回、据え置き73回、減配15回でした。増配確率は69.3％にもなります。直近の決算期（2024年9月30日時点）では58社中46社（79.31％）が増配でした。

ここでも、増配確率より大切なのはPF全体としての「増配率」。全体の増配率（構成58銘柄の増配率の平均値）は「23.4％⇒ 16.22％⇒ 21.0％」と推移しています（P.89）。

今期は10.8％の増配予想ですが決算発表と同時に増配を発表する企業が多く、最終的に増配率はさらに上昇することが予想されます。

また、PF全体の配当性向は33.85％とまだまだ増配余力を残しています。

優待株PFは優待内容が魅力的で、運用成績も約9年間でTOPIXを78.66％上回り、なおかつ今後の増配期待もある、非常にバランスのとれたPFだと思っています。

先ほど、大型株でも魅力的な優待なら妥協すると書きましたが、PFの2024年11月30日時点の小型株比率は80％、超小型株比率は51％と、かなり小型株寄りになっています。

PF平均のPERは11.17、PBRは0.94です。

日本取引所グループの統計資料では2024年11月時点でプライム市場上場企業の平均はPER16.6倍、PBR1.2倍なので収益面からも資産面からも割安で「小型割安株効果」を十分に享受できるPFとなっています。

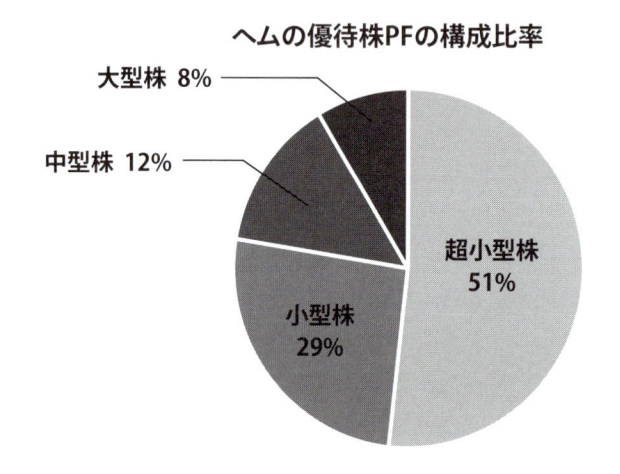

ヘムの優待株PFの構成比率

- 大型株 8%
- 中型株 12%
- 小型株 29%
- 超小型株 51%

◆ 優待株エアバッグ効果

優待株にはエアバッグ効果があると言われます。それは優待目的で株を保有している投資家は多少の暴落ではその株を売却しないのでほかの銘柄に比べて暴落時の下落耐性があるとされるからです。

それは本当でしょうか？　いわゆるコロナショックの暴落時に優待株エアバッグ効果が作動したかを調べてみました。

コロナショックは2020年2月13日、中国で新型肺炎の感染症例が大幅に増えたことが始まりでした。その日の株価とコロナショックど真ん中といえる3月19日の株価の騰落率を日経平均、TOPIX、「人気優待株1〜25位PF」、「人気優待株26〜50位PF」の4グループで確認しました。

「人気優待株1〜25位」は様々な優待株紹介サイトを見て、上位1〜25位によく見るもので構成してあります。構成銘柄はイオン、すかいらーく、マクドナルド、日清食品など皆さんが大好きな超人気優待銘柄ばかりです。また「人気優待株26〜50位」は優待株の人気度合いがエアバッグ効果にどの程度の影響を及ぼすかを確認するために設定しました。人気優待株の騰落率は構成銘柄の単純平均です。

　結果は以下のようになりました。

・コロナショック時の下落率

日経平均	▲30.53%
TOPIX	▲25.09%
人気優待株1〜25位PF	▲14.61%
人気優待株26〜50位PF	▲16.93%

　優待株エアバッグ効果は、人気優待株においては明らかに存在しました。人気優待株1〜25位では日経平均の下落率に対して半分以下の下落率となり、人気優待株26〜50位ではその効果は若干落ちるとはいえ十分な効果を発揮しています。

　想像以上に強い「優待株エアバッグ効果」。それでは「人気優待株」でPFを組んでおけば良いのでしょうか?

　この疑問を解消するためにコロナショックの始まりから直近までの株価の上昇率を検証しました。以下は2020年2月13日〜2024年3月26日の各PFの上昇率です。

・コロナショック時を含む長期間の成績

日経平均	＋59.20%
TOPIX	＋56.82%
人気優待株1〜25位PF	＋25.61%
人気優待株26〜50位PF	＋18.76%

この数字から人気優待株は**暴落後の回復力が弱い**ことがわかります。その成績は「日経平均」「TOPIX」と比較して大きく見劣りします。

　確かに人気優待株にはエアバッグ効果は存在しますが、単に人気優待株を買っておけば良いというほど投資は甘くはないのです。

　私の優待株PFはコロナショック以降もTOPIXとの運用差は広がり続けています。ここからも同じ優待株でも人気優待株ではなく下のグラフのように「小型割安＋業績安定＋低配当性向＋増配期待大」の銘柄を選ぶことの有効性が確認できると思います。

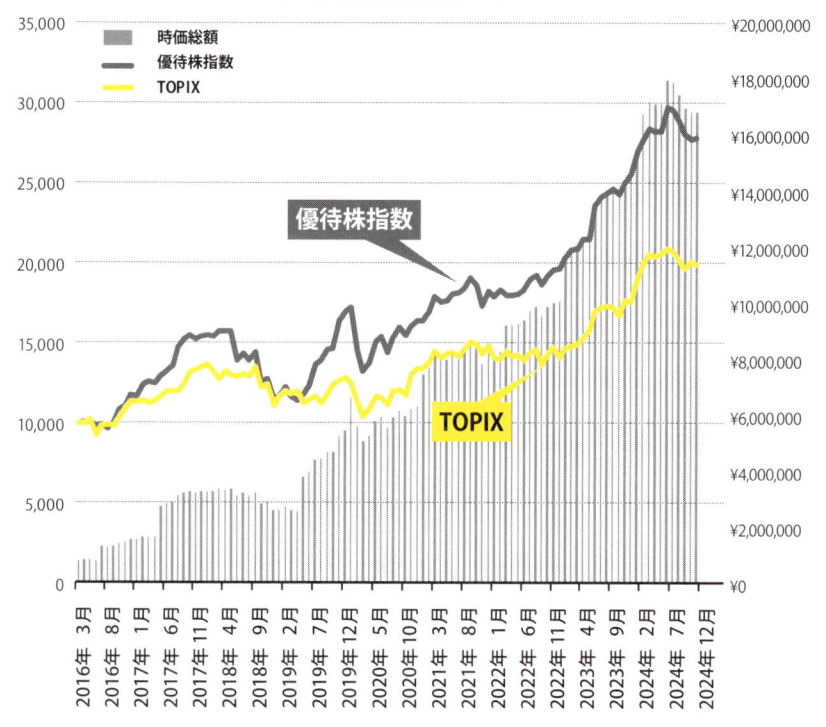

ヘムの優待株指数 vs TOPIX

＊）ヘムの優待株PFはNISA口座で運用中のため節税効果があります。

◆ 優待は廃止のリスクがある

優待株投資の**最大のリスクは優待廃止**です。優待廃止と株価の下落という地獄のダブルパンチを食らいます。

優待実施企業数の推移を見ると2019年まで優待実施が増え続けてきましたが2020年以降は下落に転じています。残念ながら、優待廃止リスクは高まっています。

その原因として考えられるのが2022年4月の東京証券取引所による東証再編と機関投資家の存在です。

東証の市場再編では株主数の規定が緩和され、プライム市場では上場維持に必要な株主数は2,200人以上から800人以上になりました。それまで、個人株主を増やすために株主優待を導入していた企業がこの緩和により、優待の必要がさほどなくなり、廃止していったのです。

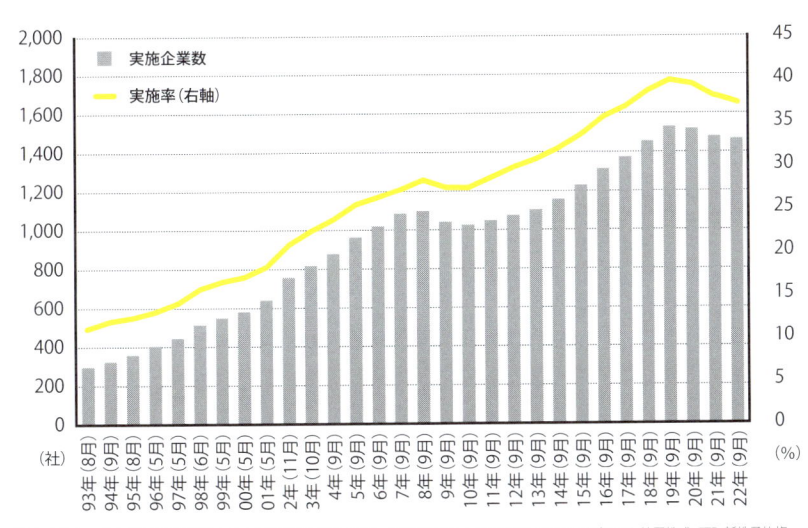

(注1) 実施率＝株主優待実施企業数÷全上場企業数×100。ただし、実施企業数・上場企業数にはREITを含むが、外国株式、ETF、新株予約権、TOKYO PRO Market上場企業等は含まない。
(注2) 2018年までは大和インベスター・リレーションズが発行する株主優待ガイド(冊子版)、2019年以降は同(WEB版)における掲載社数を指す。なお、( )内は各年の調査月。「21年(9月)」であれば、2020年10月から2021年9月までの間に優待を廃止した企業のデータが取得されていることになる。
(出所) 大和インベスター・リレーションズ提供資料より大和総研作成

株主優待制度は日本だけの制度で、機関投資家や海外投資家からは大変不評です。企業が優待を出すには優待自体のコスト、発送費、事務費などがかかります。

　また、多くの優待は最低単元株だけ持っていれば受け取れます。個人投資家が単元株だけ保有すれば、優待利回りは1%になるのに大口投資家の場合は優待利回りが実質0になることもよくあります。これは利益還元の公平性の観点からも問題があるといえます。

　日本取引所グループが2024年7月2日に発表した2023年度の株式分布状況調査によれば、外国法人の株式保有率は1990年から個人投資家を抜いて、急激に上昇しています。彼らが株主優待に否定的なのですから、株主優待廃止の流れが強まっているのは自然の流れでしょう。

　ただ新NISAの開始で個人マネーの受け皿となるべく、企業が株主優待を見直す動きも見られ、2022年9月〜2023年9月の優待新設企業数が

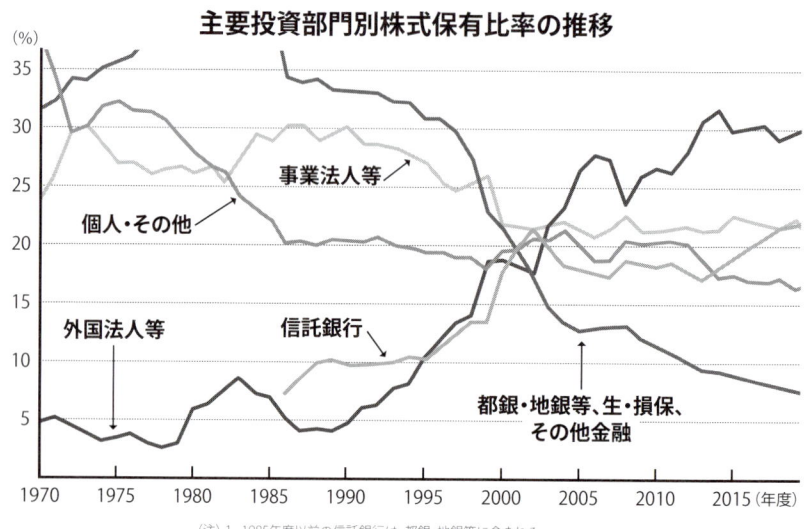

主要投資部門別株式保有比率の推移

(注) 1. 1985年度以前の信託銀行は、都銀・地銀等に含まれる。
　　　2. 2004年度〜2021年度まではJASDAQ上場銘柄を含む。2022年度以降は、その時点の上場銘柄を対象。

わずかですが廃止数を上回りました。

とはいえ、優待廃止のリスクは存在します。優待廃止で株価が下落した際の対処法を説明しておきます。

◆ 優待廃止時の株価下落率

最近は優待廃止と同時に増配を発表する企業が増えています。しかし、株主優待廃止公表後の株価の推移を示したデータを見ると増配をセットにしても株価は下落しています。

株主優待廃止公表前後の累積超通リターン（平均値）の推移

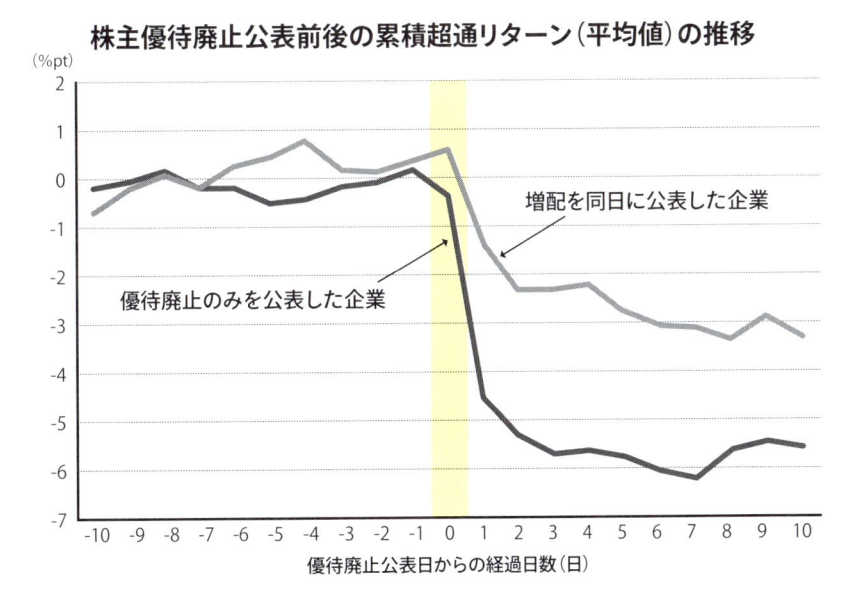

（注）分析対象にREITは含まない。
（出所）大和インベスター・リレーションズ提供資料、アイ・エヌ情報センター、QUICKより大和総研作成

＊優待廃止のみの発表の場合　　　　約6％下落
＊増配と優待廃止の同時発表の場合　約3％下落

優待株を買うときの注意として、一般的に言われているのが「優待廃止リスクが高いのはQUOカードやカタログギフト、優待プレミアムク

ラブポイントなどを出している企業だから、自社製品を優待品として出している銘柄に投資しろ」です。

これを私はあまり得策だとは思いません。自社製品を優待で出している企業は株価が割高な傾向にあります。優待が継続されても株価下落リスクが高ければ元も子もありません。

もし、優待株を保有しているなら、売却してほかの株にシフトした方が良いという考えもあります。この考えもまた正しいとは思うのですが、優待投資にはその金額以上に家族がワイワイと喜べるという「幸福度UP」効果があります。私は、これを犠牲にはできません。

◆ 優待廃止時大人買い投資法

では保有している優待株が優待廃止という最悪の事態に直面したら、打つ手はあるでしょうか?

私なりに考え出した答えは「優待廃止時大人買い投資法」です。
優待廃止時大人買い投資法とは、**優待廃止時に優待投資家が投げ売りし、超割安となった株をやや厚めに買う逆張りの投資手法**です。

優待廃止後のしばらくの間は優待投資家の売りで、ほとんどの場合、株価が下方にオーバーシュートしてしまいます。このとき、じっと我慢したのち、底値を狙って買い増しします。

ただ、その前に**改めて銘柄分析**を行います。元々割安だと判断して購入した株が優待廃止で叩き売られているのですから超割安だと判断できるものもあるでしょう。

一方、優待廃止前に株価が上昇しており、すでに割高になっているケースもあります。この場合は優待廃止で株価が下落しても十分に割

安と言えるレベルにまで株価が下がらないことがあります。そのような銘柄は購入対象にはなりません。

　再度の銘柄分析で十分割安と判断できれば、優待投資家の投げ売りの底を見極めます。優待廃止により株価が下落する場合は、優待投資家が投げ売りしている間は株価が急落して、その後、**横ばいや切り返す**ケースが多いので、私の場合は、急落後チャートが落ち着いたなと思った段階で割安度の分析をして購入の是非を決めるようにしています。

　購入する場合の株数は、資金力にもよりますが、保有している株数の**3倍から10倍**の枚数です。
　ただ、底値を見極めるのはなかなか難しく、さらに下落することもあります。そこで一度に数百株買うのではなく、100株ずつ数回に分け、300株〜1,000株ほどを買っていきます。

　私の場合は保有株が優待を廃止した時に、優待廃止時大人買いを行うかを検討します。私が保有している時点でそれなりに割安で魅力的な銘柄のはずだからです。それでも大人買いをしようと思える銘柄は3社に1社ほどです。

　直近では2023年5月に九州リースがQUOカード優待を廃止したとき、株価が880円から740円程度まで下落しました。同社は元々割安でTSMC進出による九州活況の波にも乗れる可能性のある銘柄だったので、チャンスだと思い1,000株買い向かいました。その後、株価は2ヵ月ほどで優待廃止前の基準を超えていったので、この取引は成功だったと思います。

　優待の新設や廃止情報は企業のホームページに告知されますし、インターネットで検索して知ることができます。

⑤ 不人気株ポートフォリオ

　不人気株とは**将来を悲観され誰も興味を示さず、叩き売られた状態の
まま放置されている超割安株**です。 ですが、**大きな可能性を秘めている**
のも不人気株です。

　結論から言えば、ここまでに紹介した私の運用する6テーマの中でこ
の不人気株ポートフォリオが一番の成績を収めています。

設定来（2022年1月〜2024年11月）の成績

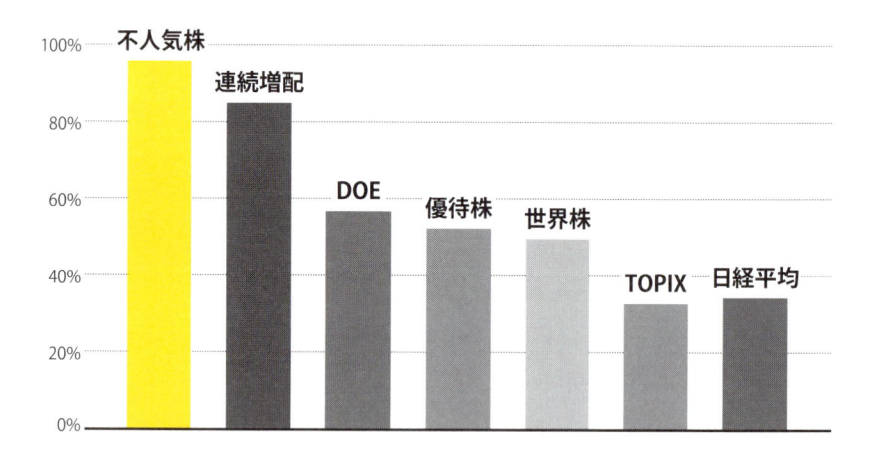

　不人気株PF構成グループには、地銀・放送局・優待廃止銘柄・エン
ジン自動車部品銘柄等があります。 ここでは「地銀株」「放送局株」「エ
ンジン自動車部品株」の採用時の考えをご紹介します。

・地銀株

　地銀グループを採用したのは2021年、各銀行が低金利に苦しみ、ペ
イ払い等のフィンテックの流れにも乗れず存在意義が危ぶまれた状態で
した。 PF組成当時の株価はPBR0.1倍程度が散見される極めて割安な
状態でしたが、足元の業績はそこまで悪くはありませんでした。 また

各行店舗の統廃合、各種手数料の有料化等生き残りに向けて様々な取り組みを行っていました。 景気が上向き、0金利が解除されれば本業の業績が一気に回復する可能性もあると考え地銀各行の購入を決めました。

・放送局株

2022年の前半に放送局を採用した時も、テレビ離れが進み放送局の将来性は悲観一色。 各社の PER は 10 倍割れ、PBR も 0.3 ～ 0.5 倍程度でした。 当時の TBS 等は時価総額 3,000 億円程度に対して、流動資産が 1,987 億円、保有投資有価証券が 7,267 億円、総負債が 3,186 億円と買収した瞬間に 2 倍近くのキャッシュが手に入るような状態です。

また、同社は赤坂を中心に優良不動産を保有。 賃貸不動産は簿価 832 億円に対して時価 3,055 億円と含み益が 2,223 億円もあったのです。 いくら将来性が悲観されているとは言え、過小評価が行きすぎていると考え、放送局各社の購入を決めました。

・エンジン自動車部品株

エンジン自動車部品銘柄を不人気株に組み込んだのは 2022 年です。 当時の世間の関心は電気自動車（EV）、脱炭素、SDGs に集まっていました。 エンジン自動車の衰退は確定的で、その部品を製造している会社の株価は極めて低調で、足元の業績は好調にもかかわらず PER6 ～ 8 倍、PBR0.4 ～ 0.6 倍程度といった銘柄が散見されました。

確かに、エンジン自動車部品の将来性に期待など持てないことは明白でした。 しかし、株価は皆が予想している状況と比較して現実がどうかで決まります。 皆が 10 年後に市場規模が 50％減少すると予想していたのに、実際は 20％の減少であれば株価は上昇します。

市場の評価は上方にも下方にもオーバーシュートします。 関心を集める人気株には買いが集まることで、株価が高騰、実力以上に割高になる一方、不人気株は誰の興味も引かず、出来高も伸びず、実力以上に割安になる傾向があります。 その歪みをついたのが不人気株 PF です。

以下は不人気株PF構成銘柄のグループ別の成績（2024年11月30日時点）です。それぞれのグループを組成した時期が違うので一概に成績は比較できないのですが、全てのグループがプラス運用なのはこのPFの特性から考えても上出来の運用成績だと思っています。

	銘柄数	損益%	時価
地銀	14	123.85%	¥11,167,000
放送局	6	76.95%	¥3,620,200
優待改悪・廃止	5	55.87%	¥3,062,900
原油高悪影響	4	41.89%	¥804,850
エンジン自動車部品	15	45.74%	¥3,106,000
その他不人気業種	8	19.45%	¥2,162,400
地方上場	3	13.04%	¥612,700
SIer	9	2.56%	¥5,025,600
円安逆風銘柄	12	0.87%	¥2,977,650
合計	76	48.56%	¥32,539,300

◆ 不人気株は損をする覚悟がいる

このPFを紹介すると「私もその手法は良いと思っていた」との反応が返ってくるのですが、実際にこの手法を採用している人に出会ったことはほとんどありません。

不人気株を底値で買うなどはとても不可能で、大半は購入後も下がり続けるか、底をはったままになります。皆それが分かっているから買えないのです。

不人気株を買うには「目先の損を織り込む覚悟」と「不人気株を正面から分析する覚悟」が必要です。

つまり、ファンダメンタルズ分析（理論株価／資産価値を含めたPER／5後年＆10年後シミュレーション等）をしっかりして、企業の

資産価値、事業価値と株価を比較して過度に悲観が織り込まれていると判断した銘柄を当面の損を覚悟で買うということです。決して急落している株を値ごろ感だけで買っているのではありません。そのような買い方をすると大火傷をする可能性がありますので、くれぐれもご注意ください。

◆ 不人気株ポートフォリオの成績

結果的には2021年に運用を開始して、運用期間3年2ヵ月で運用利回りは＋106.41％、同期間でTOPIXを＋72.45％アウトパフォームしています。

このPFのスローガンは「人の行く裏に道あり花の山」。しっかりとファンダメンタルズで分析をすれば、周囲で見逃しているお宝銘柄を掘り当てることができるのです。

なお、不人気株PFにおいても増配力は重視しています。PF 全体の増配率（2024年9月時点の構成77銘柄の増配率の平均値）は「22.98％⇒16.51％⇒31.63％」と驚異的な推移となっています（P.93）。

こちらも今期は8.9％の増配予想ですが、最終的には10％を超えてくると予想できます。また、PF全体の配当性向は32.41％とまだまだ増配余力を残しています。

私の不人気株PFは今のところ好成績ですが、これから皆さんが「地銀・放送局・エンジン自動車部品」等の過去の不人気銘柄を購入しても意味がありません。

今、過小評価を受けている不人気株を探すべきです。

私は円安で苦しんでいる内需株等ではないかと思っています。価格転嫁とコスト低減に取り組むも、円安には勝てず減益で苦しんでいるものの、実は底力がついてきているのではないでしょうか。円高になった時には大きく化けるかもしれないとイメージしています。

⑥ 小型割安株ファンド（通称「Jペッパー」）

　2023年10月1日、**時価総額700億円以下、PBR 0.8倍以下、PER 10倍以下、さらに東証の開示要請に未対応**など、特定の条件を満たす銘柄で構成したポートフォリオ（以下「Jペッパー」）を組成しました。このPFの狙いは東証の要請に対する各企業の開示による株価上昇です。

　運用開始から1年2ヵ月後の2024年11月30日時点で、**構成銘柄数は84、運用成績は＋21.72%**という結果を記録しました。

　この間、TOPIXの成績が＋14.93%、TOPIX Smallバリューの成績が＋12.15%だったため、「Jペッパー」はこれらを上回り、一定の有効性を確認することができました。

　残念ながら、この1年間、小型割安株全体（TOPIX Smallバリュー）の成績は振るわず、TOPIXに対して2.78%のアンダーパフォームを記録しています。しかし、その中で「Jペッパー」はTOPIX Smallバリューを＋9.57%上回った運用成果を示すことができました。

　特筆すべき点は、84銘柄に分散投資を行った上でこの成果を上げたことです。この結果は運や偶然によるものではなく、銘柄選定の効果が十分に発揮された結果だと考えられます。TOPIX Smallバリューでは効率的市場仮説が十分に機能していないため、ミスプライス（価格の歪み）が発生しやすいと推察できます。

　「Jペッパー」のTOPIXに対する成績は＋6.79%。小型割安株全体に逆風が吹く中では健闘したと言えるでしょう。また、第1部で述べた「コインの表なら勝ちで、裏でも勝ちが小さいだけ」という考えを裏付ける結果でもあります。

　小型割安株の**相対的割安度は現在さらに増しています**。業績が好調であるにもかかわらず、大型株に比べて株価は低迷しており、その割安

度が明確になっているのです。以下に示すPBRの推移データからもわかるように、資産面での中小型株の割安度が顕著です。この状況は「上昇のマグマが蓄積している状態」と表現できるでしょう。

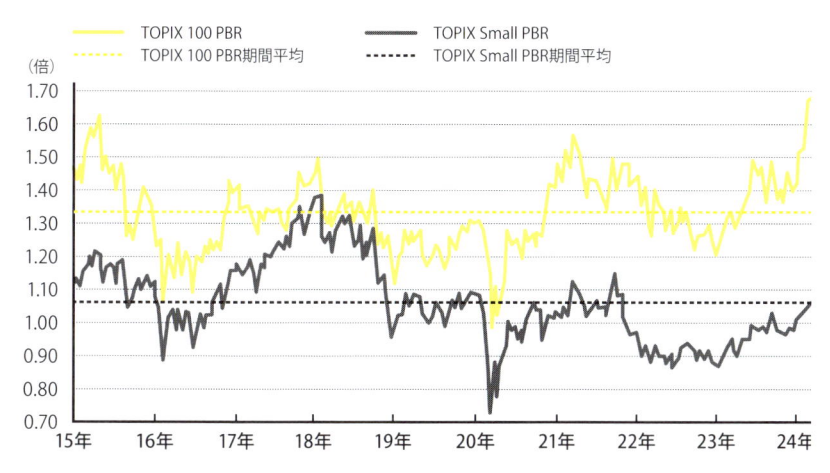

出典:岡三証券「ニッポンの中小型株〜高クオリティ・グロース株を探す」

この1年間は、偶然「コインの裏（小型割安株全体の低迷）」が出ましたが、バリュエーションにこれほどの差がある以上、やがて「小型割安株のターン」が訪れると確信しています。

もし「コインの表」が出れば、**蓄積した歪みにより、大きく勝てる可能性が高い**と考えています。数年後に振り返った際、「あの時の小型割安株は買いだった」と思える状況にあるでしょう。そのため、現在は配当再投資を活用しながら、コツコツと小型割安株を仕込んでいます。

この項目では、各テーマのポートフォリオの実績をご紹介しましたが、この本を手に取っていただいた方に向けて特別に、最新のPFのデータを全てあとがき以降に公開しています。

構成銘柄・PER・PBR・ROE・配当・配当性向・自己資本比率・簡易理論株価・安全域・時価総額の一覧表になっています。

ぜひ、銘柄選びの参考にしてみてくださいね。

07 売りの基準

　私の銘柄の買い基準は「本質的価値より割安な株」でかつ「今後長期にわたり増配が期待できる銘柄」です。

　つまり、売りの基準は以下の2つになります。

①本質的価値より割高になった銘柄
②今後の増配期待が薄れた銘柄

◆ ① 本質的価値より割高になった銘柄

　購入した企業が本質的価値より割高になる理由は、

・株価の上昇
・企業の本質的価値の低下

のどちらかです（もしくはその両方）。

　このうち株価の上昇により割安度が薄れた場合はあまり売りません。

　過去の経験則から企業の価値が評価され割安株が水準訂正される際には株価に勢いがつくことが多いからです。

　私はこれを「バリューの水準訂正からモメンタム相場に移行する」と表現しています。バリュー株がフェアバリューを通り越してグロース水準まで駆け上がるようなイメージですね。

　どこかで株価が下落してしまい、絶好の売りのチャンスを逃すことも

ありますが、総合的に見てフェアバリュー辺りで売るよりは握力強めでホールドした方が成績は良い気がします。

もちろん程度問題で、過度に割高だなと判断できる基準まで来れば売ることもあります。

また500株等の複数単元株を保有していればフェアバリュー辺りから100株ずつ売り上がるということもあります。

また保有株の一部を売って投資元本を回収し、残りを恩株（実質無料で手に入れた株）にすることもあります。

一方、企業の本質的価値が低下したと判断した場合は比較的早めに売ります。

対象企業の競争優位性が崩れた場合やマーケット面からの成長限界が来たと判断した場合などです。この時は早めに売った方が、傷口が小さく済むことが多いような気がします。

◆ ② 今後の増配期待が薄れた銘柄

次に売却を考えるケースとしては、今後の増配期待が薄れた時です。**配当性向が60%を超えてくると売りを考える**ことが多いです。

配当性向の上昇が一時的な業績悪化によるもので、今後業績の回復が見込まれる場合は売りませんが、業績が安定または成長しているのに増配を重ねて配当性向が上昇している場合等は売却を考えます。

もう少し詳しく説明します。

私の銘柄選定基準は「割安＆増配期待重視」です。

例えば割安で増配期待大のA社の株を買う。同社はEPSの成長より早いスピードで増配する（大体はそうなる銘柄を狙っています）。基本的に株価は、EPSの成長より配当の成長に引っ張られる。

つまり、増配にあわせて割安度は落ちていき、配当性向は上昇していきます。

　株は割安で買って割高で売るのが理想なので、増配余力が乏しくなってきたと判断した段階で売却すると利が乗っています。　その上で増配期待が大きく割安な他の銘柄に入れ替えるというイメージです。

　またEPSがマイナス成長だった場合でも、増配さえしていれば、株価は上昇していたり、そこまで大きくは落ち込んでいないケースが多いです。
　その場合も、増配余力がなくなった段階で傷が浅いうちに撤退しようという考えです。

　普通のケース、すなわちEPSも成長するし、増配も続けるという場合では、いったん上昇した銘柄はモメンタム相場に入り、実力以上に買い上げられることも多いので、配当性向60%程度までは粘るという感じです。

　日本企業は今還元姿勢を強めています。　つまり、EPSの伸び以上に還元姿勢を強化する銘柄が増えています。
　これは何を意味するか？

　増配狙いの投資の場合、以前より銘柄入れ替えの必要性が増しているということです。
　私自身も2023年以前と比較して、直近はやや積極的に銘柄入れ替えを行っています。

08 暴落への買い向かい

　最後に、私の戦略骨子の3つ目である暴落への買い向かいについて詳しく説明します。

　株式投資を行う上で避けて通れないのが暴落相場です。私は個人投資家にとって長期の**運用成績に最も大きな影響を与えるのは暴落時の対応**ではないかと思っています。

　そこで、暴落にあったときの対応策、そして冷静に対処できるよう、暴落の前に備えておくべきことを述べておきます。

　少し前の話を思い出していただきたいのですが、「効率的市場仮説」が成り立つ前提には「投資家が合理的な判断を行う」という条件がありましたよね。

　ところが、**暴落時はこの前提が崩れる**のです。

　平時には成績の良かった投資家が、下落相場や暴落時にうろたえ、冷静さを失っているのを SNS 等で見たことはありませんか？

　暴落相場では市場に本質的価値よりはるかに安い、まさにミスプライスともいえる株価の銘柄が頻出します。

　暴落は「**α**」**が取れる最大のチャンス**ともいえるのです。

　下落によるミスプライスが頻出するのは個人投資家の狼狽売りだけが理由ではありません。

　AIによるリスク回避のための自動売買、信用取引組の強制決済、顧客の解約によるファンド勢の投げ売りなど、暴落時にはたとえそれが非

合理的であっても売るしかないパーティーが現れます。

　これらのパーティーの売りによる暴力的な下げを見て、個人投資家は恐怖に負けて我先にと売りに走っているわけです。

　暴落時に株を売る人たちには「企業の本質的価値」を分析している余裕などありません。市場参加者の頭にあるのは**理性や理屈ではなく「このままでは殺される。今すぐ逃げなければ」という恐怖だけです。**

　多くの投資家が合理的な判断ができなくなったこのタイミングこそ、優良銘柄が安く買える**「千載一遇のチャンス」**と言えます。

　皆さんは「そんなことは当たり前だろう」と思うでしょう。ところが、リーマンショックや、ITバブル崩壊級の時、ほとんどの個人投資家が狼狽売りをして退場していったのが現実です。

　人は極限状態では、損失になるとわかっていても、目先の恐怖から逃げ出して楽になりたいと思うものだからです。

　ミスプライスの銘柄が安く買えるとわかっていても、暴落時の買い向かいは、そうたやすいものではありません。暴落とはそれだけ厳しい局面なのです。

　それでも、その時に**買い向かえる投資家になることが成功への近道**です。

暴落時の投資家の行動パターン

まずは、相場が暴落したときの投資家の行動パターンを知っておきましょう。複数パターンを比較することで、どの行動が有利に働くかを、俯瞰してみるのです。

そうすると、いざ暴落にあったときに冷静に自分の行動を判断することができるはずです。

◆ ① 限界まで耐えての陥落売り

中級者以上に多いパターンですが、上級者でも陥ることがあります。

押し目買いの効力は十分に理解しており、暴落初期で果敢に買い進みますが、中盤で資金を使い切ってしまいます。

終盤では莫大に膨らんだ含み損に耐えきれず陥落売り。

暴落初期・中期の買い向かいは傷口を広げただけになってしまうのです。正解に近い対応をしていたのに結果は天と地の差です。

相場の格言で「相場の金とタコの糸は出し切るな」というものがあります。常に余裕資金を残しておけということです。

事前に綿密なシミュレーションを行っておき、暴落時に計画通りに買い進む場合は「予定通りだ」と考えることができます。

もちろん、心穏やかというわけにはいきませんが、無計画に暴落初期で全ての資金を投入して買い向かった投資家と比較すると、どちらが陥落売りのリスクが大きいかは言うまでもありません。

◆ ② 被害が大きい強制退場

　信用取引等で普段から**レバレッジをかけすぎている**パターンです。
　階段を上がるような上昇相場で散々利を乗せるも、ビルを飛び降りるような相場の急落で全てを失うことになります。
　両建てなども必要なのでしょうがタイミングを計るのは至難の業で、そんなことはほとんどの人ができません。

　暴落かもと思ったうちの10回に9回は切り返します。
　その度にヘッジをかけていれば、実損失と機会損失の方が大きくなっていきます。よく「1割下がったら大怪我する前に売ればいい」という人がいますが、詭弁です。そんなことをしていたら10回に9回は「底で売った愚か者」になってしまいます。

　投資の世界で2回も3回も失敗したのち、同じ手法を取れる人間などいるわけがありません。
　暴落時の退場割合が最も大きいのは、信用取引組なのです。

◆ ③ 暴落前半で逃げきり

　リスク許容度が小さく、**暴落の初期で手仕舞いしたりポジションを落としていく**パターンです。初心者に多いですね。「暴落かも」と思ったうちの9割は切り返すので、実損失と機会損失は大きくなります。

　結局は、何もしない気絶投資法の方が長期では成績が良いのですが、暴落の被害をもろに受けないことで精神的な安定は得られます。
　例えば「直近高値から10%の下落で売り＆直近高値に戻ったら買い戻し」というルールを作っておくとしましょう。
　大怪我はしませんが、小さな傷を何度も負うことになります。10%下がって売り、10%上がって買うのですから当たり前ですよね。

私には、そのような手法を取ることはとてもできませんが、絶対に安全運転と考えるならこの手法はありかもしれません。

　ただし、10％は小さな傷といっても、それは50％下落と比較した場合のことです。
　10％の損失を出す取引を何度も行ったり、押し目局面で果敢に買い向かい儲けた人を横目で何度も見るのは、なかなかきついのではないかと思います。

◆ ④ 気絶投資法

　投資信託の積み立ては継続して、それ以外は何もしないパターンです。暴落はもろに喰らいますが、ひたすら積み立てを継続して、保有し続けるのみです。特に技術も相場観も必要ないので、誰もが取れる戦略です。

　要するに暴落時には証券口座も何も見ず、気絶しておけば良いのです。リーマンショックを乗り切った人はこのパターンが一番多かった気がします。

　ただし、気絶投資法ができるのは、大体は**投資割合が極端に低い人**です。例えば、金融資産3,000万円で、投資に回しているのは500万円だけといった個人投資家です。
　暴落は乗り切れるでしょうが、これでは投資で人生を変えることはできません。「なくなっても良いお金で投資すれば良い」という人がいますが、それでは投資から受ける恩恵が小さすぎます。

　ある程度のリターンを得たいなら、リスクは必至です。
　結局は暴落と正面から向き合うしかないのです。それが怖いなら、投資はお小遣い稼ぎと割り切って少額の資金にすればよいでしょう。

◆ ⑤ 奇跡的な実力者

　信用売りと信用買いを駆使して下落相場でも儲ける投資家です。 まさに最高のパターンですね。

　私にはとても想像できませんが、そのような方もいるのでしょう。相当の知力・経験・胆力を求められるのだと思います。 浅い考察で恐縮ですが、よくわからないので語りようがないのです。 本当にそんな人がいるのかもわかりません。

◆ ⑥ 凄腕投資家

　凄腕投資家には普段からフルポジション（資産のほぼ全てを投資に回している状態のこと）の人が多いです。

　彼らは、暴落時には下落の理由を冷静に分析し、ポートフォリオを組み替えます。 暴落のそれぞれの局面で下げがきついと判断できる銘柄を売り、下落幅が抑えられそうな銘柄や反発が期待できる銘柄を買います。 これを繰り返すパターンです。

　もちろん大きな傷を負いますが、その傷口を最小限に抑えようと努力し、暴落を乗り切ります。 私はこれが個人投資家の究極系だと思っています。

　ただし、これは誰にでもできることではなく、**ほとんどの個人投資家には無理**だということを覚えておいてください。 大半の投資家は暴落時にうろたえ、思考停止になり、最後は陥落売りします。

　私の感覚ではITバブル崩壊やリーマンショック時には8割の個人投資家が退場しました。 この8割には当時私が凄腕だと思っていた投資家も含まれています。

　株式は長期では期待値1以上のゲームです。 ここから数理的には「フ

ルポジション」か「低レバレッジ投資」がベストな投資手法であるのは間違いありません。

　ただ、**数理的と合理的は違います**。　人はそんなに強くないのです。

　フルポジションで暴落を乗り切れる投資家などごく一握り。　投資の世界ではプレイヤーが何度も入れ替わっていることを忘れないでください。

　リーマンショックで退場した人、コロナショックで退場した人、植田ショックで退場した人はたくさんいます。　その人たちは、SNS上にはもういないだけです。

　株式市場は寛容なので生き残りさえすれば、多くの恩恵を受けられます。　**生き残ることが最重要**です。

　投資の世界でも生存者バイアスが存在します。

　経験も胆力も銘柄選定力もあり生き残った凄腕投資家は、書籍を出版したり、SNSで発信したりしています。　そうすると、それが正しく聞こえるのです。　確かに彼らにとって「フルポジション」は最適解なのでしょう。　ただしこれは彼らにとってです。

　この本を見ている多くの方はそちら側の投資家ではなく、普通の投資家なのではないかと思います。　私は、この本で紹介しているのは普通の投資家がリターンを最大化できる手法だと思っています。

　そして**暴落時の対応は、普通の投資家にとって最も重要**です。　普通の投資家が暴落を乗り切るために必要なことは、1にも2にもキャッシュポジションの確保です。

計画的な買い進みが勝ちを生む

◆ キャッシュポジションの確保が大前提

キャッシュポジション（以下CP）とは、現金保有額のことで、私は、CPは自分の資産全体を見て、慎重に確保しておくべきと考えています。

きちんと手元に資金があることが、暴落時に買い向かうための源泉となるからです。CPの割合は年齢、資産額、入金力等にもよるので一概には言えませんが、私は最低でも30%は確保することをおすすめしています。

実際に元証券会社勤務の友人から聞いた話ですが、多くの顧客の中でリーマンショック時に買い向かえたのは潤沢な投資資金を現金でキープしていた2人だけだったそうです。

私もCPは常に意識して確保しています。そして、過去の暴落から底値の見通しを立て、計画的に買い進む手法をシミュレーションしておくことで、暴落に立ち向かっています。

◆ 暴落時の買い向かいシミュレーション

繰り返しになりますが、10回の暴落のうち、9回は切り返します。底値で買えれば押し目買いと同じ。そんな時に計画的に買い進むために、シミュレーションのやり方もお伝えしておきます。

私は日経平均が直近高値から10%下落した段階で暴落時待機資金の投入を開始します。
基本的な考えは日経平均PBR0.8を底にして10分割で投入します。

PBR0.8 を底値としているのには理由があります。

以下は日経平均PBRの20年間のチャートです。
　暴落時に株価を支える拠り所は事業価値ではなく資産価値です。そこで1株当たりの純資産を示すPBRが底値を示唆する指標として利用できるのです。

　バブル崩壊、リーマンショック、オイルショック、超円高、コロナショック、これら全てを含めての日経平均PBRの過去最低値は0.81です。それもセリングクライマックスでの一瞬のタッチでした。
　ですから、この辺りを下限とするのが最も現実的なシミュレーションの数値でしょう。

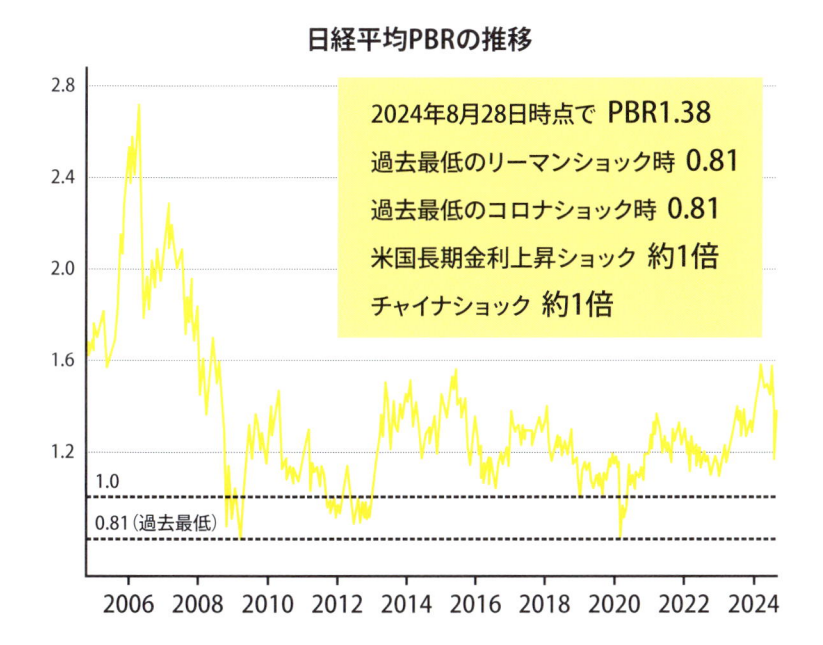

日経平均PBRの推移

2024年8月28日時点で **PBR1.38**
過去最低のリーマンショック時 **0.81**
過去最低のコロナショック時 **0.81**
米国長期金利上昇ショック **約1倍**
チャイナショック **約1倍**

1.0
0.81（過去最低）

さて、ここからは具体例を使って、シミュレーションのやり方を説明していきます。前提条件は以下の通りです。

> ① 投資元本 1000 万円、現在の時価 1,500 万円、暴落時買い付け用待機資金 500 万円
> ② ポートフォリオの暴落時の対日経平均 β 値は 80%

基点は 2024 年 3 月 22 日の直近高値 41,088 円です。ここから、暴落が始まったと仮定します。

1 回目の資金投入目安は日経平均株価が直近高値から 10% 下落した 36,979 円以下になったときです。

このシミュレーションでは、日経平均 PBR 1 倍が底となるような通常の暴落であれば、最悪期でも約 29 万円の含み益があるのがわかります。

暴落への備え 損益シミュレーション（β 値80%の前提）

最悪シミュレーション時（日経20,544）で損益は −231万円。ぎりぎり耐えられる。

前提条件① 投資元本1,000万円 / 現在の時価1,500万円 / 暴落時買い付け用待機資金 500万円
前提条件② ポートフォリオのベータ値が80%とする（小型割安ディープバリュー中心ならこのくらい）

	日経平均下落幅	MY-PF下落幅	日経平均	日経平均PBR	元本	時価	評価損益	追加資金投入	
基点 2024/3/22			41,088	1.57	¥10,000,000	¥15,000,000	¥5,000,000		
1回目資金投入時	10.0%	8.00%	36,979	1.41	¥10,500,000	¥14,300,000	¥3,800,000	¥500,000	
2回目資金投入時	15.0%	12.00%	34,925	1.33	¥11,000,000	¥14,164,444	¥3,164,444	¥500,000	
3回目資金投入時	20.0%	16.00%	32,870	1.26	¥11,500,000	¥13,997,882	¥2,497,882	¥500,000	
4回目資金投入時	25.0%	20.00%	30,816	1.18	¥12,000,000	¥13,797,988	¥1,797,988	¥500,000	
5回目資金投入時	30.0%	24.00%	28,762	1.10	¥12,500,000	¥13,562,096	¥1,062,096	¥500,000	
6回目資金投入時	35.0%	28.00%	26,707	1.02	¥13,000,000	¥13,287,119	¥287,119	¥500,000	通常暴落
7回目資金投入時	40.0%	32.00%	24,653	0.94	¥13,500,000	¥12,969,450	¥-530,550	¥500,000	
8回目資金投入時	45.0%	36.00%	22,598	0.86	¥14,000,000	¥12,604,820	¥-1,395,180	¥500,000	
9回目資金投入時	50.0%	40.00%	20,544	0.79	¥14,500,000	¥12,188,106	¥-2,311,894	¥500,000	リーマン級
10回目資金投入時	53.0%	42.40%	19,311	0.74	¥15,000,000	¥12,103,077	¥-2,896,923	¥500,000	予備
合計								¥5,000,000	

前提）日経平均の下落幅に対して自身のPFの下落幅は80%になる

また、リーマン級の暴落で買い続けると底値と推測した日経平均PBR0.8倍付近では約231万円の含み損を抱えることになります。

このような想定をしておくと、下落が続いても「シミュレーション通りだ」と心を落ち着かせて、計画的に買い向かえるようになります。

シミュレーションでは、ポートフォリオの下落率は日経平均の下落率に対して80％としていますが、楽観的すぎると思うなら90％や100％に設定してください。私の場合は過去の経験則から、増配狙いの小型割安株中心のポートフォリオであれば、このくらいのβ値が適当だと思っています。

皆さんには日経平均PBRの底値、β値、資金分割の割合の設定を変えて、**自分で納得できるシミュレーションを複数作っておく**ことを強くおすすめします。

◆ 暴落こそ入金のタイミング

では、実際の暴落で私がどのように資金を投入したかを示しておきましょう。次ページのグラフはこの6年間の私の証券口座への入金額とTOPIXの推移です。

グレーの線はTOPIXの推移で、黄色の棒グラフが入金額です。

2020年のコロナショック時とその前の下落相場時で大きく買い向かっています。

2021年末の下落時、2023年3月の米国金融危機時、直近では2024年8月前半の植田ショック時（日銀の利上げ決定による円高と株安）に大きく資金を投入しています。

あとから見れば簡単そうなのですが、その時点ではなかなか怖くてできないものです。例えば2024年4月19日の午前中に日経平均株価は前日比1,300円超下げました。

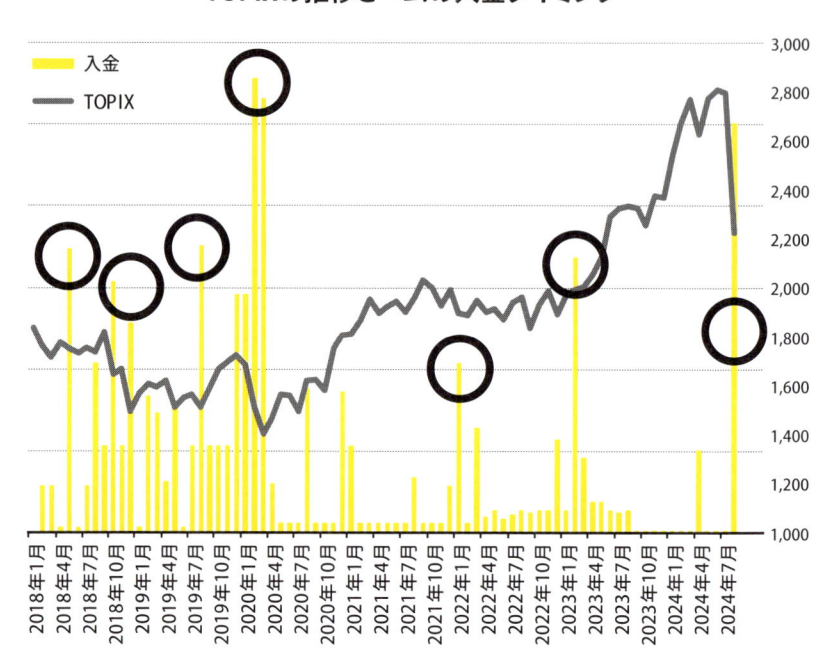

TOPIXの推移とヘムの入金タイミング

　これが押し目か、暴落の入り口かは誰にもわかりません。私は今までの長い相場経験で「このような下げで買い向かえば大体は報われる」ということを知っています。

　しかし、過去のデータでは10回に1回ほどは押し目ではなく、そのまま暴落に突入しています。その時にはどうするかをも想定しながら、買い向かったのです。

　10回に1回の暴落がコロナショックによる下落でした。しかし、この暴落でも、私は買い向かい続けています。精神的には地獄ですが、安い時に買っているのですから、長期で見ればリターンはかなり良くなります。

暴落時に買い進むメリットはほぼ**底値で買えること**です。

しかし、もちろんデメリットもあります。

一つは暴落に備えて待機資金を確保しておくため、日常はフルポジションがとれず、**資金効率が悪くなる**ことです。

いつ起こるかわからない暴落に備えて資金をとっておくぐらいなら、全てを投資して運用してしまった方が資産は増えるのではないかという人がいます。

確かに、フルポジションで運用している投資家には負けてしまうかもしれません。しかし、その差はわずかです。

彼らが暴落時にできることは銘柄を入れ替えることぐらいでしょう。

しかし、私は待機資金で超割安になった銘柄を買い進んでいます。**暴落から株価が回復したとき、安く買った銘柄が大きな利益をもたらす**のです。ですから、それほど負けないということです。

一方、フルポジション戦略のデメリットは私の投資手法と比較して**「陥落売り」のリスクが格段に高い**ことです。

投資を始めて19年目まではずっとプラスだったのに、20年目の暴落で耐えきれずに狼狽売り。「今までのプラスはほとんど吐き出し、生涯成績がマイナスにまで落ち込んでしまった」などということは普通にあることです。

大切なのは**途中経過で勝っていることではなく、最後に勝つこと**です。

胆力も腕もないのにレバレッジをかけ続ける投資手法をとるというのは、死に場所を探しているようなもの。いつ退場するかだけの問題のようにも見えます。私にはその胆力も腕もないから「どう転んでも勝つ投資」を目指しているというわけです。

「暴落時に買い向かう」、「小型割安株を買う」、「増配期待銘柄を買う」これらは全て期待値1以上です。

　この期待値1以上をコツコツ、コツコツ積み重ねるのです。 何年も何十年も。「勝つべくして勝つ投資」とはこういうことを言うのです。

◆ 暴落に備えて下落幅が緩やかな銘柄に投資しておく
（低 β 株への投資）

　これは、そもそも論のようなお話になってしまいますが、日頃から低 β 株への投資をしておくことも暴落の対策になります。

　日経平均に対する β 値が1未満の会社は、日経平均よりローリスク・ローリターンな銘柄と言えます。

　そして、素敵なことに小型割安株には低 β 値の銘柄が多く、暴落時の下落幅が緩やかな傾向にあります。 β 値について復習したい方は「小型株は怖くない！？」(P.59) を参照してください。

　暴落時に「買える人」「買えない人」「狼狽売りする人」には天と地の差がつきますが、この「下落率が緩やかであること」が暴落時の買い向かいを後押ししてくれます。

　「小型割安株投資」は長期での成績が優秀なだけでなく、暴落時の下落率が緩やかで、その下落率の緩やかさが暴落時の買い向かいも後押ししてくれる優れた投資手法なのです。

暴落に負けないマインドセット

暴落時は日常生活ではありえない金額が毎日溶けていきます。仮に投資資産3,000万円の人なら、わずか1ヵ月で1,000万円の損失ということが現実に起こります。リーマンショック級なら数ヵ月で約1,800万円の損失です。

ここまでの強烈な暴落に直面すると、頭は朦朧とし、足元がおぼつかなくなり、メンタルがやられたような状態になることもあります。「日常生活にも支障が出る。投資より健康と普通の毎日だ。このままでは精神面でやられてしまう」と感じ出し「全ての株を清算して損失を確定させたい。相場から逃げ出したい」という欲求が極大化します。

この局面が**投資家としての長期の成績を決める分かれ道**です。暴落時の買い向かいとは、この究極の精神状態の中で買い向かうことを言います。ですから、マインドセットが非常に重要になってきます。

最後に、暴落に負けないために、私の取っている対処法を紹介して、本編を終えたいと思います。

◆ 積み立て投資をやめないと決めておく

個別株投資のほかにインデックス積み立て投資をしていたら、**暴落にあっても積み立てをやめない**と決めておきましょう。

積み立て投資は世界経済あるいは日本経済の長期成長を信じて、コツコツ積み立てる投資で、あくまでも長期投資です。ですから、一時的な暴落時に売るのは最悪の決断です。

株価が安いときには大量に購入し、高いときには少し購入し、平均値を下げるという、積み立て投資のメリットでもあるドルコスト平均法の

利点を生かして、淡々と継続するのみです。

とはいえ、何十年もかけて積み立ててきた資産1,000万円が暴落に
あって800万円になり、700万円、600万円、500万円と資産が減ってい
くのを見るのはとんでもなくつらいことです。多くの人が800万円の
時に売っておけばよかったと必ず後悔するでしょう。

そして、ついには精神が持たなくなり、これ以上傷口を広げないうち
にと全部売却してしまうものです。リーマンショック時にはこうして
多くの人が市場から退出しました。

しかし、リーマンショック時の暴落で7,000円を割った日経平均は今
では40,000円近辺まで回復しています。売りさえしなければ、積み立
て投資も利益を出しているはずです。**株式市場では生き残りさえすれば
多くの恩恵が受けられる**のです。

このことを忘れず、積み立て投資を継続してください。

◆ 絶対に狼狽売りしないと決めておく

株価が上昇しているときに買って、暴落時に売ったのでは勝てるわけ
がありません。日々強烈に下落していく株価と対峙するのは本当につ
らいことですが、ここは我慢のしどころです。

暴落対策には準備も重要ですが、**最後は胆力**です。「狼狽売りだけは
絶対にしない」と覚悟を決めておきましょう。

私が陥落売りしそうになった時は、投資信託の積み立て設定だけをし
ておき、証券口座の売買パスワードを変更、手書きでパスワードのメモ
を書いて信頼できる家族に渡してしまおうと思っています。そうすれ
ば、自分で売ることはできませんから。

◆ 暴落時に見る金言を準備しておく

暴落時の狼狽売りは最悪の決断です。あらゆるデータが株式市場は長期で報われることを示しています。夜明け前が一番暗いことを思い出しましょう。

私は暴落時に自分を律するために、「暴落時に見る著名投資家たちの金言」を整理しています。最良の決断ができるか、最悪の決断をするかの分かれ目ですから、あらゆる武器を準備しておきたいのです。

私が座右の銘にしている金言をいくつか紹介しましょう。

> 「投げ売りする人から買うことはこの世界で最良の選択肢だが、投げ売りする側になるのは最悪の道である」

—ハワード・マークス*著（『投資で一番大切な20の教え—賢い投資家になるための隠れた常識』から）

> 「慌ててはいけない。売るのは暴落の前で、後ではない」

—ジョン・テンプルトン**

> 「強気相場は、悲観の中に生まれ、懐疑の中に育ち、楽観の中で成熟し、幸福感の中で消えていく」

—ジョン・テンプルトン

* ハワード・マークス（1946年4月22日〜）
   米国の投資家で運用資産1200億ドル以上を誇るオークツリー・キャピタル・マネジメント会長兼共同創業者

** ジョン・テンプルトン（1912年11月29日〜2008年7月8日）
   米国生まれのバリュー投資家。『マネー』誌が「20世紀最高のストックピッカー（銘柄選択者）」と称えた

第2部　「銘柄分析」実践篇

「賢明な投資家というのは、楽観的な人間に株を売りつけ、悲観的な人間から株を買うリアリストのことだ」

—ベンジャミン・グレアム *

「街のあちこちで通りが血に染まっている時こそ、買いの絶好のチャンスだ」

—ネイサン・ロスチャイルド **

「恐怖の風潮は投資家の最良の友だ。 解説者が明るい話をするときだけに投資する人は、意味のない安心のために大きな代償を払うことになるだろう」

—ウォーレン・バフェット ***

「株は単純。 皆が恐怖を感じている時に買い、陶酔状態の時に恐怖を覚えて売ればいい」

—ウォーレン・バフェット

私は株式投資で一番大切なことは「**信念と忍耐**」だと思っています。

- 上げ相場に信用買いで大儲けしている人を横目に見てぐっとこらえる忍耐
- 暴落時に買い向かう忍耐
- 株式投資の基本は安く買って高く売ることだという信念
- 最後はファンダメンタルズがものを言うという信念

これらのことを、学び経験し心の底から腹落ちできる状態に持っていく。こうすることで暴落時に買い向かえるようになる。その準備も整えられるようになる。突き詰めれば投資は「信念と忍耐」です。

銘柄分析力は優秀なのに、ここぞという時に逃げてしまう投資家を何人も見てきました。私は「**ほとんどの投資家にとって銘柄分析力は大切だが、いつ買うかがその何倍も重要**」だと考えています。

普通の投資家がこの世界で勝つには「銘柄選びで安全圏を確保すること」に加えて「買うタイミングで安全圏を確保すること」です。ここでも期待値1を積み重ねるのです。

後者は普通の投資家、つまり腕がなく、強靭なメンタルも持っていない投資家が、生き残るために残しておいたキャッシュポジションを最大限有効活用できるチャンスなのです。

最も買い難き時は、実は最も安全な時。それを数字で把握するのです。

① 企業が今いくら持っているか
② 企業が今いくら稼いでいるか
③ その稼ぎは今後どうなるのか
④ 企業の本質的価値は本当に株主に帰属しているのか

この４つから企業の本質的価値を類推して、安全域を確認すればすぐにわかります。ダイヤモンドメンタルでもない、凄腕でもない、生き残るためにキャッシュポジションを残している**普通の投資家が凄腕に最接近できるのが暴落**です。

　底で買い向かえるのはキャッシュポジションを残していた投資家の特権です。暴落は、普通の投資家にとって「ここで行かなくてどこで行くんだ」という勝負時です。熱い気持ちと、氷のように冷静な頭で綿密なシミュレーションを立てて買い向かってください。

　それでもやっぱり暴落時に買い向かうのは怖いものです。私も同じです。だから、ここまでに説明したような論理的根拠を普段から頭の中に刷り込んで、いざという時に買い向かうのです。

　私の考えは**「投資家は80点を取れればそれで良い。重要なのは市場に居続けることで、参加者の中で1位になることではない」**です。

　株式投資というゲームが素晴らしいのは、長期でプレイし続けられればお金が増えることです。

　ただ、このゲームの恐ろしいところは99勝1敗でも、その1敗が大きければ退場になることです。
　その**大きな1敗は大体「信用取引」か「超集中投資」か「暴落時の対応ミス」**で引き起こされます。

　普段からキャッシュポジションを確保し暴落時に計画的に資金を投入する——私は、長く安定した恩恵を市場から受けるには、これがほどよい手法だと思っています。

第3部

もっと投資を深める
応用知識

01 S&P500積み立て投資の危険性

　ここでは「S&P500（米国株）への積み立てが最適解だ‼」という今の風潮についての私の考えを述べます。

　実は私はこの考え方に少し不安を感じています。少しと言いましたが正直に言うと物凄く不安を感じています。

　直近のS&P500のデータを見てみましょう。

✓　S&P500の直近のPERは24倍（2024年10月中下旬）＊

✓　直近のドル円の為替は1US$=約153円（2024年11月1日）

　　＊松井証券レポートより

　それでは考察を始めます。

　次ページのグラフは超長期のS&P500のPERの推移です。

　過去160年の中央値は15倍程度です。

　ところが、この10年ほどはGAFAMやマグニフィセント7の株価の上昇で、PERが跳ね上がっています。

　私には今の米国株のPERは今後もS&P500の構成銘柄の中にGAFAMのように急成長する会社が現れ続けるという前提でのPERの水準に見えます。

S&P500 PER の推移

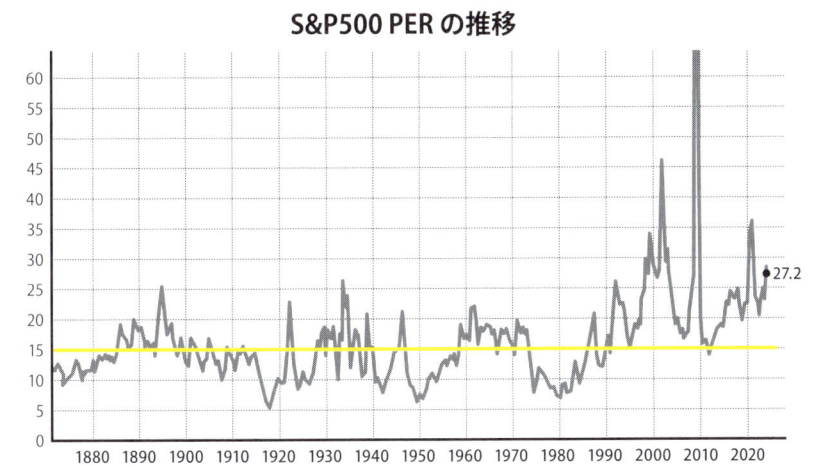

◆27.2

https://www.multpl.com/s-p-500-pe-ratioより引用

　この 10 年間の EPS の成長は TOPIX ＞ S&P500 です。 株価だけが S&P500 ＞＞ TOPIX です。 単純に S&P500 の PER が跳ね上がっているのです。 つまり期待値だけが上がっているのです。

日米 企業利益の動き（2010年〜）

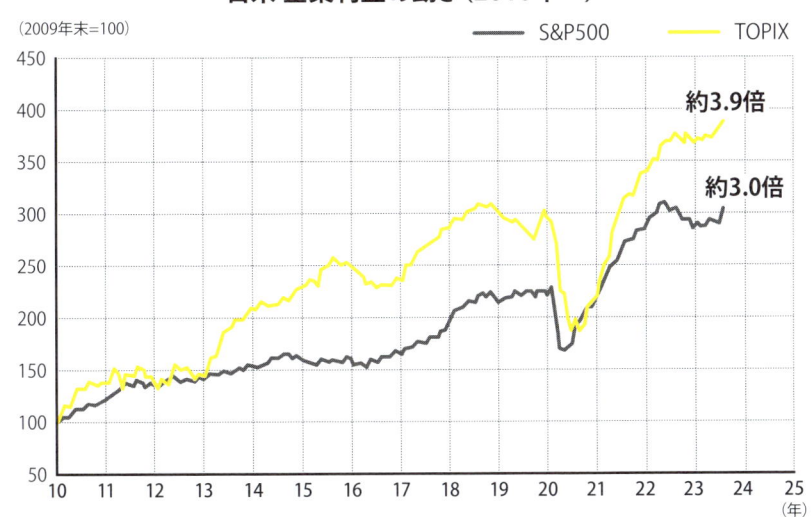

（2009年末＝100）

S&P500　　TOPIX

約3.9倍

約3.0倍

(注)企業利益：Bloombergコンセンサスの12ヵ月先予想EPS
(出所)Bloombergの掲載情報に基づきレオス・キャピタルワークス作成
https://hifumi.rheos.jp/labo/2023/iijanjapan02.html
2023.10.30　アメリカに負けていない！日本の巻き返しは始まっている【今が日本の転換点？インフレで変わる日本株！】#2より引用

この先20 ～ 30年の間に、この期待値がはがれ落ちて S&P500 の PER が 15倍に評価され直す時期が来ることはないのでしょうか？

私には十二分にその可能性があるように思われます。
マグニフィセント7のような革新的企業が本当に何十年間も生まれ続けるのでしょうか。今の株価はそれを織り込んでしまっているような気がしてなりません。

◆ 為替リスクを考える

今からの投資人生が30年あるとしましょう。その間に○○ショックは10回くらい来ますよね。どこかでリーマンショックやコロナショックのようなものが来るでしょう。

その時FRBはどうしますか？
金利を0にしますよ。

そうなると為替はどうなりますか？
日米の金利差がなくなるわけです。

今の購買力平価からの為替水準は 1US$ ＝ 90円辺りだそうです。
金利差がなくなれば為替は購買力平価の理論値に近づく可能性が高いと思われます。

絶対とは言いませんがそうなる可能性は十分ありますよね。購買力平価の考え方が、私にはとても「しっくり」きます。

IMFの購買力平価と市場レートの比較

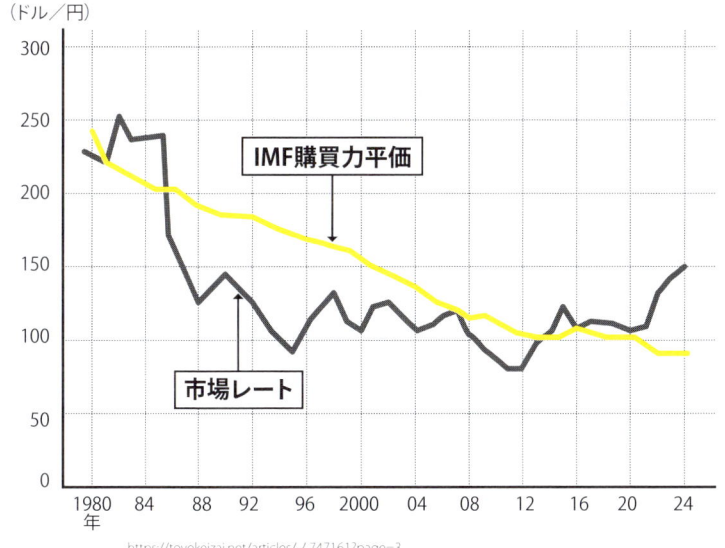

(ドル／円)

（グラフ中のラベル）
- IMF購買力平価
- 市場レート

https://toyokeizai.net/articles/-/747161?page=3
東洋経済：今の為替水準が「円安すぎる」経済学的な根拠　こんなに格差ができてしまったのはなぜなのかより引用

上記の考察から覚悟すべきストーリーは以下のような感じでしょうか？

PER 12倍程度もありそうですが、やや遠慮気味の設定にしています。

- PER 24倍 → PER 15倍（37.5％の下落）
- 1US$＝153円 → 1US$＝90円（41％の下落）

このダブルパンチで円ベースでは63％の暴落です。

私も米国株に投資していますが、このようなリスクがあることをわかったうえで投資しています。このシナリオは決して無理な想定ではないと思うのです。これが私が「投資の最適解はS&P500への積み立て投資」という風潮に不安を抱いている理由です。

私はこういうことが起きると言っているわけではありません。
こういう可能性もありますよと言っているのです。

「そんな〇〇ショックが来たら日本株も同じ目にあっているから、違いはない」と思うかもしれませんが、それは誤りです。

米国株投資での円高と株安のダブルパンチは強烈で、私はリーマンショックの時にその光景を見てきました。あの時、日本の小型割安株への投資でのダメージは、米国の大型株への投資よりははるかに「マシ」でした。この「マシ」の差が退場を防いでくれるかもしれません。

ところでGAFAMの時価総額を知っていますか？
マグニフィセント7の時価総額を知っていますか？

- 日本の東京証券取引所に上場する全上場企業の時価総額の合計
  約967兆円（2024年10月31日）

- GAFAMの時価総額の合計
  1,892兆円（2024年11月7日）

- マグニフィセント7の時価総額
  2,584兆円（2024年11月7日）

本当にこの7社だけで東証の全上場企業4,000社を2.7回も買えるだけの企業価値があるのでしょうか。ここまでくると感覚論ですが私は直感的に違和感があります。これは人それぞれでしょう。

今、海外旅行に行くとめちゃくちゃ値段が高いですよね。ランチ5,000円が当たり前だとか。ここにもヘムの感覚とはズレがあります。

日本は本当にそこまで弱い国ですか？
おかしいのは今の為替水準かもしれません。

大切なお金を長期にわたり積み立てるなら、色々なことを考えて

決めた方が良いと思います。 もし私が20代で投資知識がないのなら eMAXIS Slim 全世界株式（オルカン）と TOPIX の投信を 1：1 くらいにするでしょうか。

もしくは私のポートフォリオを丸パクリでしょう（笑）。

為替リスクがないし、予想が外れて「S&P 500 の快進撃」が続いたとしても、遜色のないパフォーマンスが期待できると思っています。

実際のところ、私も証券口座内金融資産の 5 ～ 10％ほどを米国株に投資しています。 米国は徹底した株主資本主義、イノベーションが生まれやすい土壌、資源、軍事力、地政学の面からくる有利さ、移民受け入れによる人口ボーナスの継続、広い国土、穀物生産力、基軸通貨を持つ有利さなど、多くの魅力を持っています。 米国株を持たざるリスクは大きいと考え、私も資産の一部を米国株に振り向けています。

ただ「S&P 500 が正解の一択」と考えるのには、やはり不安を感じてしまいます。

足元ではなく 20 ～ 30 年の長期で投資を行っていくならこういうことを考えておかないといけませんよというお話でした。 本当に 60％を超えるような下落が来たら、この本を読んでいる皆さんの 8 ～ 9 割は退場すると思われます。 リーマンショックの時は大体そんな感じでした。

企業の本質的価値を真剣に分析している凄腕投資家でさえ危ないのですから、特に深い考えもなく「 S&P 500 一択だ！」と言っているような投資家などは一溜りもないでしょう。 もちろん深い考えがあって「S&P 500」を選択している投資家さんはその限りではありません。

米国株には本当に PER 24 倍や購買力平価から 41％も円安である現状を許容できるほどの魅力があるのでしょうか？

米国株投資の比重が大きめの皆さんは一度考えてみてください。

02 もっと詳しい PER

PERは会社の利益と比べ、株価が割安かどうかを判断する指標です。

この指標を理解し、銘柄選択の際に活用するのはバリュー投資の基本中の基本です。

個人投資家にとってPERはおなじみの指標で、理解しているという人は多いと思います。

しかし、どこまで深く理解できているのかは疑問です。

ここでは初級・中級・上級と難度を上げながら説明していきます。きちんと理解した上でスクリーニングしているのと、適当な理解でスクリーニングしているのとでは投資の結果に差が出るのではないかと思います。

PERの基本（初級篇）

PERとは株価収益率のことで、現在の株価が1株当たりの純利益の何倍にあたるかを表す指標です。

計算式は、**PER＝株価÷EPS（1株当たり当期純利益）**です。

その数値は**何年分の純利益で株価が回収できるか**を意味しています。ですから、数値が大きければその銘柄は割高、小さければ割安になります。

投資家の間では過去の日経平均PERの推移や全上場企業のPERの中央値から、大体PER15倍がフェアバリューとされています。

　以下は2024年12月2日時点での、国内全上場企業のPER分布図です。
　PER500倍等の異常値もあるので、平均値ではなく中央値で見ますが、上場企業の直近のPERは13.89倍です。
　今は構成銘柄数の多い小型株が割安な評価を受けていることから、フェアバリューとされる15倍よりやや低めに出ています。

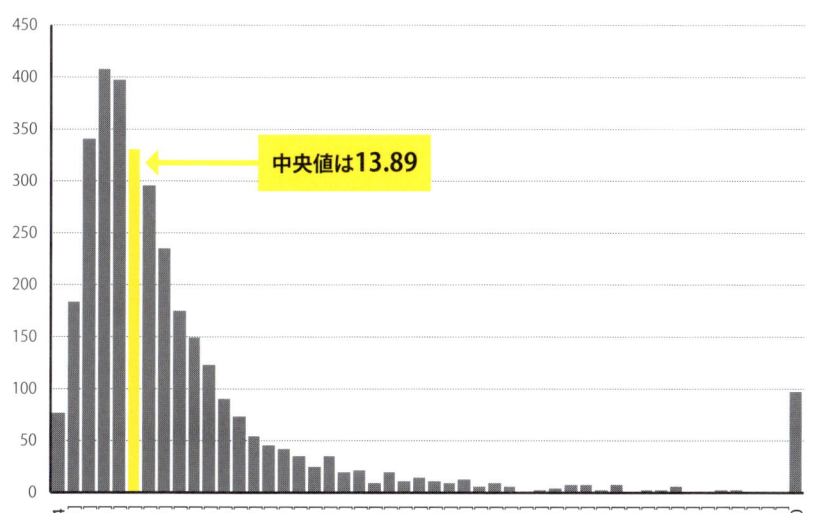

上場企業のPER分布図　2024/12/2時点

中央値は13.89

　日経平均株価のPERの推移を見ても、やはりPER15倍が一つの基準と判断できます。

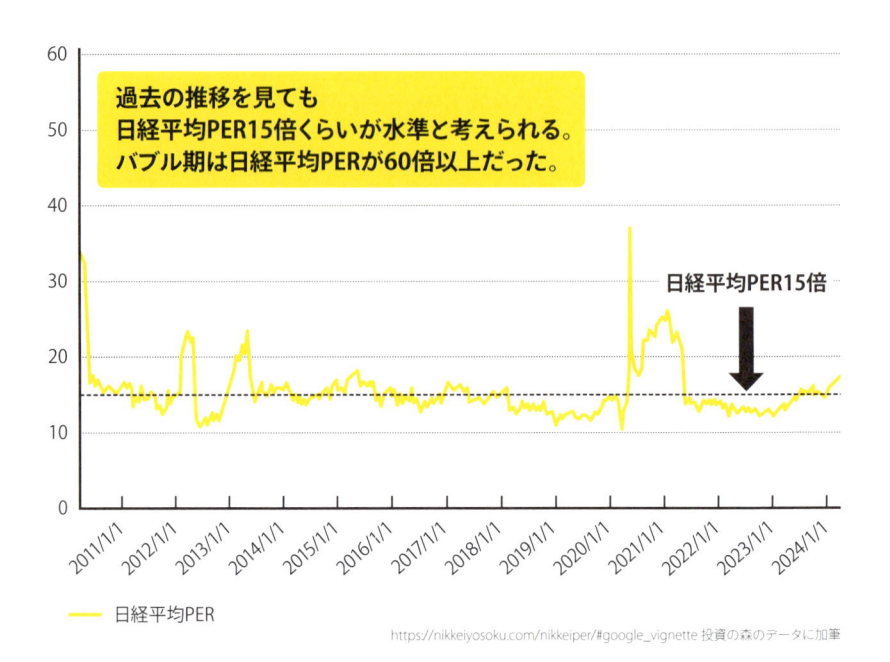

過去の推移を見ても
日経平均PER15倍くらいが水準と考えられる。
バブル期は日経平均PERが60倍以上だった。

日経平均PER15倍

― 日経平均PER

https://nikkeiyosoku.com/nikkeiper/#google_vignette 投資の森のデータに加筆

　これは何を意味しているのかと言うと、市場は「**株式投資の事業収益による元本回収期間は 15 年程度が適正**」と判断しているということです。

　株式益利回りで言うと 1 ÷ 15 で 6.67％ ほどになります。

　投資家の期待リターンも大体このぐらいなので感覚的にもおかしくないでしょう。

PERの基本（中級篇）

◆ PERは市場の期待度も表している

市場にはPER5倍の会社もあるし、PER30倍の会社もあります。一方は元本回収に5年、もう一方は30年もかかります。

そうなると誰でもPER5倍の会社の株を買い、PER30倍の会社を売るでしょう。しかし、実際はPER30倍の会社の株を買う投資家は数多く存在します。

なぜでしょうか？

それは**PER30倍の会社の方がPER5倍の会社より利益が成長すると期待されている**からです。

例えば、PER30倍の会社の現在のEPSを10、株価を300円とします。投資家はこの会社のEPSは5年後に2倍の20になると予想しています。そうなると株価が変わらなければ5年後のPERは15倍になります。

投資家は5年間で利益が2倍になるような成長力があればPER30倍は許容されると考えて買っているのです。

PERの高さは投資家の期待度の高さを表しているともいえるでしょう。業績の伸びが期待でき、その期待が妥当なら、現在のPERが高くても株価は上昇し、その結果、利益が得られます。

ですから、PERが高い銘柄でも買われるのです。

PERは**市場がその企業にどの程度の成長力を期待しているかを写す鏡**です。今後の成長力期待が高ければ高PERが許容されます。逆にPERが低いのは市場の成長期待が低い結果ともいえるのです。

PERの基本（上級篇）

PERにはもう一つの求め方があります。それが以下の式です。

$$PER = 1/(r\text{-}g)$$
r ：割引率＝投資家の期待リターン
g ：利益の永久成長率

これを理論PERといいます。
先ほどのPERは現在の株価が利益の何倍かを表す数値でした。
対して、**理論PERは企業の成長率を考慮した数値**です。

なぜPER＝1/(r-g)なのかは、かなり専門的で難しい話になりますので割愛します。どうしても知りたい方は会計学の本などで確認してください。ここでは「 PERは理論的に上記の式で計算できるのだな」とそのまま受け入れて続きを読んでくださいね。

rは割引率＝投資家の期待リターン、gは利益の永久成長率を表しています。
「r（投資家の期待リターン）」と「g（利益の永久成長率）」のいくつかの組み合わせを作ってPERを計算して右の表を作ってみました。

表を見ると、期待リターン6%、成長率3%の銘柄の場合は1÷（0.06－0.03）＝約33でPER約33倍です。
しかし、期待リターンが同じ6%でも成長率が－1%の場合はPER約14倍です。
後者はPER14倍で割安とされる数値ですが、成長率はマイナスです。一方で、前者はPER33倍でPERでは割高と判断されますが、成長率は3%です。

理論上のPER一覧

	期待リターン 6%	期待リターン 7%	期待リターン 8%	期待リターン 9%	期待リターン 10%
成長率= -2%	12.50	11.11	10.00	9.09	8.33
成長率= -1%	14.29	12.50	11.11	10.00	9.09
成長率= 0.0%	16.67	14.29	12.50	11.11	10.00
成長率= 1.0%	20.00	16.67	14.29	12.50	11.11
成長率= 2.0%	25.00	20.00	16.67	14.29	12.50
成長率= 3.0%	33.33	25.00	20.00	16.67	14.29
成長率= 4.0%	50.00	33.33	25.00	20.00	16.67
成長率= 5.0%	100.00	50.00	33.33	25.00	20.00

　この表からは期待リターン r が変わらず、永久成長率 g が高くなると PERが高くなることもわかります。

　ですから、一概に「 PERが大きい＝買えない」とは言えません。PERを銘柄選択の参考にする際には、**個別企業の成長性を吟味すると、より高精度の銘柄選択ができる**でしょう。 できれば自分でもこのような表を作成してみると納得できると思います。

　また、表からは株式市場に上場している銘柄の PERは表の数値よりも低いことがわかると思います。 つまり今の日本市場は全体的にかなりお買い得と言えるのです。

　上の表をよく見てくださいね。 成長率が0 で PERが10倍の企業であれば理論的には期待リターンは年間10%あるということです。 小型割安株には成長率0%で PER 10 倍以下の銘柄が数多くあります。 期待リターン 10%以上は悪くない投資ですよね。

　ですから、私はずっと小型割安株にはまだまだ買える株がゴロゴロあると言っているのです。

ここで金利とPERの関係を考えてみましょう。金利が上がれば投資家の期待リターンも上がります。

　例えば、定期預金の金利が5％もあればリスキーな株式投資をするより元本保証の貯蓄を選ぶでしょう。それでもリスクを取って投資をするなら、リターンは少なくとも5％、10％くらいは欲しいと思って当然です。

　表からは**期待リターンが上がればPERが低下していく**ことがわかります。

　PERは低下しても、企業のEPSは変わらないとすれば、株価はEPS×PERで計算できますから、PERが低下すれば株価も下がるというわけです。

　これが金利が上がれば株価が下落するメカニズムです。だから金利の動向はとても大事なのです。

　さらに、**成長率が高い企業、すなわち高PERの企業ほど期待リターンが上がった時のPERの落ち方が激しい**こともわかります。成長株ほど金利高に弱いのです。金利高でグロース株が急落するのはこういう仕組みだからです。

　最後に「資産価値を含めたPER」について一言だけ触れておきます。概念は「精度を上げる定性分析」（P.138）で詳細の説明をしていますので、そちらを参照にしてください。

　簡単に説明すると「資産価値を含めたPER」とは企業が保有するネットキャッシュ（ヘム式ネットキャッシュ）を加味して、買収資金を何年で回収できるかを表した指標です。買収者視点の割安度を測ることができる重要な考え方です。

03 もっと詳しい PBR

PER同様、PBRもバリュー投資家にとってはおなじみの指標です。
しかし、どこまで深く理解できているでしょうか？
PBRを深掘りしてみましょう。

PBRの基本（初級篇）

PBRは日本語では**株価純資産倍率**と訳されます。

計算式は、**株価÷1株当たり純資産。**
1株当たりの純資産に対して株価が何倍になっているかを示す指標です。

純資産とは簡略図で示せば**現金、売掛金、製品などの総資産から負債を引いた額**のことです。
会社が解散して、資産を分けたとき、株主に分配される資産であることから「解散価値」とも呼ばれています。

純資産より時価総額が大きい状態が PBR1倍以上です。
企業には解散価値のほかに事業価値があるので、これが普通の状態ですね。
一方、次ページの図の右側のように純資産より時価総額が小さいケースがあります。これが PBR1倍割れの状態です。

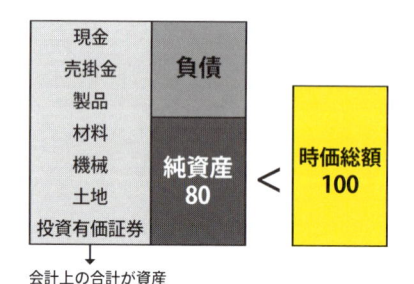

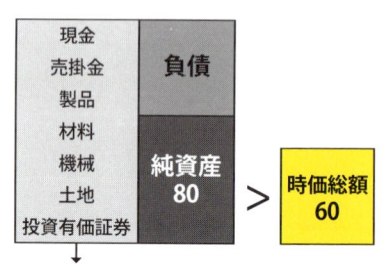

純資産＜時価総額　PBR1倍以上
上記はPBR 1.25の状態 (100÷80)

純資産＞時価総額　PBR1倍割れ
上記はPBR 0.75の状態 (60÷80)

　今すぐ会社を解散して現金化して株主に配った方が良いほどに割安な状態ということになります。

　ただし、これは総資産の構成要素が帳簿上の値段で売却できるなら、という前提での話です。

　この辺りがわかっていれば PBR の基本的なことは理解できていると考えて良いと思います。

PBRの基本（中級篇）

ここで純資産についての注意点があります。

純資産といっても、あくまでも会計上の資産額になります。

実際に各資産を売却するときには、機械にしろ、土地にしろ、見積もり通りの額で売却できるとは限らないからです。 会計上の額より低価格でしか、売れないこともあります。

そこで**純資産は真の意味での解散価値ではない**と言えるでしょう。 これが長年PBRが軽視されてきた大きな理由だと思います。

◆ 真の解散価値を考える

企業の資産は決算書の「貸借対照表（バランスシート）」を見ればわかります。 そこには以下の項目があります。

- 「現金」
- 「売掛金 / 預け金 / 保証金」
- 「製品在庫」
- 「投資用有価証券」
- 「土地」
- 「建物」
- 「機械類」
- 「その他」

解散価値を求めるというのは、これらを全て現金化して、そこから負債を差し引いた額を求めるということです。

全てを現金化するとどうなるかを考えてみましょう。

売掛金は代金を回収できない場合を考慮すると簿価の 90％くらい、製品在庫は安価での売却を余儀なくされる可能性があるので 80％ぐらいなどと割引率の基準を自分なりに考えます。 同じ製品在庫でも「服飾メーカー」と「鉄鋼メーカー」では比率を変えた方が良いかもしれません。

　私の場合は以下の図のように解散価値を求めています。
　投資用有価証券を 70％で評価しているのは、売却時の税金を考慮してのことです。
　土地は、減損時以外は購入時の価格が記載されています。 そこで取得価額と時価が異なるケースがあるので、厳密に解散価値を計算するなら、土地は時価に洗い直す作業が必要になります。 私の場合は簡易的に解散価値を計算する場合は安全を見て簿価の 90％の評価としています。

ヘム式解散価値の求め方

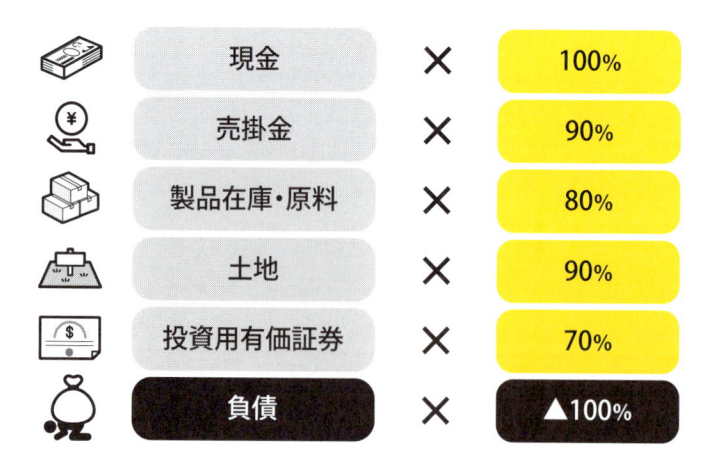

現金	×	100%
売掛金	×	90%
製品在庫・原料	×	80%
土地	×	90%
投資用有価証券	×	70%
負債	×	▲100%

※土地の時価が簿価より大きい場合は時価換算に税金を加味
　して解散価値を計算する場合もある。

PBRの基本（上級篇）

　東証は 2023 年前半に PBR 1 倍割れの企業に対し、1 倍を超えるよう経営体質の改善を要求。 この東証大号令により市場は突如「PBR 1 倍割れ企業」に着目するようになりました。

　そもそも日本企業の PBR は極端に低く、東証改革で低 PBR はかなり解消されました。 それでも日経平均採用銘柄の平均 PBR は 1.38 倍であるのに対し、S&P 500 の PBR は 5.01 倍（2024 年 8 月 29 日時点）もあります。

　以下は日本企業の直近の PBR の分布図ですが、中央値で見ると 1.09 倍程度です。 この分布図からも、PBR 1 倍割れ企業はまだまだ多く存在することがわかります。

上場企業のPBR分布図　2024/9/3時点

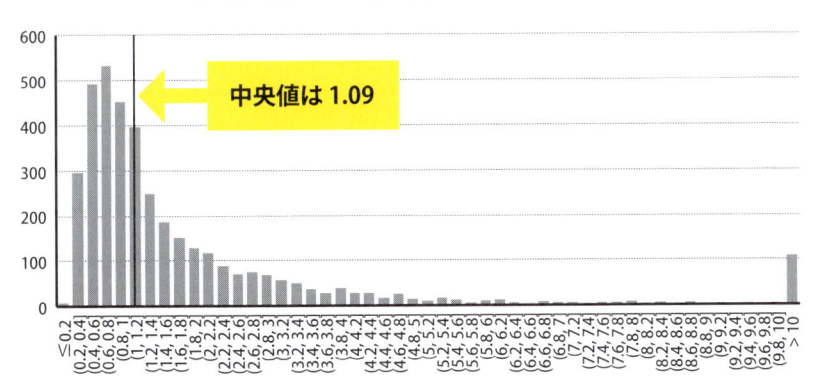

中央値は 1.09

　東証改革で PBR 0.8 倍の企業が PBR 1 倍になったとしても、そこで終わりではありません。

それ以降も **1倍以上を保つためには BPS の成長にあわせて株価を上げ続けないといけない**のです。

　これはバリュー投資家に息の長い恩恵をもたらすことになります。以下のような会社があったとしましょう。

- 株価 1,000 円
- PER 10 倍　→　EPS 100（1,000 ÷ 100）
- PBR 0.8 倍 →　BPS 1,250（1,000 ÷ 0.8）
- 配当性向 30%、配当 30 円

　この会社は EPS 100 から配当金 30 円を支払い、残りの 70 円は BPS に積み上げます。翌年の BPS は 1,250 円 + 70 円で 1,320 円になります。

　株価が変わらない場合の PBR は前年の 0.8 倍から 1,000 ÷ 1,320 で 0.76 倍に低下します。

　PBR 1 倍割れが問題視されていて PBR を上げる必要があるのに、逆に PBR が低下しているのです。これは問題ですよね。

　最低ラインとして前年同様 PBR 0.8 を維持するためには、株価を 5.2% 上げる必要があります。

　PBR の観点からはこれでやっと現状維持です。株価が 5.2% 上がると 1 年間の株主の利益は配当 3% + 株価上昇率 5.2% = 8.2% となります。悪くないリターンです。

　企業は株価をコントロールできないので、利益成長がなければ IR 強化や増配で株価を上げるしかありません。増配、あるいは IR 強化でも良いし、企業努力により EPS を成長させ株価を上げてくれればなおさら良しで、どう転んでも株主には良いことずくめです。

　さらに都合が良いことに、この**サイクルは当面の間は続く**ことが予想されます。

来年も、再来年も配当性向を 100%以上にしない限り、毎年 BPS は積み上がり、株価が変わらなければ、PBR は低下します。

東証、金融庁、投資家が声を揃えて PBR 1 倍割れを問題視している現状で、PBR 1 倍割れ企業がさらなる PBR の低下を看過し、何も対策をとらないというのはなかなか難しいように思えます。

＊）ここでは理解を容易にするため、自社株買いは 0 との前提で話を進めました。仮に企業が自社株買いを実施すれば基本は株価上昇材料のため、投資家にはプラスとなります。

◆ ネットネット株投資

資産バリュー株投資には**ネットネット株投資**と呼ばれるものがあります。それはバリュー投資の父とされるベンジャミン・グレアムが提唱した投資手法です。
　理論的には「解散価値 ＞ 時価総額」の企業は割安とされています。
　これは PBR 1 倍割れの状態ですが、グレアムはさらに厳しい条件を設定し、PBR 0.67 未満が割安としました。

また、グレアムは解散価値を純資産ではなく**「現金などの流動資産から総負債を差し引いた正味流動資産」**としています。機械・土地・投資用有価証券などの価値は全て 0 の計算になるので「正味流動資産」は純資産より小さくなり、換金性の高い資産が多いことになります。

この条件を満たす銘柄をグレアムはネットネット株と呼び、そのような銘柄への投資を推奨しました。ネットネット株はハイリターンではありませんが、ローリスクというメリットがあります。リスクを取りたくなければ、投資先としてふさわしいかもしれません。

マクロ経済の分析について

　私は「世界景気」「金利動向」「米国の大統領選挙の影響」「為替」等の分析はほとんどしません。もちろん、ニュースくらいは見ますが、株価への織り込み度合いを含めて、**株価にどう影響するかの予想は諦めています**。乱暴に言うと、一個人投資家である私が予想できるくらいなら、今の株価に十分織り込まれているでしょう。

　その時間をもっとミクロで盲点のようなところに目を向けるようにしています。ブラックスワンへの備えは、レイダリオのように事前に読み切ることではなく（そんなことは私にはできないので）、単純に買い向かう準備（つまりCPを確保しておくこと）で備えています。

◆ **マクロ経済の状況をどう投資に活かすべきか**

　世界経済は非常に複雑に絡み合っていて、ニュースを情報源にしているような個人投資家がマクロの動向を予想して戦うのは明らかに不利です。株式市場というのは市場参加者の9割がプロの世界です。マクロに対する知識でも情報量でも彼らに勝てないでしょう。

　投資で利益を上げるには、市場が気付いていない α を見つけなければなりません。しかし、昨日見たニュースや、どこかの経済評論家が解説した**マクロ分析の情報を元にして、個人投資家が市場を出し抜くことなどできない**と思っています。中にはできる人もいるのでしょうが、極めて一部の方でしょう。少し意地悪な言い方をすると、個人投資家でマクロ経済に詳しい方の大半は、単にその知識を自慢したいだけの投資家に映ります。

一方、個人投資家が有利に戦える土俵があります。 それが繰り返しお伝えしている小型株での先回り投資、優待株投資等です。 **プロと戦うなら有利な土俵で戦うべき**です。 個人投資家が選ぶべき戦場は「マクロとか大型株」ではなく「ミクロとか超小型株」というのが私の考え方です。

幸い全上場企業の78％が小型株。 58％にあたる2,305社は時価総額300億円未満の超小型株です。 この2,305社の中には効率的市場仮説が働かず本質的価値より割安に放置されている銘柄が多く存在します。

あとはその**銘柄を見つける分析力を磨く**ことだと思っています。 ミスプライスが発生している市場で戦おうということです。

マクロで利用できるのはもっと盲点のようなところと考えています。

私は2023年の頭から、還元祭りが来ると予想していました。 これはマクロ分析ではありません。 単に東証フォローアップ会議の資料を追いかけていれば良いだけでした。 複雑に絡み合ってもいません。

低PBRのキャッシュリッチな銘柄は、東証のプレッシャーに負けて還元増に走る可能性が高いと予想し、実際その通りになりました。

今、東証や経済産業省が熱を入れているのは親子上場の解消と買収の推進です。 TOBとMBOが増えるのは必然だと思っています。

だから私は銘柄分析でTOB期待とMBO期待を今までより考慮するようにしています。

こういうのはマクロ分析というよりは、東証や政府の方向性を注意深く見て、企業の動きを予想するだけです。 しかも外れてもあまり損はありません。 というかTOB/MBOが増えるのは必然で、増え度合いがどうなるかだけの問題だと思っています。

要は、マクロではなくよりミクロの細かい所を深掘りするのが、個人投資家が取るべき手法だと思っているということです。

05 TOB/MBO

　最後に、小型割安株投資の醍醐味の一つ、「TOB」と「MBO」について説明します。

　TOBもMBOもM＆A（合併と買収）の手段ですが、保有株がTOB/MBOの対象になると株価上昇という恩恵を受けられることが多いです。

◆ TOBとは？

　TOBとはTake-Over Bidの略で、日本語では株式公開買付けと訳されます。 **株式の買付価格や期間、株式数などを公告し、証券取引所を介さず、買い付けること**をいいます。

　目的のほとんどは経営権の取得による完全子会社化、非上場企業化することです。

　買付価格が市場の取引価格と同じでは、多くの投資家が応募してくれず目的の株数を買い集められない危険性があります。

　そこで、買付価格は通常、市場での取引価格より高い価格が提示されます。 市場で取引されている株価と買付価格の差はプレミアムと呼ばれます。

　投資家からすれば、TOBの対象となった保有株が、市場の株価よりプレミアムのぶん高く売れるので喜ばしいことといえるでしょう。

　中には、そんな買付価格では安すぎると怒っている投資家がいたりもします。

◆ MBO とは？

MBO とは Management Buyout の略です。

簡単に言うと、**経営陣による自社の買収**で、自社の株式や事業の一部門を買い取って独立することです。

経営陣の大きなメリットとしては MBO により「大株主＝経営陣」となることで、株主の要求にわずらわされることなく、事業を展開してゆけることです。

例えば経営陣が中長期で利益を伸ばそうと考えているのに、短期的な利益を求める株主が多ければ両者の間に軋轢が生まれます。

大株主＝経営陣となれば、自分たちの考えに沿った事業展開ができるのです。

こちらの買付価格も、TOB と同様に高く買い設定するので、プレミアムが生じます。

TOB/MBO されやすい銘柄の特長

　TOBの件数は2008年のリーマンショック以降減少に転じましたが、2014年を底に再び**上昇傾向**にあります。

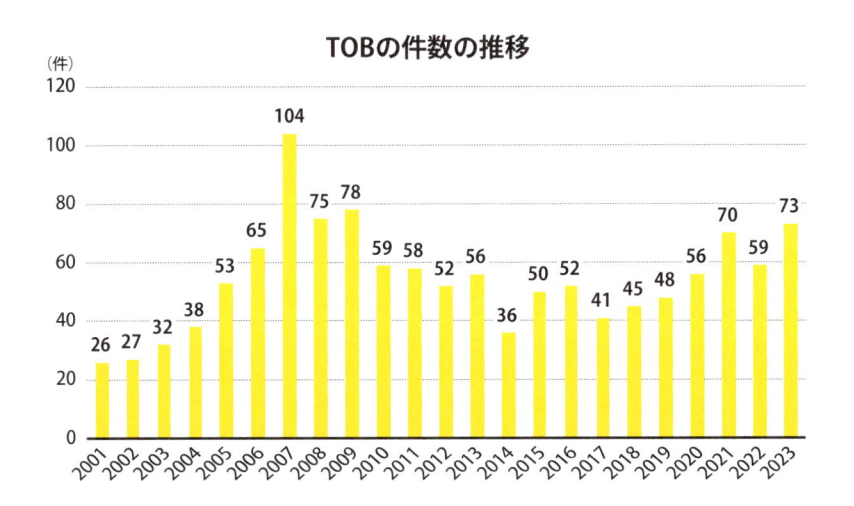

TOBの件数の推移

　私はTOBの件数は東証の改革要請を受けて、さらに増加すると予想しています。

　上場企業は東証や市場から「内部留保」を成長投資に向けろとの強いプレッシャーを受けています。経営陣に成長投資案件があればよいのですが、なければ自社で一から新規事業を立ち上げるのではなく、買収（TOB）により新規事業を手に入れようと考える可能性が高いからです。

　一方、MBOについても、同様に増加を予想しています。東証改革の影響もあり、東証や投資家の企業に対する要求は年々強まっています。

　アクティビストの動きも活発で2022年、2023年と株主提案数は2年連続で過去最多を更新しています。「ここまでうるさいことを言われる

なら、MBOにより非上場化して株主のことを気にせずに自由に経営したい」と考える経営者が増えるのは、自然の流れだと思われます。

実際に東証も2024年8月19日開催の第17回フォローアップ会議で「上場維持コストが増加し、非公開化という経営判断が増加することも想定される」としています。

TOB/MBOでの株式買付価格は現在の株価より高く設定されるのが普通と述べました。そこで==TOB/MBOを仕掛けられやすい銘柄をあらかじめ購入しておけばプレミアムによる利益が見込めます。==

では、TOB/MBOを仕掛けられやすい銘柄にはどのような特徴があるのでしょうか？

仕掛ける側としては、時価総額が大きな会社では買い占めに莫大な金額がかかるので、==時価総額が小さめの小型株でPERやPBR等の指標が割安な企業を狙う==でしょう。

ほかにもキャッシュリッチ、技術や収益源に独自性がある、親子上場の子会社、株主構成の大株主にTOBを仕掛けそうな企業が入っているといった特徴があります。私の銘柄選定基準とそっくりです。

◆ TOBされる確率は小型割安株3.23％、市場平均1.83％

TOBの件数の推移を見ると2023年は73件でした。現在の日本の上場企業数は3,971社、ここからランダムに日本株を買った場合、持ち株がTOBされる確率は約1.83％です。

私の保有株数は2023年末で341銘柄です。このなかからTOBの買い付け対象となった銘柄は年間で11社でした。すると1年間で保有株がTOBされる確率は3.23％です。

保有株は小型割安株が中心なので、この3.23％を小型割安株におけるTOB確率と考えても良いでしょう。

2023年 TOB 一覧

　2023年の TOB 一覧を整理しました。黄色で塗った11件は私の保有銘柄でした。これはかなりの高確率だと思います。

No.	公表日	対象会社	買付者	プレミアム
1	2023/1/10	[4636] T&K TOKA	敵対的 Hikari Acquisition	30.4%
2	2023/1/27	[6067] インパクトホールディングス	MBO BCJ－70（ベインキャピタル）	11.2%
3	2023/1/30	[7961] 兼松サステック	兼松	43.4%
4	2023/1/30	[8096] 兼松エレクトロニクス	兼松	39.9%
5	2023/1/30	[4765] モーニングスター	ＳＢＩグローバルアセットマネジメント	-3.7%
6	2023/2/1	[5128] WOW　WORLD　GROUP	JG16（日本成長投資アライアンス）	40.5%
7	2023/2/3	[6641] 日新電機	住友電気工業	28.4%
8	2023/2/3	[8249] テクノアソシエ	住友電気工業	45.9%
9	2023/2/7	[6924] 岩崎電気	MBO コスモホールディングス	86.3%
10	2023/2/9	[5999] イハラサイエンス	MBO エン・アイ・ム	31.9%
11	2023/2/10	[2777] カッシーナ・イクスシー	ユニマットライフ	35.7%
12	2023/2/13	[5104] 日東化工	エンビプロ・ホールディングス	22.5%
13	2023/2/14	[6172] メタップス	MBO Odessa12	55.4%
14	2023/2/17	[9252] ラストワンマイル	プレミアムウォーターホールディングス	-6.6%
15	2023/3/2	[4327] 日本エス・エイチ・エル	Blossom Bidco	33.4%
16	2023/3/13	[9810] 日鉄物産	日本製鉄	80.8%
17	2023/4/17	[2706] ブロッコリー	ハピネット	42.7%
18	2023/5/11	[7602] カーチスホールディングス	レダグループホールディングス	-1.0%
19	2023/5/12	[2468] フュートレック	エーアイ	-9.8%
20	2023/5/15	[3504] 丸八ホールディングス	8128	2.1%
21	2023/5/15	[6574] コンヴァノ	青木剛志氏	0.4%
22	2023/5/15	[9967] 堺商事	堺化学工業	39.9%
23	2023/5/16	[8303] ＳＢＩ新生銀行	ＳＢＩ地銀ホールディングス	16.8%
24	2023/5/16	[7618] ピーシーデポコーポレーション	MBO ＴＮＩ	62.7%
25	2023/5/16	[2323] ｆｏｎｆｕｎ	サイブリッジ	29.6%
26	2023/5/30	[4708] りらいあコミュニケーションズ	Otemachi Holdings（三井物産）	45.8%
27	2023/6/15	[4355] ロングライフホールディング	MBO NPMI-LLH（日本PMIパートナーズ）	21.6%
28	2023/7/5	[4423] アルテリア・ネットワークス	丸紅	54.1%
29	2023/8/3	[4739] 伊藤忠テクノソリューションズ	デジタルバリューチェーンパートナーズ合同会社（伊藤忠商事）	20.6%
30	2023/8/3	[6050] イー・ガーディアン	チェンジホールディングス	45.6%
31	2023/8/7	[2812] 焼津水産化学工業	YJホールディングス（J－STAR）	38.2%
32	2023/8/8	[6502] 東芝	TBJH合同会社（日本産業パートナーズ）	4.6%
33	2023/8/9	[4621] ロックペイント	MBO 辻商事	90.7%
34	45148	[3316] 東京日産コンピュータシステム	キヤノンマーケティングジャパン	124.7%
35	2023/8/10	[6881] キョウデン	クラフト	30.4%
36	2023/8/14	[3990] UUUM	フリークアウト・ホールディングス	6.0%
37	2023/8/14	[7905] 大建工業	BPインベストメント合同会社（伊藤忠商事）	30.7%
38	2023/8/14	[7671] AmidAホールディングス	ラクスル	92.5%

No.	公表日	対象会社	買付者	プレミアム
39	**2023/8/17**	**[3228] 三栄建築設計**	**オープンハウスグループ**	**36.1%**
40	2023/8/28	[8894] REVOLUTION	MBO 合同会社FO1	-60.0%
41	2023/9/1	[4200] HCSホールディングス	エル・ティー・エス	78.6%
42	2023/9/4	[4963] 星光PMC	インビジブルホールディングス（カーライル・グループ）	86.7%
43	**2023/9/7**	**[4326] インテージホールディングス**	**NTTドコモ**	**43.9%**
44	2023/9/11	[4483] JMDC	オムロン	9.2%
45	2023/9/14	[6121] TAKISAWA	ニデック	104.4%
46	**2023/9/28**	**[3677] システム情報**	**MBO BCJ-76（ベインキャピタル）**	**24.8%**
47	2023/10/2	[8168] ケーヨー	DCMホールディングス	52.9%
48	2023/10/5	[7298] 八千代工業	本田技研工業	25.9%
49	2023/10/10	[8182] いなげや	イオン	24.3%
50	2023/10/10	[9263] ビジョナリーホールディングス	Horus（日本企業成長投資）	78.6%
51	2023/10/18	[7899] MICS化学	中本パックス	-14.8%
52	2023/10/31	[4987] 寺岡製作所	MBO KMM	67.9%
53	**2023/11/7**	**[8903] サンウッド**	**京王電鉄**	**53.2%**
54	**2023/11/8**	**[2309] シミックホールディングス**	**MBO 北杜マネージメント**	**53.5%**
55	2023/11/9	[3852] サイバーコム	富士ソフト	48.0%
56	2023/11/9	[6188] 富士ソフトサービスビューロ	富士ソフト	44.7%
57	**2023/11/9**	**[4312] サイバネットシステム**	**富士ソフト**	**43.7%**
58	2023/11/9	[3784] ヴィンクス	富士ソフト	59.4%
59	2023/11/10	[1871] ピーエス三菱	大成建設	24.7%
60	2023/11/13	[8854] 日住サービス	MBO K.I.T	62.4%
61	2023/11/13	[6618] 大泉製作所	フェローテックホールディングス	68.2%
62	**2023/11/13**	**[7315] UTT**	**ARTS・1（スパークス・グループ）**	**34.7%**
63	2023/11/13	[4837] シダックス	MBO 志太ホールディングス	33.3%
64	2023/11/14	[6567] SERIOホールディングス	センコーグループホールディングス	0.0%
65	2023/11/14	[2453] ジャパンベストレスキューシステム	MBO MBKP Vega（MBKパートナーズ）	46.8%
66	2023/11/15	[2412] ベネフィット・ワン	エムスリー	43.8%
67	2023/11/15	[5212] 不二硝子	MBO スカイ	45.7%
68	2023/11/27	[4581] 大正製薬ホールディングス	MBO 大手門	44.3%
69	2023/12/7	[8842] 東京楽天地	東宝	60.9%
70	2023/12/7	[9637] オーエス	阪急阪神ホールディングス	48.0%
71	2023/12/15	[1971] 中央ビルト工業	旭化成ホームズ	37.4%
72	2023/12/21	[6567] SERIOホールディングス	センコーグループホールディングス	40.3%
73	2023/12/25	[1739] メルディアDC	プレサンスコーポレーション	33.7%
		平均プレミアム		**39.0%**

小型割安株投資で TOB から受ける恩恵

2022年、23年の TOB 買付価格の平均プレミアムを調べてみると22年は42.85%（全59件）、23年は39.0%（全73件）でした。

おおむね TOB の平均プレミアムは40%程度と考えていいでしょう。

なお、ここでいうプレミアムとは情報開示された日を公表日とし、公表日前3ヵ月平均株価（終値）と TOB 買付価格を比較したものです。

小型割安株投資で TOB から受ける恩恵は、TOB される確率 3.23%、平均プレミアム40%から計算すると、**運用益を 1.29% も押し上げる**ことになります。

私の長期における目標リターンは年率10%程度です。 TOB で 1.29% の押し上げ効果があるというのは、すでに目標の 12.9% を達成していることになります。

親子上場解消期待

東証は2023年12月26日に、親子関係にある上場企業や持ち分法適用関係にある上場企業に対し、少数株主保護やグループ経営に関する自発的な情報開示の充実を求めた指針を発表しています。

要するに**「親子上場は少数株主保護の観点から色々問題があるから解消すべき」**という趣旨です。

東証が親子上場を問題視していることは、**TOB/MBO の増加につながる**と期待されています。

親子上場の子会社は日本証券取引所グループの HP のコーポレー

ト・ガバナンス情報サービス（https://www2.jpx.co.jp/tseHpFront/CGK010010Action.do?Show=Show）から検索できます。検索方法は「組織形態・資本構成等」の項目にある「親会社有無」の欄で「有」を選んで抽出です。2024年8月20日時点では300社が抽出されます。

　この300社を分析して「小型割安株」「業績安定」を50社ほど選べば、TOBの恩恵で指標をアウトパフォームすることが期待できると考えています。

＊）P.260「TOBの件数の推移」のグラフは、2021年までは「公正な買収の在り方に関する研究会（第1回）／経済産業省」で確認し、2022年以降は「M&A Online（https://maonline.jp/db/tob）」で確認して作成したグラフです。なお、横浜銀行による神奈川銀行のTOBは、神奈川銀行が非上場会社であったことから2023年のTOB件数から除いています。

＊）P262-263のTOB一覧は「M&A Online（https://maonline.jp/db/tob/2023）で確認して作成した表です。横浜銀行による神奈川銀行のTOBは、神奈川銀行が非上場会社であったことから表から除いています。

あとがき　ストックの世界で生きる大切さ

　この本の最後に、

・お金持ちになりたければ
・お金持ちで居続けたければ
・自由が欲しいのなら

「ストックの世界で生きることを意識しよう!!」というお話をさせていただきます。

　私は23〜30歳の7年間、いわゆる5大商社の1社で営業をしていました。バブル崩壊後で商社不要論が叫ばれた時代でもありました。商社絶頂期の今では信じられませんね。

　当時の総合商社は新人を育てる余裕がなく OJT(on the job training) という名の新人を前線に放り出すだけの教育体制を敷いていました。

　当然ミスの連発、毎日上司にも顧客にもボコボコにされていました。平日は毎日終電、土日もどちらかは丸一日出社です。よく「サザエさん症候群」と言って、日曜の夕方になると憂鬱になるという言葉がありましたが、私の場合は「アッコにおまかせ！」(お昼の番組) の時点でもう憂鬱でした。

　今の時代ならコンプラ的に完全にアウトというようなことも多々あって、当時、「北朝鮮が発射したテポドンが日本海に落下」というニュースが出たのですが、あまりに仕事がつらくて何かの間違いでミサイルが会社に落ちないかなと思ったことを覚えています。本気でそんなことを考えていたわけではないでしょうが、相当メンタル的にきつかったことは確かです。

それでも、振り返ると楽しかった思い出の方が多いのですよ。恵まれていたことも多々ありました。上司や先輩は仕事では泣きたくなるほど厳しかったですが、プライベートでは尊敬できる所も多く、親分肌で可愛がってくれました。また、残業代はおおむねつけることができたのもラッキーでした。毎月の残業は100～120時間くらいで1年目から給与は額面で40万円以上あったと思います。残業がそれくらいで済んでいるのは、週に2回ほどは接待か先輩との飲み会が入っていたからです。接待に残業はつけないのが慣習でした。

　私が新人で配属になった課は電子材料を扱う部隊でITバブル前夜ということもあり伸び盛りでした。入社当時の営業員は課長を合わせて7人でしたが、あれよあれよと増えていき7年後の退社時には営業員は40人を超え「課」から「部」に昇格していました。

　組織というのは面白いですよね。伸び盛りであったことから課員はどんどん増えていったのですが、増員としてほかの部門からくる営業員（大体は先輩でした）はあまり出来の良くない方ばかりなのです。なるほど、自分が課長や部長の立場なら優秀な部下は手放しませんよね。当時はどうしてこんな感じの方ばかりくるのだろうと思っていたのですが、今となってはよくわかります。

　入社数年後には、入社当時の課長が部長になり、同僚だった先輩は課長や海外店の実務部隊のトップになりました。夜中まで一緒に飲んだり、麻雀をしたり、ゴルフに行ったりして騒いでいた先輩がキーパーソンになっていくのですから仕事はやりやすかったです。

　私が入社した総合商社の1997年当時の一人当たりの売上総利益（売総）のノルマは8,000万円でした。伸び盛りの部門であったこともあり退社数年前の私の売総は2.5億円程度になっていました。
　私が商社マン時代最も理不尽に感じていたことは、成績が毎年リセッ

トされることです。当初8,000万円だった売総を年々増やしていったのに、毎年の評価は予算比（≒ほぼ前年比）で行われます。

退社の数年前にITバブル崩壊のあおりで2.5億円の売総が1.5億円ほどに落ち込み随分低い評価をつけられました。元々8,000万円だった利益が1.5億円になったのになぜ平均点以下の評価をつけられなければいけないのだと釈然としない思いでした。

私は30歳で商社を退社し起業することになるのですが、会社員と経営者の最大の違いはフローとストックです。フローとは単発で収益を得ることで、ストックとは一度作った仕組みから収益をもらい続けられることです。事業も、株式投資（インカム投資）もストック型で一度仕組みを作れば私にお金を運び続けてくれます。

新たなビジネスの仕組みを作るごとに、新たに株を購入するごとに毎年入ってくるお金が雪だるまのように増えるのです。階段を上るように、雪だるまが転がるように収入が増えていく世界です。目指すべき世界はここですよ。今貴方はフローのために努力をしているのか、ストックのために努力をしているのかを自問自答してみてください。こちら側の人間は努力のベクトルのほとんどをストックに向けているのです。

会社員では成功すると忙しくなっていくことが多いようですが、投資家や経営者は成功すると自由な時間が増えてきます。過去に作り上げた仕組みがお金を運んでくれるからです。私はストックの世界が大好きです。自由なお金持ちになりたければストックの世界で生きるべきです。

配当等のインカム狙いの投資はストックです。一度株式を購入すると、毎年配当を届けてくれます。私がメインとする増配狙い投資では

何もしなくて配当額が増えていきます。入金と配当再投資を合わせると、受取配当は指数関数的に増えていきます。この好循環の世界で生きることがお金持ちへの最も確実な道です。

　お金持ちになるためには必要な言葉があります。
　私が考える、お金で成功するために大切な言葉は以下です。
① 人生を変える一歩（勇気）
② 好循環
③ ストック
④ 失敗への恐怖心の克服
⑤ 営業力＆ストーリー＆プレゼン力
⑥ ローリスク・ミドルリターン＆数を打つ
　上からが大切な順番ですね。

　ストックは私が3番目に大切だと思っている重要なキーワードです。富を築きたいのならストックの世界で生きるべきです。ビジネスでも株式でも良いので、前半に自分にお金を運んでくれる仕組みを作り続けるのです。後半の人生では、新たな仕組みを作らなくてもお金は自動的に増える状態になっているはずです。

　そしてここまでのコラムで何度もお話ししてきましたが、この「ストックの仕組み」を創り出すために最も大切なことは、「人生を変える一歩」を踏み出すことです。2番目以降は実地訓練で勝手に身についてきます。1番目の一歩（勇気）だけは、踏み出さないことには何も始まりません。人を育てるのは才能ではないですよ。環境です。

　一歩を踏み出した側の世界で生きている人は本当に少ないので、ライバルがあまり強くありません。5大商社で役員になることは競争も激しく物凄く大変ですが、スモールビジネスで成功するのは案外難しくないです。そして、その報酬は前者より後者の方がはるかに大きいのです。

これで、本書で私が皆さんに伝えたかったこと全てを書かせていただきました。本書の執筆にあたっては、編集者の下方さんを初め編集チームの方には大変なご助力をいただきました。伝えたいことがあまりに多すぎたこと、その内容がやや専門的なことから本当にご苦労をかけたと思います。また、一個人投資家の私が本を書くにあたり根本的な理解違いや間違いがあると困ると思い、当初の原稿段階から投資仲間である「ケンロクさん」と「なべさん」にはチェックをお願いさせていただきました。チェックと共に有益なアドバイスをいただいたお陰で、私が書きたいと思っていたような本に仕上げることができました。この場を借りてお礼を伝えさせてください。

　最後に、いつも「X」上で私のポストを見てくださり、イイネ、コメント、リポスト、引用をして下さるフォロワーの皆さんへの感謝の気持ちを述べさせてください。自身の投資方針や経営方針を皆さんに見ていただけること、温かいコメントをいただけることは大変励みになっています。どれだけお金持ちになっても、どれだけ成功しても、友人や仲間のいない人生は虚しいものです。「X」を始めて、株式投資を通じて多くの仲間ができたことこそ私にとってかけがえのない喜びです。

　まだまだ投資人生は続きます。これからも末永く仲良くしてくださいね。よろしくお願い致します。

　最後までこの本を読んでいただきありがとうございました。株式投資は人生を変える可能性のあるゲームです。それだけに扱いが難しく危険が伴うことも確かです。それでもこのゲームの仕組みやルールを理解することで、運の要素を排除し「勝つべくして勝つ」を達成するのは可能だと思っています。皆様の今後の長期にわたる投資の成功を祈っています。

巻末資料

ヘムのポートフォリオ
全公開

ヘムの連続増配宣言株ポートフォリオ

◆ 2024/11/30・28銘柄

コード	名称	株価 R6/11/30	PER	PBR	ROE
8630	ＳＯＭＰＯ	3,946	9.69	1.28	13.2%
9305	ヤマタネ	3,650	14.2	0.70	4.9%
8098	稲畑産業	3,255	8.89	0.89	10.0%
8058	三菱商事	2,526	10.76	1.08	10.0%
8316	三井住友フィナンシャル	3,686	12.47	0.98	7.9%
8012	長瀬産業	3,055	12.27	0.84	6.8%
8001	伊藤忠商事	7,384	12.06	1.89	15.7%
9432	日本電信電話	153	11.72	1.29	11.0%
4093	東邦アセチレン	361	7.84	0.70	8.9%
8306	三菱ＵＦＪフィナンシャル・	1,792		1.02	
8892	日本エスコン	990	9.45	1.36	14.4%
8929	青山財産ネットワークス	1,808	19.67	4.31	21.9%
8411	みずほフィナンシャル	3,784	11.7	0.90	7.7%
4912	ライオン	1,787	26.07	1.76	6.8%
1926	ライト工業	2,180	10.83		10.8%
6745	ホーチキ	2,379	10.36	1.09	10.5%
3435	サンコーテクノ	1,138	6.92	0.50	7.2%
2498	オリエンタルコンサルタンツ	4,200	8.71	1.04	11.9%
2185	シイエム・シイ	1,420	7.85	0.91	11.6%
2768	双日	3,050	6.02	0.69	11.5%
3495	香陵住販	1,530	4.26	0.80	18.8%
5933	アルインコ	961	9.05	0.61	6.7%
6294	オカダアイヨン	1,846	9.76	0.90	9.2%
6788	日本トリム	3,615	11.22	1.21	10.8%
5911	横河ブリッジ	2,753	10.67	0.90	8.4%
5363	ＴＹＫ	421	7.32	0.48	6.6%
9274	ＫＰＰ	652	4.07	0.49	12.0%
8091	ニチモウ	1,887	6.05	0.54	8.9%
	平均値		10.37	1.08	10.5%

＊利益予想未定の三菱UFJフィナンシャルは異常値としてPER/ROE/配当性向の計算から除外

配当 R6/11/30	配当性向	自己資本 比率	簡易 理論株価	安全域	時価総額 (億円)
3.4%	32.40%	19.2%	7,155	1.81	39,084
2.5%	35.02%	33.7%	7,755	2.12	414
3.8%	34.13%	46.8%	7,338	2.25	1,781
4.0%	42.60%	38.6%	4,682	1.85	101,585
3.3%	40.60%	5.0%	6,726	1.82	144,658
3.0%	36.15%	49.7%	6,145	2.01	3,510
2.7%	32.67%	37.5%	10,029	1.36	117,028
3.4%	39.72%	33.3%	250	1.63	138,904
3.9%	30.42%	52.0%	973	2.69	126
3.4%		4.9%	1,755	0.98	221,092
4.9%	45.84%	18.1%	1,774	1.79	976
2.5%	50.04%	40.4%	1,339	0.74	444
3.4%	40.19%	3.6%	7,449	1.97	96,085
1.5%	39.40%	57.6%	1,700	0.95	5,081
3.4%	37.26%	72.5%	3,879	1.78	1,055
2.4%	25.27%	61.9%	4,475	1.88	685
3.3%	23.10%	70.0%	3,913	3.44	100
4.8%	41.47%	37.4%	8,878	2.11	259
3.7%	28.75%	78.1%	3,364	2.37	204
4.9%	29.63%	32.0%	9,478	3.11	6,863
3.5%	14.75%	32.0%	5,508	3.60	42
4.5%	40.50%	44.7%	2,649	2.76	202
4.0%	39.13%	47.0%	3,951	2.14	155
2.6%	29.48%	70.7%	6,215	1.72	313
4.0%	42.64%	59.0%	5,644	2.05	1,188
4.1%	30.08%	68.9%	1,459	3.46	191
4.9%	19.99%	23.7%	2,932	4.50	478
4.8%	28.84%	34.9%	6,583	3.49	170
3.4%	34.45%	41.9%		2.31	

ヘムの DOE 採用銘柄ポートフォリオ

◆ 2024/11/30・70銘柄

コード	名称	株価 R6/11/30	PER	PBR
4208	ＵＢＥ	2,400	7.9	0.58
1951	エクシオ	1,753	16.42	1.17
9301	三菱倉庫	1,098	11.29	1.02
7438	コンドーテック	1370	10.61	1
1952	新日本空調	3885	11.1	1.34
7939	研創	532	12.55	0.65
2784	アルフレッサ	2,164	14.44	0.82
2292	Ｓ　ＦＯＯＤＳ	2,628	19.8	0.67
6455	モリタ	2,115	11	0.98
3132	マクニカ	1,754	10.52	1.27
4248	竹本容器	824	19.84	0.89
3857	ラック	1156	23.25	2.31
2332	クエスト	1,312	9.76	1.04
3201	ニッケ	1,245	11.15	0.72
2768	双日	3050	6.02	0.69
4204	積水化学工業	2419	12.99	1.28
3943	大石産業	997	7.55	0.43
3284	フージャース	1,016	7.08	0.96
3191	ジョイフル本田	1781	13.82	0.91
1860	戸田建設	943	10.57	0.83
9319	中央倉庫	1,549	17.27	0.64
8151	東陽テクニカ	1,456	17.92	1.12
6670	ＭＣＪ	1,382	10.69	1.59
4977	新田ゼラチン	753	8.55	0.73
6863	ニレコ	1,460	10.28	0.69
7374	コンフィデンス・インターワークス	1,600	9.24	1.84
3666	テクノスジャパン	753	12.7	1.96
3538	ウイルプラス	990	6.26	0.89

ROE	配当 R6/11/30	配当性向	自己資本 比率	簡易 理論株価	安全域	時価総額 (億円)
7.3%	4.6%	36.2%	51.8%	7,149	2.98	2,548
7.1%	3.5%	58.1%	52.9%	2,562	1.46	3,744
9.0%	2.9%	32.9%	59.7%	2,049	1.87	4,369
9.4%	3.4%	35.6%	55.6%	2,657	1.94	361
12.1%	3.1%	34.3%	55.8%	6,398	1.65	943
5.2%	4.0%	49.6%	54.6%	1,245	2.34	21
5.7%	2.9%	42.1%	33.1%	4,126	1.91	4,389
3.4%	3.4%	67.0%	53.0%	5,252	2.00	848
8.9%	2.6%	28.1%	64.8%	4,078	1.93	992
12.1%	4.0%	42.0%	44.2%	3,044	1.74	3,201
4.5%	4.4%	86.7%	61.2%	1,340	1.63	103
9.9%	1.0%	24.1%	64.8%	997	0.86	362
10.7%	3.7%	36.5%	71.7%	2,611	1.99	72
6.5%	2.9%	32.2%	68.1%	2,848	2.29	950
11.5%	4.9%	29.6%	32.0%	9,478	3.11	6,863
9.9%	3.1%	40.3%	59.9%	3,755	1.55	10,753
5.7%	3.2%	24.2%	67.8%	3,651	3.66	93
13.6%	5.7%	40.4%	23.6%	2,493	2.45	375
6.6%	3.6%	49.7%	75.8%	3,245	1.82	1,165
7.9%	3.1%	32.5%	40.0%	2,027	2.15	3,044
3.7%	2.3%	40.1%	78.1%	3,323	2.15	295
6.3%	4.7%	84.9%	71.6%	2,113	1.45	380
14.9%	2.9%	30.9%	65.6%	2,161	1.56	1,407
8.5%	2.4%	20.4%	45.5%	1,908	2.53	138
6.7%	4.4%	45.0%	84.7%	3,544	2.43	113
19.9%	4.1%	37.5%	82.7%	2,602	1.63	107
15.4%	2.5%	32.1%	72.5%	977	1.30	154
14.2%	4.6%	28.5%	30.5%	2,689	2.72	103

コード	名称	株価 R6/11/30	PER	PBR
8053	住友商事	3,208	7.34	0.89
7456	松田産業	3,025	8.96	0.81
2153	E・J	1,657	7.76	0.85
7817	パラマウントベッド	2,520	17.03	1.06
3512	日本フエルト	478	12.46	0.44
1726	ビーアール	337	9.74	1.05
7299	フジオーゼックス	1129	12.14	0.4
3231	野村不動産	3,718	9.18	0.87
3355	クリヤマ	1,228	7.29	0.58
4262	ニフティライフスタイル	924	9.84	1.09
6626	ＳＥＭＩＴＥＣ	1,724	7.02	0.85
1301	極洋	3,910	6.63	0.76
6745	ホーチキ	2,379	10.36	1.09
6245	ヒラノテクシード	1846	13.29	0.72
3374	内外テック	2125	7.22	0.66
9344	アクシスコンサルティング	965	7.58	1.51
7760	ＩＭＶ	895	9.49	1.39
7971	東リ	459	9.06	0.6
5393	ニチアス	5,798	13	1.8
1723	日本電技	6660	10	1.5
3036	アルコニックス	1,461	9.8	0.63
8014	蝶理	3,870	9.54	1.07
7539	アイナボ	614	9.16	0.57
5970	ジーテクト	1568	6.76	0.35
6113	アマダ	1442.5	13.32	0.91
8023	大興電子通信	859	7.72	0.94
8194	ライフ	3,390	9.36	1.11
8737	あかつき本社	425	4.98	0.77

ROE	配当 R6/11/30	配当性向	自己資本比率	簡易理論株価	安全域	時価総額(億円)
12.1%	4.1%	29.7%	40.3%	7,975	2.49	38,852
9.0%	2.3%	20.7%	61.2%	7,096	2.35	814
11.0%	3.9%	30.4%	78.7%	4,095	2.47	266
6.2%	3.9%	65.6%	75.6%	3,848	1.53	1,556
3.5%	4.2%	52.1%	79.5%	1,463	3.06	88
10.8%	4.5%	43.4%	33.9%	667	1.98	154
3.3%	4.4%	53.8%	81.1%	3,785	3.35	116
9.5%	4.4%	40.7%	30.7%	8,308	2.23	6,820
8.0%	3.7%	26.7%	61.4%	3,802	3.10	274
11.1%	2.0%	19.2%	83.6%	1,789	1.94	59
12.1%	1.9%	13.4%	75.7%	4,483	2.60	196
11.5%	2.8%	18.7%	36.7%	11,058	2.83	472
10.5%	2.4%	25.3%	61.9%	4,475	1.88	685
5.4%	4.9%	64.8%	61.3%	3,946	2.14	284
9.1%	4.7%	33.6%	42.1%	6,143	2.89	76
19.9%	3.6%	27.5%	77.0%	1,911	1.98	48
14.6%	2.7%	25.5%	53.0%	1,585	1.77	152
6.6%	4.1%	37.5%	50.0%	1,270	2.77	276
13.8%	1.9%	24.2%	68.7%	7,679	1.32	3,932
15.0%	3.5%	34.5%	74.9%	11,098	1.67	546
6.4%	4.4%	42.9%	35.9%	3,817	2.61	454
11.2%	3.2%	30.1%	57.2%	7,660	1.98	979
6.2%	3.9%	35.8%	55.3%	1,745	2.84	143
5.2%	4.7%	31.9%	63.0%	6,750	4.30	689
6.8%	4.3%	57.3%	77.8%	2,662	1.85	4,921
12.2%	3.5%	27.0%	42.0%	2,023	2.35	119
11.9%	3.0%	27.6%	47.7%	6,679	1.97	1,676
15.5%	5.2%	25.8%	17.5%	1,402	3.30	145

コード	名称	株価 R6/11/30	PER	PBR
9066	日新	4360	6.44	0.75
3836	アバント	2115	23.02	5.98
6267	ゼネラルパッカー	2997	8.65	0.77
3277	サンセイランディック	959	7.92	0.62
4611	大日本塗料	1103	7.3	0.52
6788	日本トリム	3615	11.22	1.21
9956	バロー	2159	9.36	0.69
1888	若築建設	3615	11.24	1.03
4202	ダイセル	1,325	7.17	0.97
5702	大紀アルミニウム工業所	1,049	20.07	0.56
6905	コーセル	1,178	11.72	0.84
7105	三菱ロジスネクスト	1156	6.85	1.04
7949	小松ウオール工業	1500	9.82	0.74
8005	スクロール	1025	8.38	1
	平均値		10.64	1.00

ROE	配当 R6/11/30	配当性向	自己資本 比率	簡易 理論株価	安全域	時価総額 (億円)
11.6%	4.6%	29.5%	55.4%	12,563	2.88	884
26.0%	1.2%	27.2%	60.7%	1,272	0.60	796
8.9%	3.7%	31.7%	57.8%	7,371	2.46	54
7.8%	4.3%	33.8%	39.0%	2,754	2.87	82
7.1%	4.4%	32.4%	58.6%	3,645	3.30	328
10.8%	2.6%	29.5%	70.7%	6,215	1.72	313
7.4%	3.2%	29.5%	36.9%	5,436	2.52	1,166
9.2%	3.5%	39.2%	50.6%	6,724	1.86	469
13.5%	4.5%	32.5%	42.8%	3,213	2.43	3,668
2.8%	5.2%	105.2%	51.4%	2,390	2.28	458
7.2%	4.7%	54.7%	86.6%	2,412	2.05	485
15.2%	2.1%	14.2%	22.0%	2,800	2.42	1,234
7.5%	4.3%	42.6%	80.2%	3,567	2.38	327
11.9%	4.7%	39.2%	62.7%	2,250	2.20	360
9.6%	3.52%	37.3%	57.4%		2.21	

ヘムの配当貴族ポートフォリオ

◆ 2024 / 11 / 30・23銘柄

コード	名称	株価 R6/11/30	PER	PBR	ROE
1930	北陸電気工事	1,106	13.46	0.73	5.4%
2374	セントケア・	740	8.55	1.13	13.2%
3166	OCHI	1306	14.73	0.72	4.9%
4204	積水化学工業	2419	12.99	1.28	9.9%
4205	日本ゼオン	1,405	15.55	0.79	5.1%
4208	UBE	2,400	7.9	0.58	7.3%
5280	ヨシコン	1,504	4.28	0.43	10.0%
5393	ニチアス	5,798	13	1.8	13.8%
5970	ジーテクト	1,568	6.76	0.35	5.2%
7438	コンドーテック	1370	10.61	1	9.4%
7466	SPK	2010	8.42	0.78	9.3%
8418	山口フィナンシャル	1,590	10.4	0.53	5.1%
8566	リコーリース	5,140	10.78	0.7	6.5%
8593	三菱HCキャピタル	1010	10.73	0.84	7.8%
8929	青山財産ネットワークス	1,808	19.67	4.31	21.9%
9037	ハマキョウレックス	1276	11.08	1.1	9.9%
9432	日本電信電話	153	11.72	1.29	11.0%
9433	KDDI	4,950	14.72	1.94	13.2%
9436	沖縄セルラー電話	4,365	17.09	2.18	12.8%
9787	イオンディライト	4,420	20.56	2	9.7%
9882	イエローハット	2,571	11.32	1	8.8%
9956	バロー	2,159	9.36	0.69	7.4%
1949	住友電設	4,810	15.99	1.59	9.9%
	平均値		12.16	1.21	9.5%

配当 R6/11/30	配当性向	自己資本 比率	簡易 理論株価	安全域	時価総額 (億円)
3.62%	48.7%	66.70%	2,327	2.10	331
3.65%	31.2%	51.60%	1,520	2.05	185
4.13%	60.9%	35.10%	2,693	2.06	178
3.10%	40.3%	59.90%	3,755	1.55	10,753
4.98%	77.5%	68.10%	2,689	1.91	3,224
4.58%	36.2%	51.80%	7,149	2.98	2,548
3.86%	16.5%	66.20%	6,995	4.65	121
1.86%	24.2%	68.70%	7,679	1.32	3,932
4.72%	31.9%	63.00%	6,750	4.30	689
3.36%	35.6%	55.60%	2,657	1.94	361
2.99%	25.1%	63.40%	4,958	2.47	210
3.77%	39.2%	5.20%	4,521	2.84	3,733
3.40%	36.7%	17.80%	12,155	2.36	1,606
3.96%	42.5%	15.10%	2,143	2.12	14,816
2.54%	50.0%	40.40%	1,339	0.74	444
2.74%	30.4%	54.20%	2,312	1.81	970
3.39%	39.7%	33.30%	250	1.63	138,904
2.93%	43.1%	37.10%	5,910	1.19	108,496
2.75%	47.0%	82.30%	4,558	1.04	2,109
1.97%	40.5%	64.30%	4,356	0.99	2,173
2.72%	30.8%	80.80%	4,832	1.88	1,284
3.15%	29.5%	36.90%	5,436	2.52	1,166
2.49%	39.9%	58.30%	6,039	1.26	1,714
3.22%	**39.0%**	**51.12%**		**2.08**	

ヘムの優待株ポートフォリオ

◆ 2024/11/30・59銘柄

コード	名称	株価 R6/11/30	PER	PBR	ROE
8424	芙蓉総合リース	11,195	7.49	0.72	9.61%
8566	リコーリース	5,140	10.78	0.7	6.49%
9367	大東港運	697	10.36	0.66	6.37%
8098	稲畑産業	3,255	8.89	0.89	10.01%
6623	愛知電機	3,945	7.73	0.48	6.21%
9347	日本管財	2,568	15.68	1.42	9.06%
3153	八洲電機	1,560	9.75	1.21	12.41%
8793	ＮＥＣキャピタルソリューション	3,680	9.91	0.67	6.76%
7525	リックス	2,765	9.17	0.92	10.03%
2689	オルバヘルスケア	1,975	7.97	1.06	13.30%
8012	長瀬産業	3,055	12.27	0.84	6.85%
3387	クリエイト・レストランツ・	1,175	40.52	6.48	15.99%
9795	ステップ	2,027	12.67	1.23	9.71%
8877	エスリード	4,350	7.71	0.93	12.06%
3943	大石産業	997	7.55	0.43	5.70%
4221	大倉工業	3,105	8.71	0.57	6.54%
2790	ナフコ	1,957	30.82	0.33	1.07%
8905	イオンモール	2,009	27.71	0.91	3.28%
7864	フジシールインターナショナル	2,486	12.73	0.94	7.38%
6458	新晃工業	1,393	13.93	1.67	11.99%
6144	西部電機	1,836	13.33	0.92	6.90%
7510	たけびし	2,085	13.29	0.83	6.25%
2153	Ｅ・Ｊ	1,657	7.76	0.85	10.95%
9059	カンダ	758	7.12	0.65	9.13%
4318	クイック	2,026	12.47	2.05	16.44%
3435	サンコーテクノ	1,138	6.92	0.5	7.23%
2374	セントケア	740	8.55	1.13	13.22%
7643	ダイイチ	1,364	12.85	0.92	7.16%
3201	ニッケ	1,245	11.15	0.72	6.46%
4275	カーリット	1,333	11.22	0.84	7.49%

配当 R6/11/30	配当性向	自己資本 比率	簡易 理論株価	安全域	時価総額 (億円)
4.0%	30.1%	12.7%	30,478	2.72	3,391
3.4%	36.7%	17.8%	12,155	2.36	1,606
3.4%	35.7%	61.1%	1,735	2.49	65
3.8%	34.1%	46.8%	7,338	2.25	1,781
4.1%	31.4%	54.4%	13,253	3.36	375
2.1%	33.0%	73.5%	3,451	1.34	1,058
2.1%	20.0%	45.1%	2,886	1.85	340
4.1%	40.4%	10.4%	9,181	2.49	793
4.3%	39.8%	57.4%	6,026	2.18	239
4.1%	32.3%	26.3%	4,341	2.20	123
3.0%	36.1%	49.7%	6,145	2.01	3,510
0.7%	27.6%	27.5%	471	0.40	2,501
4.0%	50.6%	89.7%	3,251	1.60	338
4.1%	31.9%	39.6%	10,293	2.37	673
3.2%	24.2%	67.8%	3,651	3.66	93
5.0%	43.5%	60.7%	8,985	2.89	385
3.0%	91.4%	68.6%	6,570	3.36	583
2.5%	69.0%	28.0%	2,943	1.47	4,572
2.4%	30.7%	68.6%	4,607	1.85	1,496
3.6%	50.0%	69.4%	1,832	1.32	1,137
4.6%	61.0%	60.9%	3,365	1.83	278
3.0%	39.5%	60.0%	4,080	1.96	334
3.9%	30.4%	78.7%	4,095	2.47	266
2.8%	19.7%	51.4%	2,230	2.94	177
4.6%	57.8%	74.5%	2,612	1.29	387
3.3%	23.1%	70.0%	3,913	3.44	100
3.7%	31.2%	51.6%	1,520	2.05	185
2.6%	33.9%	64.3%	2,551	1.87	156
2.9%	32.2%	68.1%	2,848	2.29	950
2.7%	30.3%	66.7%	2,777	2.08	321

コード	名称	株価 R6/11/30	PER	PBR	ROE
6312	フロイント産業	704	15.45	0.82	5.31%
7939	研創	532	12.55	0.65	5.18%
5607	中央可鍛工業	445	6.04	0.24	3.97%
1828	田辺工業	1,737	9.09	0.78	8.58%
3166	OCHI	1,306	14.73	0.72	4.89%
3892	岡山製紙	1,245	7.49	0.47	6.28%
6316	丸山製作所	2,040	12.03	0.43	3.57%
7539	アイナボ	614	9.16	0.57	6.22%
4463	日華化学	1,136	8.17	0.57	6.98%
7481	尾家産業	1,963	6.69	1.2	17.94%
6973	協栄産業	2,220	5.56	0.37	6.65%
4088	エア・ウォーター	1,854	8.47	0.86	10.15%
7570	橋本総業	1,173	8.88	0.73	8.22%
3003	ヒューリック	1,349	10.43	1.32	12.66%
7833	アイフィスジャパン	580	12.02	1	8.32%
4611	大日本塗料	1,103	7.3	0.52	7.12%
7417	南陽	1,114	7.95	0.56	7.04%
7456	松田産業	3,025	8.96	0.81	9.04%
1332	ニッスイ	936	12.12	1.08	8.91%
8772	アサックス	709	7.18	0.5	6.96%
8159	立花エレテック	2,567	9.39	0.65	6.92%
1867	植木組	1,535	6.65	0.37	5.56%
7438	コンドーテック	1,370	10.61	1	9.43%
9788	ナック	570	9.63	1.11	11.53%
7811	中本パックス	1,682	9.48	0.79	8.33%
7191	イントラスト	772	12.6	2.65	21.03%
2792	ハニーズ	1,628	9.26	1.03	11.12%
7482	シモジマ	1,272	11.88	0.86	7.24%
3512	日本フエルト	478	12.46	0.44	3.53%
	平均値		11.17	0.94	8.49%

配当 R6/11/30	配当性向	自己資本 比率	簡易 理論株価	安全域	時価総額 (億円)
3.6%	54.9%	58.3%	1,314	1.87	130
4.0%	49.6%	54.6%	1,245	2.34	21
2.7%	16.3%	64.8%	2,570	5.77	71
4.0%	36.6%	48.9%	4,151	2.39	186
4.1%	60.9%	35.1%	2,693	2.06	178
2.4%	18.0%	68.7%	4,300	3.45	68
3.7%	44.2%	50.8%	6,460	3.17	103
3.9%	35.8%	55.3%	1,745	2.84	143
4.4%	35.9%	52.9%	3,382	2.98	201
4.6%	30.7%	35.8%	4,572	2.33	182
5.0%	27.6%	42.1%	9,979	4.49	71
3.5%	29.2%	40.0%	4,340	2.34	4,259
4.1%	36.3%	39.0%	2,919	2.49	250
4.0%	41.7%	30.9%	2,319	1.72	10,359
3.4%	40.4%	87.5%	1,065	1.84	59
4.4%	32.4%	58.6%	3,645	3.30	328
4.4%	35.0%	57.6%	3,390	3.04	147
2.3%	20.7%	61.2%	7,096	2.35	814
2.6%	31.1%	41.1%	1,642	1.76	2,923
2.8%	20.3%	42.3%	2,413	3.40	234
3.9%	36.6%	51.9%	6,683	2.60	642
4.6%	30.3%	54.4%	6,503	4.24	106
3.4%	35.6%	55.6%	2,657	1.94	361
3.9%	37.1%	60.4%	1,106	1.94	266
3.8%	36.1%	45.7%	3,901	2.32	150
3.2%	40.8%	63.1%	904	1.17	173
3.4%	31.3%	84.8%	3,342	2.05	454
4.3%	50.4%	79.9%	2,547	2.00	301
4.2%	52.1%	79.5%	1,463	3.06	88
3.56%	**37.22%**	**54.61%**		**2.48**	

ヘムの不人気株ポートフォリオ

◆ 2024/11/30・76銘柄

コード	名称	株価 R6/11/30	PER	PBR	ROE	配当 R6/11/30
7167	めぶきフィナンシャル	665	11.93	0.67	5.62%	2.41%
7337	ひろぎん	1,124	9.76	0.63	6.45%	4.18%
8334	群馬銀行	1089.5	10.59	0.74	6.99%	3.67%
7327	第四北越フィナンシャル	2,814	9.85	0.50	5.08%	3.98%
8386	百十四銀行	3070	7.61	0.26	3.42%	3.91%
8551	北日本銀行	2,742	6.10	0.27	4.43%	2.92%
8714	池田泉州	388	8.43	0.44	5.22%	3.87%
8418	山口フィナンシャル	1,590	10.40	0.53	5.10%	3.77%
5830	いよぎん	1544	9.30	0.53	5.70%	2.59%
5832	ちゅうぎんフィナンシャル	1621	11.71	0.51	4.36%	3.45%
8544	京葉銀行	795	8.11	0.31	3.82%	3.52%
8368	百五銀行	602	8.72	0.32	3.67%	2.99%
8387	四国銀行	1,090	7.10	0.27	3.80%	4.59%
8381	山陰合同銀行	1207	10.13	0.57	5.63%	3.98%
9404	日本テレビ	2452.5	17.58	0.64	3.64%	1.63%
9413	テレビ東京	3055	15.86	0.84	5.30%	2.62%
9409	テレビ朝日	2182	11.09	0.51	4.60%	2.29%
4676	フジ・メディア・ホールディングス	1729	12.66	0.42	3.32%	2.89%
9401	ＴＢＳ	3788	16.37	0.60	3.67%	1.43%
9402	中部日本放送	575	13.93	0.22	1.58%	2.61%
8897	ＭＩＲＡＲＴＨ	504	5.94	0.88	14.81%	5.95%
8935	ＦＪネクスト	1142	7.47	0.53	7.10%	4.20%
1904	大成温調	3,920	13.27	0.88	6.63%	3.37%
7605	フジ・コーポレーション	1963	9.11	1.37	15.04%	2.04%
2114	フジ日本	1003	11.23	1.10	9.80%	3.19%
4224	ロンシール工業	1441	14.76	0.35	2.37%	4.86%
4221	大倉工業	3105	8.71	0.57	6.54%	4.99%
4611	大日本塗料	1103	7.30	0.52	7.12%	4.44%
4208	ＵＢＥ	2399.5	7.90	0.58	7.34%	4.58%
4246	ダイキョーニシカワ	609	7.60	0.51	6.71%	5.58%
5184	ニチリン	3495	8.85	0.88	9.94%	4.43%
5970	ジーテクト	1568	6.76	0.35	5.18%	4.72%
6463	ＴＰＲ	2344	9.42	0.48	5.10%	4.27%

配当性向	自己資本比率	簡易理論株価	安全域	時価総額(億円)	備考
28.72%	4.5%	1,549	2.33	6,758	地銀
40.80%	4.2%	2,929	2.61	3,471	地銀
38.88%	5.3%	2,504	2.30	4,531	地銀
39.21%	4.4%	8,504	3.02	2,586	地銀
29.76%	5.6%	15,941	5.19	879	地銀
17.79%	5.6%	14,721	5.37	241	地銀
32.61%	3.7%	1,334	3.44	1,090	地銀
39.23%	5.2%	4,521	2.84	3,733	地銀
24.08%	9.1%	4,551	2.95	4,839	地銀
40.45%	5.3%	4,573	2.82	2,995	地銀
28.56%	4.9%	3,562	4.48	1,045	地銀
26.08%	6.1%	2,556	4.25	1,530	地銀
32.59%	5.0%	5,552	5.09	468	地銀
40.30%	4.4%	3,314	2.75	1,895	地銀
28.67%	77.6%	5,200	2.12	6,470	放送局
41.52%	67.4%	5,585	1.83	843	放送局
25.41%	81.0%	6,221	2.85	2,368	放送局
36.61%	59.2%	5,484	3.17	4,049	放送局
23.34%	72.6%	8,585	2.27	6,386	放送局
36.33%	79.1%	2,979	5.18	152	放送局
35.36%	19.5%	1,421	2.82	707	優待廃止・改悪
31.41%	71.4%	3,665	3.21	396	優待廃止・改悪
44.67%	56.2%	7,410	1.89	270	優待廃止・改悪
18.56%	72.6%	3,592	1.83	361	優待廃止・改悪
35.83%	73.5%	1,803	1.80	270	優待廃止・改悪
71.68%	72.5%	5,143	3.57	67	原油高悪影響
43.48%	60.7%	8,985	2.89	385	原油高悪影響
32.44%	58.6%	3,645	3.30	328	原油高悪影響
36.20%	51.8%	7,149	2.98	2,548	原油高悪影響
42.42%	50.1%	2,005	3.29	450	エンジン自動車部品
39.27%	66.0%	7,939	2.27	502	エンジン自動車部品
31.88%	63.0%	6,750	4.30	689	エンジン自動車部品
40.18%	54.2%	7,376	3.15	804	エンジン自動車部品

コード	名称	株価 R6/11/30	PER	PBR	ROE	配当 R6/11/30
7283	愛三工業	1330	6.39	0.61	9.55%	4.74%
7250	太平洋工業	1294	7.13	0.46	6.45%	4.02%
5121	藤倉コンポジット	1494	7.89	0.85	10.77%	4.28%
5991	ニッパツ	1737	8.34	0.91	10.91%	3.63%
6486	イーグル工業	1916	12.45	0.77	6.18%	5.22%
8117	中央自動車工業	4645	10.55	1.63	15.45%	2.97%
7246	プレス工業	529	9.45	0.47	4.97%	6.05%
7628	オーハシテクニカ	1932	14.15	0.65	4.59%	3.52%
7229	ユタカ技研	1851	10.55	0.28	2.65%	3.89%
7235	東京ラヂエーター製造	720	6.15	0.32	5.20%	3.61%
7299	フジオーゼックス	1129	12.14	0.40	3.29%	4.43%
6248	横田製作所	1261	10.08	0.87	8.63%	3.97%
9782	ディーエムエス	1775	12.47	0.61	4.89%	4.85%
4093	東邦アセチレン	361	7.84	0.70	8.93%	3.88%
5280	ヨシコン	1504	4.28	0.43	10.05%	3.86%
1799	第一建設工業	2265	13.85	0.62	4.48%	3.53%
2471	エスプール	319	13.78	2.87	20.83%	3.13%
9625	セレスポ	985	11.69	0.55	4.70%	2.44%
8291	日産東京販売	431	6.36	0.49	7.70%	5.57%
6623	愛知電機	3945	7.73	0.48	6.21%	4.06%
5356	美濃窯業	833	7.72	0.62	8.03%	3.86%
1738	NITTOH	516	6.54	0.48	7.34%	3.29%
9753	アイエックス・ナレッジ	1017	8.00	1.05	13.13%	3.93%
4430	東海ソフト	1316	8.37	1.19	14.22%	3.65%
4076	シイエヌエス	1399	8.31	1.13	13.60%	3.50%
4662	フォーカスシステムズ	1091	11.53	1.22	10.58%	3.48%
4674	クレスコ	1226	12.84	1.75	13.63%	3.10%
4012	アクシス	1310	10.48	1.64	15.65%	1.91%
2359	コア	1801	10.76	1.49	13.85%	3.05%
4752	昭和システムエンジニアリング	1245	8.10	1.06	13.09%	4.02%
9739	NSW	3035	10.83	1.32	12.19%	2.80%
3943	大石産業	997	7.55	0.43	5.70%	3.21%
3946	トーモク	2175	5.11	0.40	7.83%	4.14%

配当性向	自己資本比率	簡易理論株価	安全域	時価総額(億円)	備考
30.26%	49.4%	4,260	3.20	843	エンジン自動車部品
28.66%	56.9%	4,601	3.56	793	エンジン自動車部品
33.80%	82.8%	3,645	2.44	350	エンジン自動車部品
30.23%	58.7%	3,989	2.30	4,239	エンジン自動車部品
64.99%	55.6%	4,033	2.11	953	エンジン自動車部品
31.35%	87.0%	7,247	1.56	930	エンジン自動車部品
57.18%	56.2%	1,681	3.18	553	エンジン自動車部品
49.80%	79.1%	4,347	2.25	260	エンジン自動車部品
41.03%	54.0%	8,422	4.55	274	エンジン自動車部品
22.22%	63.1%	3,405	4.73	104	エンジン自動車部品
53.75%	81.1%	3,785	3.35	116	エンジン自動車部品
39.98%	82.1%	2,701	2.14	24	その他不人気要素
60.43%	78.3%	4,349	2.45	129	その他不人気要素
30.42%	52.0%	973	2.69	126	その他不人気要素
16.52%	66.2%	6,995	4.65	121	その他不人気要素
48.91%	85.7%	5,289	2.34	472	その他不人気要素
43.20%	25.5%	343	1.07	252	その他不人気要素
28.48%	82.5%	2,637	2.68	56	その他不人気要素
35.43%	61.0%	1,550	3.60	287	その他不人気要素
31.37%	54.4%	13,253	3.36	375	地方上場（名証）
29.83%	66.7%	2,424	2.91	108	地方上場（名証）
21.53%	56.6%	1,857	3.60	21	地方上場（名証）
31.45%	64.6%	2,238	2.20	110	Sler
30.53%	63.2%	2,679	2.04	65	Sler
29.12%	74.4%	2,917	2.09	41	Sler
40.15%	63.9%	1,838	1.68	178	Sler
39.81%	69.7%	1,656	1.35	539	Sler
20.00%	73.9%	2,047	1.56	57	Sler
32.87%	71.1%	2,881	1.60	267	Sler
32.52%	59.5%	2,717	2.18	60	Sler
30.33%	75.2%	5,101	1.68	452	Sler
24.22%	67.8%	3,651	3.66	93	円安逆風銘柄
21.15%	41.5%	9,662	4.44	421	円安逆風銘柄

コード	名称	株価 R6/11/30	PER	PBR	ROE	配当 R6/11/30
1301	極洋	3910	6.63	0.76	11.46%	2.81%
4404	ミヨシ油脂	1451	6.08	0.49	8.06%	4.14%
3333	あさひ	1584	11.22	1.04	9.27%	3.16%
3538	ウイルプラス	990	6.26	0.89	14.22%	4.55%
3861	王子ホールディングス	552	9.54	0.47	4.93%	4.35%
2792	ハニーズ	1628	9.26	1.03	11.12%	3.38%
1333	マルハニチロ	3006	6.88	0.68	9.88%	3.33%
6932	遠藤照明	1423	5.01	0.51	10.18%	2.81%
7971	東リ	459	9.06	0.60	6.62%	4.14%
4088	エア・ウォーター	1853.5	8.47	0.86	10.15%	3.45%
	平均値		9.52	0.72	7.85%	3.44%

配当性向	自己資本比率	簡易理論株価	安全域	時価総額(億円)	備考
18.66%	36.7%	11,058	2.83	472	円安逆風銘柄
25.14%	45.2%	5,361	3.70	150	円安逆風銘柄
35.40%	70.3%	2,930	1.85	416	円安逆風銘柄
28.50%	30.5%	2,689	2.72	103	円安逆風銘柄
41.46%	43.7%	1,761	3.19	5,599	円安逆風銘柄
31.28%	84.8%	3,342	2.05	454	円安逆風銘柄
22.89%	30.8%	8,799	2.93	1,520	円安逆風銘柄
14.07%	61.5%	5,635	3.96	210	円安逆風銘柄
37.48%	50.0%	1,270	2.77	276	円安逆風銘柄
29.24%	40.0%	4,340	2.34	4,259	円安逆風銘柄
34.21%	51.8%		2.92		

ヘムの小型割安株ファンド（jペッパー）

◆ 2024 / 11 / 30・84銘柄

コード	名称	株価 R6/11/30	PER	PBR	ROE
2902	太陽化学	1515	8.03	0.53	6.6%
4627	ナトコ	1312	9.91	0.43	4.3%
5121	藤倉コンポジット	1494	7.89	0.85	10.8%
5368	日本インシュレーション	862	9.71	0.56	5.8%
6542	ＦＣ	926	7.02	0.81	11.5%
3435	サンコーテクノ	1138	6.92	0.5	7.2%
4027	テイカ	1584	15.85	0.62	3.9%
5367	ニッカトー	520	11.72	0.48	4.1%
6824	新コスモス電機	2490	12.93	0.66	5.1%
7820	ニホンフラッシュ	825	10.43	0.55	5.3%
5966	ＫＴＣ	2680	9.32	0.53	5.7%
7456	松田産業	3025	8.96	0.81	9.0%
7643	ダイイチ	1364	12.85	0.92	7.2%
8935	ＦＪネクスト	1142	7.47	0.53	7.1%
9782	ディーエムエス	1775	12.47	0.61	4.9%
1738	ＮＩＴＴＯＨ	516	6.54	0.48	7.3%
2344	平安レイサービス	822	7.86	0.47	6.0%
4629	大伸化学	1377	10.86	0.39	3.6%
5607	中央可鍛工業	445	6.04	0.24	4.0%
5957	日東精工	617	10.74	0.68	6.3%
5958	三洋工業	2821	5.71	0.44	7.7%
3355	クリヤマ	1228	7.29	0.58	8.0%
3388	明治電機工業	1385	7.87	0.53	6.7%
4635	東京インキ	3290	7.61	0.3	3.9%
5356	美濃窯業	833	7.72	0.62	8.0%
5965	フジマック	880	5.77	0.5	8.7%
7414	小野建	1430	8.3	0.38	4.6%
9070	トナミ	5590	10.56	0.55	5.2%
9312	ケイヒン	1952	6.07	0.44	7.2%
9991	ジェコス	977	8.05	0.51	6.3%

配当 R6/11/30	配当性向	自己資本比率	簡易理論株価	安全域	時価総額（億円）
3.76%	30.2%	78.20%	4,748	3.13	356
3.81%	37.8%	78.90%	4,394	3.35	107
4.28%	33.8%	82.80%	3,645	2.44	350
4.29%	41.7%	73.60%	2,417	2.80	75
3.24%	22.7%	81.10%	2,470	2.67	64
3.34%	23.1%	70.00%	3,913	3.44	100
2.40%	38.0%	69.30%	3,565	2.25	387
4.04%	47.3%	76.00%	1,537	2.96	63
1.93%	24.9%	66.40%	5,701	2.29	313
4.36%	45.5%	70.30%	2,285	2.77	207
2.99%	27.8%	74.80%	7,912	2.95	66
2.31%	20.7%	61.20%	7,096	2.35	814
2.64%	33.9%	64.30%	2,551	1.87	156
4.20%	31.4%	71.40%	3,665	3.21	396
4.85%	60.4%	78.30%	4,349	2.45	129
3.29%	21.5%	56.60%	1,857	3.60	21
4.01%	31.6%	60.80%	2,795	3.40	101
2.90%	31.6%	66.40%	4,779	3.47	63
2.70%	16.3%	64.80%	2,570	5.77	71
3.08%	33.1%	60.70%	1,483	2.40	247
3.72%	21.3%	65.30%	11,283	4.00	99
3.66%	26.7%	61.40%	3,802	3.10	274
4.33%	34.1%	62.90%	4,381	3.16	177
4.86%	37.0%	55.70%	15,387	4.68	90
3.86%	29.8%	66.70%	2,424	2.91	108
3.41%	19.7%	52.60%	3,284	3.73	126
4.83%	40.1%	45.40%	5,496	3.84	370
2.86%	30.2%	54.50%	15,542	2.78	546
3.59%	21.8%	57.00%	7,656	3.92	128
4.91%	39.5%	58.80%	3,117	3.19	330

コード	名称	株価 R6/11/30	PER	PBR	ROE
3293	アズマハウス	739	8.5	0.35	4.1%
4093	東邦アセチレン	361	7.84	0.7	8.9%
8596	九州リースサービス	1039	6.89	0.57	8.3%
5279	日本興業	735	7.1	0.28	3.9%
6463	ＴＰＲ	2344	9.42	0.48	5.1%
7460	ヤギ	1779	6.75	0.38	5.6%
7570	橋本総業	1173	8.88	0.73	8.2%
8037	カメイ	1813	6.34	0.38	6.0%
8065	佐藤商事	1373	5.41	0.44	8.1%
3352	バッファロー	1233	8.65	0.48	5.5%
8046	丸藤シートパイル	2732	7.58	0.33	4.4%
9763	丸紅建材リース	2875	7.73	0.56	7.2%
8091	ニチモウ	1887	6.05	0.54	8.9%
2060	フィード・ワン	796	6.77	0.58	8.6%
6932	遠藤照明	1423	5.01	0.51	10.2%
6745	ホーチキ	2379	10.36	1.09	10.5%
7833	アイフィスジャパン	580	12.02	1	8.3%
7760	ＩＭＶ	895	9.49	1.39	14.6%
6137	小池酸素工業	6130	8.75	0.63	7.2%
1869	名工建設	1223	8.12	0.43	5.3%
3277	サンセイランディック	959	7.92	0.62	7.8%
6643	戸上電機製作所	2988	7.35	0.68	9.3%
9906	藤井産業	2485	6.18	0.6	9.7%
1997	暁飯島工業	1820	6.95	0.54	7.8%
6267	ゼネラルパッカー	2997	8.65	0.77	8.9%
5280	ヨシコン	1504	4.28	0.43	10.0%
6874	協立電機	3415	7.43	0.77	10.4%
8085	ナラサキ産業	2689	6.17	0.57	9.2%
9619	イチネン	1860	7.81	0.7	9.0%
9768	いであ	2479	8.43	0.63	7.5%

配当 R6/11/30	配当性向	自己資本 比率	簡易 理論株価	安全域	時価総額 （億円）
4.74%	40.3%	51.10%	2,968	4.02	60
3.88%	30.4%	52.00%	973	2.69	126
3.85%	26.5%	20.60%	3,341	3.22	270
4.08%	29.0%	49.00%	3,620	4.92	23
4.27%	40.2%	54.20%	7,376	3.15	804
4.38%	29.6%	54.10%	7,375	4.15	163
4.09%	36.3%	39.00%	2,919	2.49	250
3.09%	19.6%	46.50%	7,644	4.22	682
4.95%	26.8%	37.50%	5,634	4.10	299
4.87%	42.1%	70.60%	3,998	3.24	29
4.03%	30.5%	68.80%	11,947	4.37	109
4.52%	35.0%	48.70%	8,865	3.08	99
4.77%	28.8%	34.90%	6,583	3.49	170
3.71%	25.1%	38.40%	2,548	3.20	306
2.81%	14.1%	61.50%	5,635	3.96	210
2.44%	25.3%	61.90%	4,475	1.88	685
3.36%	40.4%	87.50%	1,065	1.84	59
2.68%	25.5%	53.00%	1,585	1.77	152
3.59%	31.4%	53.60%	16,763	2.73	277
2.94%	23.9%	68.60%	4,346	3.55	331
4.28%	33.8%	39.00%	2,754	2.87	82
4.69%	34.4%	66.50%	8,464	2.83	150
4.02%	24.9%	53.30%	8,174	3.29	249
3.57%	24.8%	66.10%	5,987	3.29	40
3.67%	31.7%	57.80%	7,371	2.46	54
3.86%	16.5%	66.20%	6,995	4.65	121
3.51%	26.1%	58.00%	9,025	2.64	149
3.90%	24.1%	39.60%	9,077	3.38	143
3.39%	26.5%	29.80%	5,031	2.70	451
3.63%	30.6%	76.90%	6,878	2.77	186

コード	名称	株価 R6/11/30	PER	PBR	ROE
5391	エーアンドエーマテリアル	1227	7.24	0.49	6.8%
4992	北興化学工業	1276	10.02	0.7	7.0%
8043	スターゼン	2837	5.02	0.7	13.9%
6489	前澤工業	1194	7.32	0.78	10.7%
6250	やまびこ	2470	7.26	1.04	14.3%
3294	イーグランド	1369	8.05	0.74	9.2%
3280	エストラスト	691	4.15	0.5	12.0%
9034	南総通運	1072	7.53	0.48	6.4%
6658	シライ電子工業	575	5.78	0.98	17.0%
6912	菊水	1244	7.88	0.78	9.9%
9691	両毛システムズ	2466	6.54	0.69	10.6%
9625	セレスポ	985	11.69	0.55	4.7%
9908	Ｄｅｎｋｅｉ	1752	8.32	0.71	8.5%
6357	三精テクノロジーズ	1231	6.95	0.52	7.5%
6748	星和電機	520	6.38	0.42	6.6%
6149	小田原エンジニアリング	1683	8.06	0.6	7.4%
2418	ツカダ・グローバル	427	4.05	0.71	17.5%
4119	日本ピグメント	3025	0.68	0.22	32.4%
5351	品川リフラクトリーズ	1652	8.37	0.86	10.3%
7444	ハリマ共和物産	1903	7.06	0.42	5.9%
6797	名古屋電機工業	1925	6.64	0.55	8.3%
8291	日産東京販売	431	6.36	0.49	7.7%
8041	ＯＵＧ	2595	4.66	0.43	9.2%
7971	東リ	459	9.06	0.6	6.6%
	平均値		7.89	0.59	8.1%

配当 R6/11/30	配当性向	自己資本 比率	簡易 理論株価	安全域	時価総額 (億円)
4.89%	35.4%	47.40%	4,214	3.43	95
2.51%	25.1%	69.30%	3,100	2.43	383
3.88%	19.5%	48.40%	9,698	3.42	554
3.02%	22.1%	67.80%	3,168	2.65	248
3.24%	23.5%	65.20%	5,785	2.34	1,089
5.99%	48.2%	41.10%	3,540	2.59	87
3.47%	14.4%	23.30%	3,055	4.42	43
4.66%	35.1%	61.60%	3,663	3.42	107
5.22%	30.1%	39.80%	1,584	2.75	87
3.78%	29.8%	82.50%	3,167	2.55	123
1.62%	10.6%	56.30%	7,364	2.99	87
2.44%	28.5%	82.50%	2,637	2.68	56
4.68%	38.9%	41.40%	4,584	2.62	207
4.06%	28.2%	51.10%	4,116	3.34	238
3.46%	22.1%	55.90%	2,057	3.96	69
2.97%	23.9%	58.60%	4,877	2.90	108
2.34%	9.5%	29.20%	1,651	3.87	209
3.31%	2.2%	48.90%	58,304	19.27	48
5.45%	45.6%	53.80%	3,897	2.36	779
2.63%	18.5%	72.80%	7,279	3.83	104
3.90%	25.9%	76.20%	6,400	3.32	124
5.57%	35.4%	61.00%	1,550	3.60	287
3.28%	15.3%	34.00%	11,552	4.45	144
4.14%	37.5%	50.00%	1,270	2.77	276
3.67%	29.20%	58.44%		3.38	

漫画：柏原昇店
カバーデザイン：萩原弦一郎
本文デザイン・DTP：松岡羽（ハネデザイン）
校正：岩井康介
編集協力：小川美千子
編集：下方知紘

ヘム

京都大学卒業後、総合商社に入社。社会人1年目より投資を始め投資歴は27年になる。30歳で脱サラをし起業。現在も2社を経営する投資家兼会社経営者。363銘柄保有中、投資時価3.7億。個別銘柄分析＆ポートフォリオ構成銘柄＆成績をXで公開したところ、アカウント開設後、1年半でフォロワーが3万人突破。投資手法の軸は「小型割安株」と「増配期待株」と「暴落時の買い向かい」の3つのアノマリー。データを重視した投資手法で、その再現性の高さから、株クラから投資初心者まで幅広い支持を得ている。

「増配」株投資

年1,075万円もらう資産3.7億円の投資家が教える！

2025年1月27日　初版発行
2025年5月10日　4版発行

著者／ヘム

発行者／山下　直久

発行／株式会社KADOKAWA
〒102-8177　東京都千代田区富士見2-13-3
電話　0570-002-301（ナビダイヤル）

印刷所／TOPPANクロレ株式会社

製本所／TOPPANクロレ株式会社